Illisibilité partielle

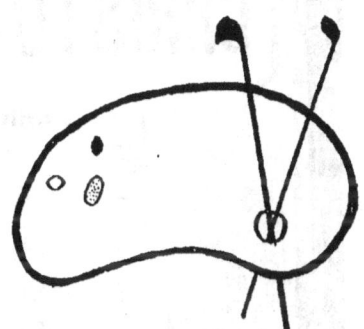

COUVERTURE SUPÉRIEURE ET INFÉRIEURE
EN COULEUR

VALABLE POUR TOUT OU PARTIE DU
DOCUMENT REPRODUIT

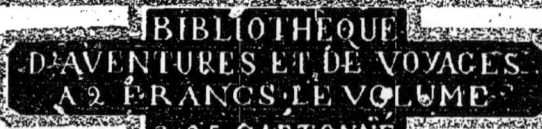

BIBLIOTHÈQUE
D'AVENTURES ET DE VOYAGES
A 2 FRANCS LE VOLUME
2.25 CARTONNÉ

## LA VIE ET LES DÉCOUVERTES DE
# CHRISTOPHE COLOMB
### PAR
### FERNAND COLOMB
SON FILS

OUVRAGE TRADUIT
Sur les textes primitifs
ET ANNOTÉ
PAR EUGÈNE MULLER
De la Bibliothèque de l'Arsenal

A. DREYFOUS, ÉDITEUR, 13 rue Faub. Montmartre, PARIS

## BIBLIOTHÈQUE D'AVENTURES & DE VOYAGES
### à 2 francs le volume.
(Format in-18 jésus de 280 à 300 pages.)

*En vente :*

**H. M. STANLEY**
## LETTRES DE H.-M. STANLEY
RACONTANT SES VOYAGES, SES AVENTURES ET SES DÉCOUVERTES
A TRAVERS L'AFRIQUE ÉQUATORIALE
(Novembre 1874 — Septembre 1877)

**EUGÈNE MULLER**
## UN FRANÇAIS EN SIBÉRIE
AVENTURES DU COMTE DE MONTLUC

**ARMAND DUBARRY**
## SIX AVENTURES TURQUES

**GABRIEL FERRY**
## LES AVENTURES DU CAPITAINE RUPERTO CASTAÑOS
AU MEXIQUE

**MARCO POLO**
## LES RÉCITS DE MARCO POLO
*(Citoyen de Venise)*
SUR LA MONGOLIE, LA CHINE, L'INDE, ETC.
Tirés de son *Livre des Merveilles*, manuscrit du XIII<sup>e</sup> siècle, mis en langage moderne
Par H. Bellenger

**LOUIS JACOLLIOT**
## LE CRIME DE PITCAIRN
TAÏTI, SOUVENIRS DE VOYAGES EN OCÉANIE

**H. DE LA BLANCHÈRE**
## LE CLUB DES TOQUÉS
AVENTURES SOUS-MARINES, SUBLUNAIRES ET AUTRES

## LE PAYS OÙ L'ON SE BATTRA
Voyage d'un Russe dans l'ASIE CENTRALE, par Karazine
Traduit du russe par Tolstoï LWOFF et Augustin TESTE

**LOUIS BOUSSENARD**
## A TRAVERS L'AUSTRALIE
## LES DIX MILLIONS DE L'OPOSSUM ROUGE

**FERNAND COLOMB**
## LA VIE ET LES DÉCOUVERTES DE CHRISTOPHE COLOMB
Ouvrage traduit sur les textes primitifs et annoté par Eug. MULLER

**LÉOUZON LE DUC**
## VINGT-NEUF ANS SOUS L'ÉTOILE POLAIRE
Souvenirs de Voyages — 1<sup>re</sup> Série
## L'OURS DU NORD
RUSSIE — ESTHONIE — HOGLAND

Il paraîtra dans la BIBLIOTHÈQUE D'AVENTURES & DE VOYAGES un volume
nouveau tous les mois

# HISTOIRE DE LA VIE
ET DES DÉCOUVERTES

DE

# CHRISTOPHE COLOMB

F. AUREAU. — IMPRIMERIE DE LAGNY

# HISTOIRE DE LA VIE
## ET DES DÉCOUVERTES
### DE
# CHRISTOPHE COLOMB

PAR

## FERNAND COLOMB
SON FILS

TRADUITE SUR LE TEXTE PRIMITIF ET ANNOTÉE

PAR EUGÈNE MULLER

DE LA BIBLIOTHÈQUE DE L'ARSENAL

PARIS
MAURICE DREYFOUS, ÉDITEUR
13, RUE DU FAUBOURG-MONTMARTRE, 13

# INTRODUCTION

Quand il mourut en 1506, au retour de son quatrième voyage de découvertes dans les Indes Occidentales, Christophe Colomb laissa deux fils : Don Diègue, alors homme fait, qui lui succéda dans ses charges et dignités, et Don Fernand (1), beaucoup plus jeune, qui fut essentiellement homme d'études.
Don Fernand qui avait hérité des grandes aptitudes de son père pour les sciences exactes, devint cosmographe principal de l'empereur Charles-Quint, présida à la confection des nouvelles cartes marines, établit des écoles de sciences mathématiques et, à plusieurs reprises, fut choisi pour arbitre par les savants et les souverains de l'époque, dans des questions de cosmographie et de législation maritime, où il avait acquis une grande autorité. Amateur passionné de livres, il avait, dit-on, formé, en voyageant beaucoup, la plus riche bibliothèque de son temps, car elle comprenait près de vingt mille volumes, qu'il légua en mourant à Séville, où se voit encore

(1) Don Diègue, né en 1474, mort en 1526. — Don Fernand, né en 1488, mort en 1539.

son tombeau. Auteur de plusieurs ouvrages qui se sont perdus, il ne songea qu'assez tard à écrire le livre dont nous publions aujourd'hui la traduction.

« Il semblait tout naturel, dit-il, dans sa préface, que parmi mes écrits, se trouvât l'histoire de la vie et des découvertes de l'amiral Christophe Colomb, mon père, puisque la fatigue et les infirmités ne lui permirent pas de la rédiger lui-même. Longtemps je m'étais refusé à entreprendre ce travail, convaincu qu'assez d'autres se trouveraient pour le tenter. Ils se sont trouvés en effet ; mais en lisant leurs écrits, et en les contrôlant par les papiers de mon père, qui sont entre mes mains, j'ai vu que tantôt ils exagéraient et tantôt amoindrissaient l'importance de certains faits, et plus souvent encore laissaient dans l'ombre ce qui eût mérité d'être mis en lumière.

« Je résolus donc de composer cette histoire, en me disant que quelques critiques que pût encourir la valeur propre de mon travail, il m'appartenait de m'y exposer, pour que l'entière vérité fût connue sur un personnage aussi digne de mémoire. »

Fernand Colomb, né en Espagne, habitant l'Espagne, avait écrit son livre en espagnol. Lorsqu'il mourut, peu de temps sans doute après l'avoir achevé, le manuscrit passa aux mains du petit-fils de son frère, Don Luis Colomb, qui avait rang d'amiral du royaume catholique. Don Luis le confia ou le donna à Baliano di Fornari, grand seigneur génois, qui se rendit en personne, malgré son grand âge, à Venise, la ville des habiles imprimeurs, pour y publier l'œuvre de Fernand Colomb, en trois éditions simultanées, à savoir le texte espagnol original, une version italienne et une version latine, afin « que pût être universellement connue cette histoire dont la gloire première devait revenir à l'Etat de Gênes, patrie du grand navigateur. »

Quelles furent les circonstances qui s'opposèrent à l'entière réalisation de ce louable projet? Nous l'ignorons. Toujours est-il que la version italienne parut seule, signée d'Alfonso Ulloa, en 1571, qu'il ne fut plus question de la version latine, et que le texte espagnol fut perdu.

L'édition italienne devint donc pour la postérité texte primitif. Quelque regrettable que soit la perte du texte espagnol, nous pouvons croire que nous en avons une reproduction qui serre toujours de très près la version originale, et qui en conserve la véritable physionomie. Nous en jugeons par la fréquence des locutions, et peut-être aussi des tournures de provenance purement ibérique. Il nous paraît en somme que, encore que transformé par son passage dans une langue, sœur à vrai dire, le livre de Fernand Colomb nous est resté avec tout son caractère personnel.

Or Fernand Colomb était surtout un savant, un géographe, un mathématicien et non un artiste littéraire dans la pure acception du mot. Il entreprit d'écrire l'histoire de son père, dans le but principal et bien avoué de redresser les erreurs des autres historiens, d'après les documents autographes qu'il possédait, et qui étaient aussi nombreux que minutieux, car, ainsi qu'on pourra le voir au cours du récit, il fallait des empêchements bien majeurs pour que Christophe Colomb négligeât d'inscrire jour par jour, heure par heure en quelque sorte, depuis qu'il commença ses voyages de découvertes, les moindres incidents de sa vie si pleine et si féconde.

Aussi l'œuvre se ressent-elle du manque d'aptitudes particulières de l'auteur et de la pensée sous l'empire de laquelle il l'écrivit.

Relatant l'entreprise la plus merveilleuse des temps modernes, l'intérêt s'y trouvait naturellement attaché au plus haut point, mais de la part de l'écrivain, aucune préoccupation du plan à suivre, de la surprise à ménager, de l'effet à produire, à quoi du reste suppléent surabondamment les réalités de l'histoire elle-même. Quant à la diction, elle est d'une simplicité, nous voudrions presque dire d'une simplesse élémentaire, mais qui ne messied pas, il faut bien le remarquer, à la grandeur sereine du sujet. Nous nous sommes attaché à lui garder cette couleur native.

A vrai dire, ne nous sentant pas en face d'une de ces conceptions magistrales, puissantes dont les imperfections mêmes s'imposent à la conservation, nous avons cru qu'à la condition de respecter soigneusement tout ce qui devait contribuer à rendre plus nette, plus exacte la physionomie du héros, il nous était loisible d'écarter les fréquentes redites, les nombreuses digressions, de condenser les épisodes languissants, et d'éliminer les quelques hors-d'œuvre dont la présence s'explique d'elle-même dans le plaidoyer filial, mais qui amoindrissent l'intérêt d'ensemble du récit historique proprement dit. C'est ce que nous avons fait.

En principe, d'ailleurs, n'empruntant rien aux habiletés, aux artifices professionnels, ce livre, — et c'est là son évidente originalité, — semble fait, non pas pour le héros, mais par le héros lui-même, dont la noble et majestueuse figure se revêt directement de tous les prestiges de la gloire, s'illumine de toutes les auréoles du malheur.

Quoi qu'il en soit, tout est là de ce qui peut faire exactement connaître la vie et l'œuvre immense de ce bon et infortuné grand homme; rien de ce qui s'y trouve n'est ailleurs démenti. C'est donc bien une authentique et complète histoire, qui, se déroulant avec une sorte de primitive naïveté, laisse loin, selon nous, tous les récits emphatiques qu'on a pu faire, toutes les amplifications légendaires qu'on a voulu imaginer.

Ainsi avons-nous jugé, et nous aimons à espérer qu'on jugera comme nous.

Eugène Muller.

Quand il fut question de placer ce livre dans la *Bibliothèque d'Aventures et de Voyages*, notre intention première avait été d'utiliser, en nous bornant à la revoir, une traduction française, parue chez Cl. Barbin et Christ. Ballard, en 1681 et signée C. Cotolendy. Mais le plus sommaire examen ayant suffi à nous démontrer que jamais *traduttore* n'avait plus abusivement exercé son *droit* de *traditore*, nous avons dû renoncer à toute pensée d'adaptation d'un texte tronqué, incorrect, décharné, glacial, dont nous n'avons absolument rien emprunté, et qui même pour nous ne constitue pas une traduction. Il s'ensuit donc que nous revendiquons le titre de premier traducteur du livre de Fernand Colomb; mais simplement peut-être pour qu'on soit moins sévère aux imperfections de notre essai.

E. M.

# HISTOIRE

### DE LA VIE ET DES DÉCOUVERTES

DE

# CHRISTOPHE COLOMB

---

## I

#### DE LA PATRIE, DE LA NAISSANCE ET DU NOM DE L'AMIRAL (1)

Comme on aime ordinairement à croire qu'une haute naissance contribue à la gloire des grands hommes, quelques-uns de mes amis, sachant que j'écrivais la vie de l'amiral Christophe Colomb, mon père, voulaient que je m'occupasse de rechercher et de démontrer qu'il appartenait à une race illustre et opulente, alors que, au contraire, sa famille, de commune origine, vécut dans l'obscurité et dans la gêne.

On m'engageait notamment à le faire descendre de ce Colon dont parle Tacite (2) qui amena captif à Rome

---

(1) Fernand Colomb donne immédiatement à son père le titre que lui avaient valu ses glorieux travaux, et sous lequel il continuera de le désigner d'une manière absolue.

(2) Dans les textes actuels de Tacite (*Ann.*, liv. XII, ch. XXI), ce Ro-

le roi Mithridate, et dut à cela d'obtenir comme récompense la dignité consulaire.

On me conseillait aussi de mettre en évidence sa parenté, réelle d'ailleurs, avec deux illustres Génois qui remportèrent sur les Vénitiens une grande victoire dont Sabellicus fait mention en son histoire, et de laquelle je reparlerai (1).

Mais je n'ai pas suivi leurs sentiments. Il m'a semblé bien préférable d'admettre que Dieu fit élection de l'Amiral, mon père, comme d'une sorte d'apôtre prédestiné aux grandes choses qu'il accomplit, rendant glorieux le nom de ses ancêtres au lieu d'en recevoir le moindre lustre, et n'ayant brillé que de son propre éclat.

Il y eut cela de singulier que, lorsque l'Amiral fut arrivé à la renommée, maintes gens, dans le but évident de l'amoindrir, cherchèrent à répandre des doutes même sur son origine. Les uns le firent naître à Nervi ; les autres, à Cugureo ou à Bugiasco, qui sont autant de bourgades voisines de Gênes. Ceux qui entendent l'honorer davantage le disent né à Savone ou à Gênes même (2) ; enfin, ceux qui veulent enchérir, lui font voir le jour à Plaisance.

main est nommé *Cilon*, mais on trouve d'anciens textes avec la variante *Cœlon* ou *Colon*. La consanguinité ne ferait pas, en tout cas, grand honneur à l'illustre navigateur, car Colon ou Cilon ne se signala guère en Orient que par sa cruauté et ses exactions. Avons-nous besoin de noter qu'il ne s'agit point ici du *grand* Mithridate, qui était alors mort depuis un siècle, et qui d'ailleurs ne fut jamais prisonnier des Romains ?

(1) Sabellicus : *Histoires vénitiennes*. Décade IV, liv. III. — Voy. plus loin ch. V.

(2) Toutes les recherches les plus sérieuses ont abouti en effet à démontrer que Christophe Colomb est né à Gênes. — A quelle date ? Notre auteur n'en dit rien, et tels le font naître en 1437, tandis que

On trouve encore, en effet, dans cette dernière ville, des personnes considérables de sa famille, et l'on y voit des tombeaux avec les noms et les armes des Colomb. Des Colomb, dis-je, car c'est ainsi que ses ancêtres écrivaient leur nom. Pour lui, quand il changea de pays, soit qu'il voulût se conformer aux façons d'écrire locales, soit qu'il pensât donner à ce nom une tournure antique, ou qu'il eût simplement pour but de se distinguer de ses collatéraux, il se fit appeler Colon.

Au surplus, ma conviction étant que les grandes actions de mon père eurent pour premier principe une influence mystérieuse, je crois pouvoir, ou devoir remarquer que ces deux noms ne semblèrent pas étrangers à la prédestination de celui qui les porta. Les exemples sont d'ailleurs nombreux de noms révélant la destinée de certains hommes; et dans le cas particulier de l'Amiral, aucune contradiction ne serait admissible.

En tant que se nommant du nom réel de ses ancêtres (1), ne fut-il pas, en effet, comme la colombe allant offrir le Saint-Esprit à tant de nations du nouveau monde, qui s'ignoraient comme s'ignorait le Sauveur lui-même avant que la colombe ne fût venue, au jour de son baptême, lui apprendre qu'il était le Fils de Dieu. De même l'Amiral, comme la colombe de Noé, ne porta-t-il pas en traversant les eaux, l'olivier, l'huile du baptême, pour que les peuples, jusque-là plongés dans les ténèbres et dans l'erreur, fussent réunis en la paix de l'Église.

---

d'autres reportent cette naissance à 1455. Robertson, son principal historien, adopte l'année 1447.

(1) Dérivant du latin, *Columbus*, pigeon.

En tant qu'ayant pris ensuite le nom de *Colon*, et surtout alors qu'il avait pour prénom Christophe, ne voyons-nous pas une grande analogie entre lui et ce saint qui porta Jésus-Christ au milieu des eaux profondes et furieuses; et n'a-t-il pas fait des Indiens, en les arrachant aux mains de Satan, autant de colons du Paradis?... (1).

## II

### QUELLE FUT LA CONDITION DES ASCENDANTS DE L'AMIRAL

Laissant là les questions d'étymologie et de prédestination, je reviens à l'origine de l'Amiral. Ses parents, fort honnêtes gens, se trouvèrent réduits, par suite des grandes guerres de Lombardie, à un état voisin de la pauvreté (2); et l'Amiral atteste lui-même, en une de ses lettres, que dans sa famille, l'on était marin de père en fils. Un jour que je passais à Cugureo, j'allai visiter deux frères nommés Colomb qui, pensai-je, pourraient me renseigner sur ce point : mais, comme le plus jeune des deux n'avait pas moins de cent ans, je ne pus tirer d'eux aucune indication certaine. Au surplus,

---

(1) Nous avons cru pouvoir abréger ce passage, mais non le retrancher comme a fait le premier traducteur, car les idées mystiques dont il est empreint sont vraiment caractéristiques, étant donné l'époque et le héros de l'histoire.

(2) Son père était cardeur de laine, mais par exception, paraît-il, car c'était famille de marins ; et d'ailleurs, ses frères et lui quittèrent tout jeunes la profession paternelle pour se livrer entièrement à la navigation.

et encore une fois, qu'importe que l'amiral descendît de simples marchands, ou fût de noblesse antique (1); beaucoup plus nous revient de gloire à nous, ses enfants, d'avoir eu un père tel que lui que n'aurait pu lui en revenir à lui-même du sang le plus illustre ou des immenses richesses qu'il aurait tenues de ses aïeux.

On a voulu prétendre qu'il exerça une profession manuelle, et l'on a basé cette assertion sur ce qu'a dit de lui un chroniqueur génois nommé Augustin Justinien (2); mais cet écrivain se réfute lui-même par la contradiction qui se trouve entre plusieurs passages de son livre qui, d'ailleurs, n'est à tous égards, qu'un tissu d'erreurs et de faussetés, à tel point que la Seigneurie génoise, considérant le tort qui pouvait résulter de la lecture de cette prétendue histoire, a décrété contre ceux qui la détiendraient ou la liraient; et elle en a fait rechercher partout les exemplaires, afin qu'ils fussent lacérés et anéantis.

En réalité, l'Amiral fut homme savant et lettré. La grandeur et l'importance de ses découvertes ont suffisamment démontré d'ailleurs qu'il n'avait pu s'adonner exclusivement aux travaux manuels et aux arts mécaniques.

---

(1) Le texte porte : *ou que son père chassât au faucon.*
(2) Les *Annales de la République de Gênes*, d'Augustino Giustiniano, où se trouvent (liv. V, ch. XLIX) les allégations contre lesquelles réclame notre auteur, ne furent imprimées qu'en 1537; mais dès l'année 1506, le même écrivain, dans les gloses d'un Psautier polyglotte (hébreu, grec, arabe, chaldéen, avec trois versions latines), avait parlé de Christophe Colomb, à propos du psaume XVIII : *Cœli enarant gloriam Dei*, au verset 5 : *In omnem terram exivit sonus eorum, et in fines orbis terræ verba eorum.* C'est plus particulièrement, d'ailleurs, cette glose que Fernand Colomb réfute en *douze* points, dont nous avons cru pouvoir supprimer le long détail.

Au reste, un jour il écrivait à la nourrice (1) du prince Don Juan de Castille : « Je ne suis pas le premier amiral de ma famille : et toutefois on peut me qualifier comme on l'entendra. Avant d'être roi très sage et très puissant, David fut gardeur de troupeaux. Je suis, et je tiens à être par-dessus tout, le très humble et très soumis serviteur de ce même Dieu qui présida aux destinées de David... »

## III

### PORTRAIT DE L'AMIRAL, ET LES ÉTUDES AUXQUELLES IL SE LIVRA PENDANT SA JEUNESSE

L'Amiral était bien fait de corps, d'une taille au-dessus de la moyenne (2), il avait le visage allongé, assez plein, assez coloré, et n'était, en réalité, ni gras ni maigre. Son nez était aquilin, ses yeux avaient de l'éclat. Dans sa jeunesse il avait eu les cheveux blonds ; mais avant qu'il eût atteint l'âge de trente ans, ils étaient devenus complètement blancs.

Très sobre dans le manger, dans le boire, il était en

(1) Doña Juana della Torre, dame en grand crédit à la cour de la reine Isabelle, et dont le frère accompagna l'Amiral à son second voyage. Voy. ch. XLVIII.

(2) Le texte porte : *di piu che mediocre statura*. Le portrait que nous donnons en tête de ce volume, reproduit en *fac-simile* celui que publia Théodore de Bry, dans sa *Collection des Voyages*, d'après un tableau qu'avaient fait peindre, dit-il, Ferdinand et Isabelle avant le départ de l'Amiral, pour que s'il lui arrivait malheur, les traits de l'aventureux navigateur ne fussent pas perdus.

outre d'une grande simplicité dans sa mise. Affable avec tous, il se montrait avec les siens d'une douceur rare, en gardant toujours la plus digne gravité. Sa fidélité à observer toutes les pratiques pieuses allait jusque-là que, pour les jeûnes commandés et les prières, il semblait qu'il eût fait profession religieuse. Son aversion pour le blasphème et les jurements était si profonde, que je puis affirmer ne l'avoir jamais entendu jurer que par saint Ferdinand. Si d'aventure il arrivait que quelqu'un eût excité sa colère, tout au plus s'écriait-il : « Je vous donne à Dieu pour ce que m'avez dit ou fait. »

Quand il devait écrire, il ne prenait jamais la plume sans tracer tout d'abord ces mots : « *Jesus cum Maria sit nobis in via* (1), et cela d'ailleurs d'une écriture si bien formée, si belle, qu'elle aurait certainement suffi à lui servir de gagne-pain.

Mais, laissant là les autres particularités relatives à ses façons de vivre, sur lesquelles nous pourrons d'ailleurs revenir, je dois dire qu'il se consacra particulièrement à la science.

Rendu familier avec les lettres dès sa première jeu-

---

(1) C'est sans doute avec la même pieuse préoccupation qu'il apposait sa signature, ordinairement disposée ainsi :

S<br>S A S<br>X M Y<br>XPO FERENS

On ignore la signification des lettres des deux premières lignes, mais l'on croit pouvoir y reconnaître les initiales de quelques mots ou phrases dévotes. Dans la troisième ligne se trouveraient les premières lettres des saints noms *Jésus*, *Marie*, *Joseph*, en langue espagnole. Quant à la dernière ligne, on la lit *Christo Ferens* (qui porte le Christ), forme latinisée du prénom de l'Amiral.

nesse, il alla ensuite étudier à Pavie, jusqu'à ce qu'il fût en état d'entendre bien tous les livres de cosmographie, dont la lecture était pour lui d'un grand attrait.

Il s'adonna en même temps à l'astronomie et à la géométrie, sciences qui se rattachent étroitement l'une à l'autre. Et comme Ptolémée, dans ses écrits, affirme que nul ne saurait être bon cosmographe sans quelque habileté en dessin et en peinture, il s'exerça dans ces arts qui sont, en effet, indispensables pour le lever des plans et la figuration des lieux terrestres.

## IV

### QUELLES FURENT LES OCCUPATIONS DE L'AMIRAL AVANT SA VENUE EN ESPAGNE

Quand l'Amiral eut acquis les connaissances nécessaires, il se mit en mer et fit plusieurs voyages en Orient et en Occident. Je dois avouer que je suis fort imparfaitement renseigné sur tout ce qui concerne les premiers temps de sa vie (1), car lorsque la mort le surprit, le respect filial m'avait jusqu'alors empêché de le questionner d'une manière suivie sur ce sujet,

(1) Cette assertion ne doit pas nous surprendre, Fernand Colomb n'avait que seize ans quand son père mourut; il n'en avait que quatre quand celui-ci partit pour son premier voyage. Il s'était donc fort rarement trouvé avec lui. Lorsqu'il prit part à la dernière expédition, Fernand n'avait que quatorze ans. Au cours de ce voyage, qui fut très difficile, très pénible, l'Amiral, presque toujours souffrant et même alité, devait converser peu, et encore moins sans doute après son retour.

ou, pour parler plus franchement, étant alors bien jeune, je n'attachais pas à ces choses tout l'intérêt dont elles étaient dignes.

Mais je puis me rapporter aux écrits qu'il a laissés, que je possède, et qui sont d'irrécusables témoignages.

Dans une lettre qu'il adressait en 1501 aux rois catholiques (1), à qui certainement il n'eût rien osé dire qui fût contraire à la vérité, je trouve les lignes suivantes :

« Princes Sérénissismes, tout jeune j'embrassai la carrière maritime que depuis j'ai toujours suivie. Ce genre de vie inspire à celui qui s'y livre, le désir ardent de connaître les secrets de l'univers.

« A l'heure actuelle, j'ai consacré plus de quarante années à parcourir en naviguant les diverses parties du monde connu. J'ai été en relation, au cours de mes voyages, avec maints personnages pleins de science et de sagesse : clercs et séculiers, latins, grecs, mores, gens enfin de toutes les races et de toutes les croyances.

« Notre-Seigneur combla mes désirs, en me donnant l'esprit de pénétration. Il permit, qu'après avoir acquis un savoir suffisant en géométrie, en astronomie, je devinsse fort entendu en l'art de navigation. De plus il me fit industrieux, et rendit mes mains habiles à retracer convenablement les divers aspects de notre sphère, avec ses villes, ses montagnes, ses fleuves, ses îles, ses ports... Tout en acquérant ces différentes connaissances, je m'appliquais à voir, à étudier tous

---

(1) On sait que ce titre de *Rois catholiques* avait été conféré par le pape Innocent VIII à Fernand V, d'Aragon, et à sa femme Isabelle de Castille, pour avoir définitivement délivré l'Espagne de la domination des Maures.

les ouvrages traitant d'histoire, de cosmographie, de philosophie et d'autres sciences : c'est ainsi que l'évidente main de Notre-Seigneur, m'ouvrant l'intelligence, la dirigea vers l'idée d'aller à la recherche des Indes, et m'inspira la ferme volonté de poursuivre l'exécution de ce projet. Plein de cette pensée, je m'adressai à Vos Altesses. Tous ceux à qui jusque-là j'avais parlé de cette entreprise n'avaient fait qu'en rire, et en nier avec mépris la possibilité.

« C'était en vain que je m'autorisais de mes études, de mon savoir. Vos Altesses seules eurent foi en mes paroles, et me prêtèrent un ferme appui... »

Dans une autre lettre écrite de l'île Espagnole (1), au mois de janvier 1495, aux mêmes souverains, les entretenant des erreurs qui peuvent être commises dans la direction des navires, il dit :

« J'avais été envoyé à Tunis pour m'y emparer d'une galère ennemie. Il arriva qu'étant près de l'île de Saint-Pierre sur les côtes de Sardaigne, j'appris que cette galère était escortée de deux vaisseaux et d'une caraque; cette nouvelle ayant causé une grande terreur parmi les gens de mon équipage, ils résolurent de ne pas aller plus avant, et de gagner Marseille par un autre navire.

« Voyant que je ne pourrais sans artifice les contraindre, je parus me rendre à leur désir; et faisant carguer les voiles, je changeai le sens de la boussole. C'était le soir, le lendemain au lever du soleil nous nous trouvâmes en vue du cap de Carthagène, tandis

---

(1) Saint-Domingue. On verra plus loin la raison de cette dénomination d'île Espagnole.

que tous avaient la certitude d'avoir fait route sur Marseille... »

Dans une sorte de mémoire que l'Amiral avait rédigé pour démontrer que les cinq zones sont également habitables, et arguant de sa propre expérience, il dit encore :

« L'an 1477, au mois de février, je poussai en naviguant jusqu'à cent lieues au delà de l'île de Thulé (1), qui est éloignée de soixante-quatorze degrés de la ligne équinoxiale. En cette île, les Anglais, notamment ceux de Bristol, vont porter leurs marchandises. A l'époque où je m'y trouvai, la mer n'était point prise par les glaces, il y avait des marées si fortes que sur certains points elles atteignaient jusqu'à vingt-six brasses... »

« J'ai séjourné, dit-il ailleurs, dans la forteresse de Saint-George des Mines du roi de Portugal (2), qui est située sous la ligne équatoriale, et je puis attester que ces régions ne sont nullement inhabitables comme plusieurs ont voulu le prétendre. »

Dans le livre de son premier voyage, il dit qu'il vit jadis sur la côte de Maneguette quelques sirènes qui n'ont pas avec les femmes la ressemblance que les peintres ont coutume de leur prêter.

Dans un autre endroit, « mainte fois en allant par

(1) La Thulé antique, sur le compte de laquelle on a beaucoup discuté, ne serait autre que l'Islande. Ce passage a donné lieu d'ailleurs à plusieurs observations, que nous n'avons aucun intérêt à reproduire, l'auteur n'ayant ici pour but que de montrer que l'Amiral avait navigué sous toutes les zones connues.

(2) Les Portugais qui, les premiers, avaient poussé d'aventureuses expéditions le long de la côte faricaine, exploitaient des mines d'or en Guinée. D'où le nom de *Côte d'or* resté à la région où se trouvait le plus important de leurs établissements.

mer de Lisbonne en Guinée, j'ai été à même de reconnaître que l'on graduait mal les lignes méridiennes; » ailleurs, il dit qu'à Chio, île de l'Archipel, il vit extraire le mastic de certains arbres...

Ailleurs encore, il affirme que pendant plus de vingt-trois ans il n'a pas quitté la mer, et qu'il a visité tous les pays connus de l'orient à l'occident, du nord au midi.

Tous ces passages de ses écrits, dont je pourrais multiplier les citations, témoignent, en somme, qu'il avait acquis, par une longue pratique de la mer, le savoir et l'expérience qui devaient assurer le succès de ses merveilleuses entreprises.

## V

### COMMENT L'AMIRAL CONÇUT, EN PORTUGAL, LA PREMIÈRE IDÉE DE SES DÉCOUVERTES

Si nous cherchons la cause première de la venue de l'Amiral en Espagne, nous devrons la rapporter à un homme qui portait le même nom que lui, et qui d'ailleurs était son parent en même temps que son compatriote.

Ce Colomb avait acquis une grande réputation d'homme de mer pour avoir notamment dirigé des flottes destinées à combattre les infidèles. Telle était d'ailleurs la nature de son renom que les enfants n'en entendaient parler qu'avec effroi et comme d'une sorte d'être terrible. Il fallait en réalité que sa valeur fût grande, car une fois, avec des forces bien inférieures, il captura quatre grandes galères vénitiennes. On l'avait surnommé Colomb le Jeune pour le distinguer d'un autre Colomb qui avant lui avait été aussi un habile et intrépide navigateur. Sabellicus, qui fut le Tite Live de notre temps, a dit dans son histoire que vers l'époque où Maximilien, fils de l'empereur Frédéric III, fut élu roi des Romains, Jérôme Donato alla en Portugal, comme ambassadeur de Venise, afin de remercier au nom de cette république le roi Don Juan II d'avoir secouru les équipages de ces quatres grandes galères que Colomb le Jeune, après les avoir capturés et dépouillés avait déposés sur le rivage. Or l'Amiral naviguait en ce temps-là sous les ordres de ce Colomb le Jeune, qui, ayant appris que les galères vénitiennes revenaient de Flandre, se mit à leur recherche et les trouva entre Lisbonne et le cap Saint-Vincent.

Les vaisseaux s'accostèrent, et une lutte ardente, terrible, s'engagea, où les combattants, animés de la même fureur et soutenus par un courage égal faisaient usage de toutes les armes, usaient de tous les moyens pour nuire à leurs ennemis.

Commencé dès le matin, le combat, qui avait fait beaucoup de victimes des deux parts, durait encore à la chute du jour, quand le feu se déclara en même temps sur le vaisseau génois où se trouvait l'Amiral, et sur une des grosses galères vénitiennes, ces deux navires étant liés ensemble par les grapins et les chaînes dont les marins usent en cas d'abordage.

Le désordre était trop grand pour que, d'un côté ni de l'autre, il fût possible de songer à conjurer le désastre. En peu de temps, l'incendie prit de telles proportions que tous ceux qui s'effrayaient à l'idée de mourir dans les flammes n'eurent d'autres ressources que de s'exposer à une mort relativement plus douce en se jetant à la mer.

Excellent nageur, mais voyant que la côte était à plus de deux lieues, l'Amiral saisit un aviron qui se trouvait à sa portée, et, tantôt s'aidant de cet appui, tantôt fendant l'eau par ses propres forces, et se recommandant à Dieu, qui mainte fois déjà l'avait protégé en de périlleuses aventures, il fut assez heureux pour atteindre le rivage, où il arriva toutefois en un tel état de fatigue qu'il lui fallut plusieurs jours pour se rétablir.

Il avait abordé non loin de Lisbonne, où il savait qu'habitaient beaucoup de Génois. Il se rendit donc le plus tôt qu'il put dans cette ville, où ses compatriotes lui firent un si cordial accueil, qu'il résolut de s'y fixer et y prit en effet résidence.

Comme il tenait là une conduite irréprochable, et qu'au demeurant il était bien fait de sa personne, il arriva qu'une demoiselle de noble maison, nommée Philippa Mogniz, le rencontrant au monastère de Tous-les-Saints, où il avait coutume d'aller entendre la messe, le remarqua, se prit pour lui d'affection, et enfin l'épousa.

Pietro Mogniz, père de la demoiselle, était mort quelque temps auparavant; les nouveaux époux habitèrent avec sa veuve. Or la belle-mère de l'Amiral, voyant qu'il avait une grande passion pour l'étude de la cosmographie, lui apprit comme quoi son mari défunt avait été un marin très expert et très aventureux, qui de concert avec deux autres capitaines de navire était allé découvrir plusieurs îles dans les eaux africaines (1). Elle lui donna toutes les cartes, tous les papiers qu'avait laissés son mari.

Entre temps, l'Amiral s'informait de tous les détails relatifs aux fréquents voyages que les Portugais faisaient alors sur les côtes de Guinée. Son plus grand plaisir était de s'entretenir avec les marins qui revenaient de ces contrées.

Je ne saurai dire au juste, ce qui toutefois est probable, si ce fut durant son établissement en Portugal qu'il fit lui-même le voyage des mines et de Guinée, mais toujours est-il qu'alors il commença à poursuivre cette idée que si l'on naviguait vers l'occident, comme les Portugais naviguaient vers le midi, on ne saurait manquer d'y faire d'importantes découvertes.

Pour s'affermir mieux encore dans cette idée, il se prit à relire les écrits des principaux cosmographes qu'il avait étudiés autrefois, et à méditer les raisons astronomiques qui pouvaient corroborer son opinion. Il notait en conséquence tout ce qui dans les ouvrages qu'il lisait, aussi bien que dans ses entretiens avec les marins, lui semblait venir en aide à sa manière de voir. De l'ensemble de ses remarques il déduisit la certitude qu'à l'occident des îles Canaries et du Cap-Vert devaient se trouver des terres qu'il était possible d'aller découvrir. Mais afin que l'on puisse voir comment, partant de ce simple raisonnement, il arriva à édifier un aussi grand projet, pour répondre au désir de beaucoup de gens qui veulent connaître les données

---

(1) Notamment Madère dont, paraît-il, il avait été le premier gouverneur.

exactes qui lui confirmèrent l'existence de ces terres, et lui communiquèrent l'audace de son entreprise, j'exposerai ici tout ce que j'aurai pu découvrir dans ses écrits.

## VI

### LES PREMIÈRES RAISONS QUI PORTÈRENT L'AMIRAL A PENSER QUE L'ON POUVAIT DÉCOUVRIR LES INDES OCCIDENTALES

Je trouve trois principales sortes de raisons qui portèrent l'Amiral à admettre la possibilité de la découverte des Indes.

Tout d'abord, et comme considération fondamentale, l'amiral s'était dit que l'ensemble des terres et des mers forme une sphère qu'on devait pouvoir contourner de l'orient à l'occident, de telle façon que les hommes qui marchent sur les divers points de ce globe, ont forcément les pieds en complète opposition les uns aux autres (1). En second lieu, et sur la foi d'auteurs sérieux, il se convainquit que si la sphère terrestre avait été explorée en grande partie, encore pouvait-on croire qu'il restait beaucoup de points à découvrir, notamment en ce qui concerne cette étendue qui, selon Ptolémée, touche à l'extrémité orientale des Indes, de sorte qu'en partant de cet orient l'on devait venir aborder aux Açores ou aux îles du Cap-Vert

---

(1) Allusion à la théorie des Antipodes, si longtemps et si souvent débattue avant la découverte du nouvel hémisphère.

qui étaient alors les plus occidentales des terres connues. Il pensa, en troisième lieu, que l'étendue qui existe entre l'extrémité orientale des Indes et les dites îles du Cap-Vert ne pouvait mesurer plus du tiers du cercle général de la sphère, et que, puisque on avait poussé à l'orient jusqu'à la quinzième des vingt-quatre heures (1) ou parties qui divisent l'ensemble du globe, il ne devait rester que neuf parties à franchir pour aller d'un point extrême à l'autre.

Il ajoutait à cela ce que dit Strabon, au quinzième livre de sa géographie, qu'aucune armée (2) n'était parvenue en réalité à l'extrémité orientale des Indes ; puis l'assertion de Ctésias disant que l'Inde est aussi grande que tout le reste de l'Asie ; de Pline et d'Onésicrite estimant qu'elle occupe le tiers de la sphère ; de Néarque lui prêtant des plaines qu'on ne saurait franchir qu'en quatre mois de marche : ce qui le conduisait à penser, que si cette terre des Indes s'étendait aussi loin qu'on le supposait, c'était autant à retrancher entre les plus extrêmes des points connus et les îles du Cap-Vert.

De toutes ces raisons il déduisait non seulement la possibilité d'entreprendre la recherche de ces terres ignorées, mais encore il trouvait normal que, si ces terres étaient un jour découvertes on dût les nommer *Indes*. C'est donc bien à tort qu'on lui a reproché d'avoir appelé de ce nom des terres, qui en réalité ne sont pas les Indes proprement dites ; mais qui, soit qu'elles confinent à l'extrémité orientale des Indes par d'autres

---

(1) Les cercles des anciens cosmographes étaient des *heures* en nombre égal à celles de la révolution diurne.

(2) Le texte porte *armata* qu'il faudrait peut-être traduire par *flotte*, sens du mot *armada* que devait porter le texte espagnol.

terres, soit que des mers les en séparent, n'étaient pas moins pour lui la continuation des Indes d'au delà du Gange, dont aucun géographe n'avait jusqu'alors déterminé les limites ; et comme ces terres n'avaient encore reçu aucun nom, l'Amiral leur donna celui du pays le plus voisin, et les appela du reste Indes Occidentales, pour les distinguer des Indes Orientales.

Par-dessus tout d'ailleurs, vu ce que chacun pouvait savoir de la richesse et de la beauté des Indes connues, il pensa que ce nom sonnerait bien aux oreilles des rois catholiques, et qu'en leur disant qu'il comptait découvrir les Indes par l'Occident, il vaincrait leur dernière indécision touchant l'appui qu'il demandait pour son entreprise ; et il faut croire qu'il n'eut pas tort de penser et d'agir ainsi.

## VII

### DES SECONDES RAISONS QUI PORTÈRENT L'AMIRAL A PROJETER LA DÉCOUVERTE DES INDES

Pour se confirmer dans l'opinion qu'il était possible de découvrir des terres à l'occident, et que ces terres une fois découvertes devaient recevoir le nom d'*Indes*, l'Amiral trouvait dans les auteurs célèbres mainte autre affirmation.

C'était par exemple Aristote attestant dans le deuxième livre *du Ciel et du Monde*, que l'on devait pouvoir aller en quelques jours des Indes à Cadix ; Averroës confirmant ce dire ; Sénèque disant dans ses *Questions na-*

*turelles,* qu'un navire poussé d'un vent propice, devait aller en peu de jours de la pointe extrême de l'Espagne aux Indes. Et si, comme on le pense généralement ce Sénèque est le même que l'auteur des tragédies, il n'y a rien d'étonnant à ce qu'il ait fait dire par le chœur de sa *Médée* (1) :

« Un temps viendra au cours des siècles, où l'Océan
« élargira la ceinture du globe, pour découvrir à
« l'homme, une terre immense et inconnue; la mer
« nous révèlera de nouveaux mondes, et Thulé ne
« servira plus de borne à l'univers. »

Strabon, Pline, Marc Polo, Jean de Mandeville, Pierre d'Ailly, Jules Capitolin lui offraient aussi de notables témoignages; mais ce fut un physicien florentin, nommé maître Paul (2), qui acheva de lui fournir les raisons décisives servant de base à son grand projet.

Ce Paul était l'ami d'un chanoine de Lisbonne nommé Fernand Martinez, avec lequel il entretenait une correspondance assez suivie. Dans les lettres qu'échangeaient les deux amis, il était question des expéditions maritimes qui se faisaient vers le midi des côtes africaines, et de celles qui pourraient être dirigées vers l'occident. L'Amiral ayant eu connaissance des lettres du physicien florentin, qui l'avaient vivement intéressé, eut l'idée de lui écrire, en lui envoyant par l'entremise d'un Florentin qui se trouvait alors à Lisbonne, une petite sphère, où il avait marqué

(1) Acte II, scène III.
(2) Contemporain du pape Léon X, le physicien Paul est cité par plusieurs écrivains. Il s'était notamment fait connaître et apprécier en établissant un gnomon ou cadran solaire à Sainte-Marie-Nouvelle de Florence, en 1468.

les terres qui lui semblaient pouvoir être découvertes.

Le physicien lui répondit une lettre en latin qui fut, comme je l'ai déjà dit, d'une grande et décisive autorité sur son esprit, et dont voici la teneur :

## VIII

### LETTRE DE PAUL, PHYSICIEN FLORENTIN, A L'AMIRAL, SUR LA DÉCOUVERTE DES INDES, PAR LA VOIE D'OCCIDENT

« A Christophe Colomb, Paul, physicien, salut.

« J'apprends le grand et noble désir que tu as de passer dans les régions où croissent les épices (1), c'est pourquoi, en réponse de ta lettre, je t'envoie la copie d'une autre que j'ai dernièrement adressée à un de mes amis qui se trouvait au service du roi de Portugal avant la guerre de Castille, et j'y joins une carte marine semblable à celle que je lui ai envoyée. »

« A Fernand Martinez, chanoine de Lisbonne.

« Je suis heureux de savoir que tu es en grand crédit auprès de ton illustre roi. Tu m'annonces que malgré nos fréquents entretiens au sujet de la route qui doit exister entre l'Europe et les Indes, chemin que je crois beaucoup plus court que celui que suivent ordinairement les Portugais en côtoyant la Guinée; tu m'annonces, dis-je, que Sa Majesté désirerait encore quelques éclaircissements sur cette nouvelle route, afin que ses vaisseaux pussent la tenter. Quoique je ne doute pas que l'étude de la sphère ne vienne à l'appui de mon opinion sur la conformation du globe,

---

(1) Les Indes Orientales ou Asiatiques.

pour rendre mes observations plus faciles à saisir, j'ai jugé à propos d'y joindre une carte semblable à celles dont on fait usage sur mer, carte qui a pour limites à l'occident les côtes comprises depuis l'Irlande jusqu'à la Guinée inclusivement ; j'y ai tracé toutes les îles qui, selon moi, se trouvent le long de la route qui, de l'occident doit mener aux Indes, et représente l'extrémité orientale du continent asiatique avec les îles et les ports où l'on doit mouiller. Tu peux soumettre cette carte à Sa Majesté en lui communiquant mes remarques... Ne t'étonne point que je désigne sous le nom de couchant les contrées où croissent les aromates et que l'on appelle vulgairement aujourd'hui orient, puisqu'en faisant voile vers le couchant on doit finir par trouver ces régions, que l'on prétend ne pas s'étendre au delà du levant... J'ai eu soin de dessiner encore sur cette carte plusieurs endroits de l'Inde où l'on pourrait s'abriter en cas de vents contraires, de tempêtes ou de quelque autre accident imprévu. Mais pour te donner une idée exacte de ces contrées que tu désires connaître, j'ajouterai qu'elles ne sont fréquentées que par des marchands qui ont un nombre considérable de navires et de matelots, et que les marchandises y affluent comme dans les autres pays les plus commerçants, surtout à Zaiton, port très considérable, où tous les ans l'on charge au moins cent navires de poivre, sans préjudice du grand nombre de ceux qui emportent d'autres produits.

« Ce pays, considérablement peuplé, est divisé en beaucoup de provinces et même de royaumes contenant d'innombrables villes, qui sont sous la domination d'un prince appelé le grand Can (ce qui signifie le roi des rois), qui fait le plus souvent sa résidence dans la province du Cataï.

« Les prédécesseurs de ce prince furent très désireux d'entrer en relations avec les princes chrétiens. Il y a environ deux siècles, l'un d'eux envoya des ambassadeurs au souverain pontife, pour l'engager à lui donner des savants, des docteurs qui l'instruisissent lui et ses peuples dans notre foi ; mais les envoyés trouvèrent sur leur route de tels obstacles qu'ils durent s'en retourner sans avoir accompli leur mission.

« Le pape Eugène IV (1) reçut aussi de la part de ces souverains un ambassadeur qui lui rappela l'estime que sa nation professait pour les chrétiens. Me trouvant alors à Rome, je m'entretins longuement avec lui de son pays et notamment de la beauté, de l'importance des villes, des monuments, des rivières qui s'y trouvent. Il me rapporta toutes sortes de choses merveilleuses sur la multitude des bourgs, des cités bâtis le long des cours d'eau ; il m'en cita un notamment qui baigne plus de deux cents villes, où l'on voit des ponts de marbre très larges, ornés de milliers de colonnes...

« Cette contrée mérite donc à tous égards qu'on en recherche le chemin ; car il peut nous en venir de grandes richesses en or, argent, pierres précieuses, outre une grande quantité d'épices rares qui n'ont pas encore été apportées chez nous... Cette vaste contrée est, paraît-il, gouvernée de fait par des philosophes, des savants qui excellent dans les arts, dans les lettres et qui ont aussi le commandement des armées.

« Tu verras que, à partir de Lisbonne, en allant vers

(1) Qui occupa le saint-siège de 1431 à 1447.

l'occident, j'ai tracé sur la carte vingt-six divisions, dont chacune équivaut à deux cent cinquante milles pour atteindre la célèbre et grande cité de Quittai, qui mesure environ cent milles ou trente-cinq lieues de tour, et qui est ornée de douze ponts de marbre. Son nom signifie la Ville céleste. On raconte des merveilles des hommes de génie auxquels elle a donné le jour, de ses richesses, de ces édifices. Résidence ordinaire des rois, elle est située dans la province de Mango, près du Catai. Depuis l'île d'*Antilia,* que tu connais et que tu appelles des *Sept-Villes,* jusqu'à l'île Cipango, je compte dix espaces ou deux mille cinquante milles, c'est-à-dire deux cent vingt-cinq lieues : on trouve dans cette île une quantité considérable de perles et de pierres précieuses. C'est avec des plaques d'or fin qu'on y couvre les temples et les demeures des souverains. La route pour atteindre cette île est inconnue, mais je suis certain cependant qu'on peut s'y rendre avec sûreté. J'aurais encore beaucoup d'autres remarques à faire, mais nous nous en sommes entretenus de vive voix, et j'ai l'assurance que tu m'as bien compris... Assure Sa Majesté qu'elle me trouvera sans cesse plein de zèle pour tout ce dont elle daignera me charger. »

De Florence, le 25 juin 1474 (1).

Depuis, l'Amiral reçut du même savant florentin, une autre lettre ainsi conçue :

A Christophe Colomb, Paul, physicien, salut.

« Je considère comme très noble et très digne d'ap-

---

(1) Remarquons que cette lettre, datée de 1474, est antérieure de dix-huit ans au premier voyage de découverte de Christophe Colomb, qui n'eut lieu qu'en 1492.

probation le projet que tu as formé de naviguer du levant à l'occident, selon les indications fournies par la carte que je t'ai envoyée et qui seraient encore plus évidentes sur une sphère. J'ai plaisir à voir que j'ai été bien compris et je me réjouis non seulement de la possibilité de ce voyage, mais encore de l'honneur et des avantages qui en doivent revenir à tous les chrétiens.

« Je voudrais que tu pusses en prendre aussi nettement l'idée que moi, qui la dois aux entretiens que j'ai eus en cour de Rome avec toute sorte de savants et de voyageurs. J'ai la certitude que lorsque ce voyage aura été accompli, il en résultera pour nos contrées une grande abondance de richesses, notamment en épiceries et en métaux précieux. Et, d'ailleurs, ce bénéfice en reviendra aussi aux rois, aux princes de ce pays qui désirent si vivement contracter alliance avec les chrétiens, afin de recevoir d'eux les enseignements de la science et de la religion. C'est pourquoi je ne m'étonne point que toi, qui as le cœur fort et aventureux, et que la nation portugaise (1), qui compta toujours beaucoup de gens prêts aux grandes et nobles entreprises, vous songiez à effectuer cette glorieuse expédition (2) ? »

(1) La lettre de Colomb à Paul étant datée du Portugal, il était tout naturel que le physicien pensât que les Portugais dussent être associés à l'entreprise si elle avait lieu.

(2) Malgré les erreurs fondamentales qu'expriment les lettres du savant Florentin, nous avons cru devoir les conserver dans toute leur teneur, comme indiquant un des singuliers points de départ que purent avoir les projets du navigateur génois. Ce Catai dont il parle, avons-nous besoin de le remarquer, n'est autre que la Chine ; et à ce propos, il fait particulièrement usage de la narration du célèbre voyageur vénitien, Marco Polo, qu'avait visité ces contrées, au milieu du treizième siècle. (Voy. *les Récits de Marco Polo*, dans la *Bibliothèque d'Aventures et de Voyages*, dont le présent volume fait partie.)

Ces lettres, je le dis encore une fois, achevèrent d'exciter l'Amiral à poursuivre le projet de ses découvertes, — bien qu'elles continssent de graves erreurs, puisqu'il y était affirmé que les premières terres qu'on trouverait seraient le Catai et l'empire du grand Can, tandis que, — ainsi que depuis l a démontré l'expérience, — il y a une grande distance de ces pays à ceux qu'a découverts l'Amiral.

## IX

### LES DERNIÈRES RAISONS QUI POUSSÈRENT L'AMIRAL A LA DÉCOUVERTE DES INDES

Ajoutons à toutes ces raisons l'espoir que l'Amiral avait conçu de rencontrer, avant d'atteindre au pays cherché, quelques îles ou terres plus importantes, qui eussent été pour lui comme une station intermédiaire d'une grande utilité.

Il avait pour se confirmer en cette idée, l'opinion de beaucoup de philosophes et savants qui tenaient comme certain, que sur l'étendue de la sphère, la terre occupe plus d'espace que l'eau. Il pensait qu'entre l'extrémité de l'Espagne et les limites de l'Inde, devaient se trouver des îles, comme la chose a depuis été démontrée ; et il était d'autant plus porté à penser ainsi, qu'il avait souvent entendu des marins ayant fréquenté la mer Occidentale, des îles Açores à Madère, faire à ce sujet, maints récits étranges ou merveilleux qu'il ne manquait pas de fixer en son esprit, comme venant à l'appui de ses propres suppositions.

Je ne dois pas laisser de rapporter quelques-unes de ces choses, qui peuvent intéresser les curieux.

Certain jour, notamment un pilote portugais nommé Martin Vincent, lui dit que se trouvant à quelque quatre cent cinquante lieues à l'occident du cap Saint-Vincent, il avait aperçu et prit en mer une pièce de bois sculptée, qui certainement n'avait pas été travaillée avec des outils de fer; et que, comme depuis plusieurs jours le vent soufflait de l'occident, il ne faisait pas doute pour lui que cette pièce de bois ne fût venue des îles qui doivent exister dans ces régions maritimes.

Un nommé Pierre Correa, mari d'une des belles-sœurs de l'Amiral, lui affirma qu'il avait vu à l'île de *Port-Saint* (1), un morceau de bois du même genre qui avait dû être poussé là par les mêmes vents; et qu'en outre on montrait au même lieu des espèces de cannes ou roseaux d'une grosseur telle que, en les coupant d'un nœud à l'autre, on aurait pu en faire des barils contenant au moins neuf bouteilles de vin. Or, aucun des pays alors connus ne produisant de semblables végétaux, il fallait que la mer eût apporté ces cannes, dont parle d'ailleurs Ptolémée, de l'une des îles qui sont dans la mer Occidentale, si ce n'est des Indes elles-mêmes.

On avait aussi rapporté à l'Amiral qu'aux îles Açores, et particulièrement à Gracieuse et à Fagial, quand le vent avait soufflé longtemps de l'occident, on trouvait communément sur les rivages, une espèce de pin qui ne croît sur aucune des terres connues des navigateurs;

---

(1) L'une des stations des Portugais sur la côte équatoriale de l'Afrique.

qu'en outre, dans l'île des Fleurs, qui est une des Açores, la mer avait un jour rejeté deux cadavres dont le visage, très large, avait un aspect tout autre que celui des chrétiens. On ajoutait qu'au cap de la Verga, on avait un jour aperçu au loin sur la mer plusieurs almédies ou barques couvertes, que le mauvais temps avait dû — à ce que l'on supposa, — entraîner hors de leur route dans le trajet de l'une à l'autre des îles occidentales.

Au surplus, non seulement l'Amiral recueillait des indices de ce genre, mais encore il rencontrait des marins lui déclarant qu'ils avaient vu ces îles mêmes. Parmi ceux-là se trouvait un certain Antonio Leme, établi aux îles de Madère, qui lui assura qu'ayant un jour couru longtemps vers l'occident avec sa caravelle, il avait aperçu trois îles. A la vérité, l'Amiral n'accordait pas beaucoup de créance à ces assertions qui lui paraissaient venir de gens qui, en somme, n'avaient pas poussé au delà d'une centaine de lieues sur la mer Occidentale et qui avaient fort bien pu prendre pour des îles quelques simples récifs ou des nuées immobiles. Tout au plus supposait-il qu'ils avaient rencontré de ces îles flottantes dont Pline et Sénèque ont parlé dans leurs ouvrages et desquelles, sous le nom d'îles de Saint-Brandan, on a conté toutes sortes de fables. On lui affirmait d'ailleurs que parmi les habitants de l'île de Fer, des Açores, beaucoup prétendaient qu'à un certain moment de l'année, l'on découvrait à l'horizon des terres lointaines. On disait même qu'une fois un marin de Madère s'étant rendu auprès du roi de Portugal, lui avait demandé une caravelle pour aller découvrir un pays qui, tous les ans, à la même époque, devenait visible aux confins de la mer. On racontait d'ailleurs, qu'au huitième siècle de l'ère chrétienne, sept évêques portugais, suivis de leurs ouailles, s'étaient embarqués pour gagner cette île, où ils avaient bâti sept villes, et qu'ils n'avaient plus voulu quitter, ayant d'ailleurs brûlé tous leurs vaisseaux, tous leurs agrès pour s'interdire toute possibilité de retour. On ajoutait que du temps de l'infant don Henri de Portugal (1), un vaisseau de cette nation fut poussé par la tempête sur cette île. Les gens de l'équipage étant descendus à terre, furent conduits à l'église par ceux du pays, qui tenaient à s'assurer s'ils pratiquaient les cérémonies romaines; les ayant reconnus pour bons chrétiens, ils voulurent les retenir jusqu'au retour de leur chef qui était alors absent, et qui, disaient-ils, les combleraient de présents. Mais le capitaine et les marins craignirent que ce ne fût une ruse de ces gens, qui pouvaient ne pas vouloir être connus du reste du monde, et qui auraient peut-être brûlé leur vaisseau. Ils reprirent donc la mer en toute hâte et firent voile pour le Portugal, certain que l'infant les louerait de leur conduite. Le prince, tout au contraire, les en blâma très sévèrement, et leur ordonna de retourner vers cette île, d'y séjourner et de venir lui rapporter ce qu'ils y auraient vu. Mais ces gens pris de frayeur, s'en allèrent avec leur navire et ne reparurent plus en Portugal. Entre autres détails, ils avaient dit que, pendant qu'ils étaient à l'église, les mousses du navire ayant ramassé sur le rivage du sable pour nettoyer leurs us-

---

(1) Henri, duc de Viseu, quatrième fils du roi Jean I$^{er}$, mérita le surnom du *Navigateur*, pour avoir très ardemment encouragé les découvertes des marins portugais : mort en 1160.

tensiles de cuisine, ils avaient reconnu que ce sable était pour les deux tiers d'or fin (1).

Et combien d'autres histoires couraient, qui, pour être plus ou moins fabuleuses ou imaginaires, ne laissaient pas cependant d'avoir aux yeux de l'amiral un même fonds de probabilité, et s'ajoutaient comme autant de puissants témoignages de plus en faveur de ses idées (2).

## X

COMMENT L'AMIRAL, APRÈS AVOIR PROPOSÉ LA DÉCOUVERTE DES INDES AU ROI DE PORTUGAL, ROMPIT AVEC CE SOUVERAIN

L'Amiral, tenant pour très certaines ses prévisions, résolut de poursuivre l'exécution de ses projets et d'aller à la découverte des terres qui, selon lui, existaient au delà de l'océan Occidental. Mais comprenant qu'une pareille entreprise ne saurait réussir si elle n'avait le

(1) Notre auteur, dont la concision n'est pas le principal mérite, cite ici beaucoup d'autres faits analogues.

(2) Nous supprimons un interminable chapitre où le fils de l'amiral, pour garder entière la gloire paternelle, réfute point par point en en démontrant le mal fondé les diverses allégations de l'historien Gonzalve d'Oviedo, qui, dans son *Histoire générale et naturelle des Indes occidentales*, avait laissé entendre, avec une évidente intention d'amoindrir les mérites de Colomb, que déjà les Indes avaient été découvertes, et placées même à un certain moment sous la domination espagnole. Cette thèse, mais au point de vue des pures recherches historiques, a été reprise en principe de nos jours, et donné lieu à de remarquables travaux. (Voy. G. Gravier : *Découvertes de l'Amérique par les Normands, au dixième siècle.*)

puissant appui d'un monarque, il alla en exposer le plan au roi de Portugal.

Bien que don Juan, le roi qui régnait alors, eût prêté une sérieuse attention aux propositions de l'Amiral, ce fut avec une grande froideur qu'il parut accueillir l'idée d'une expédition de ce genre, ce qui s'explique par cela qu'en ce moment il était engagé dans de grandes dépenses pour la découverte et l'exploration de la côte occidentale de l'Afrique (la Guinée). Cette entreprise, fort onéreuse pour le trésor royal, ne semblait promettre aucun avantage; la flotte portugaise en effet n'avait pu dépasser le cap de Bonne-Espérance, — nom qui, selon quelques-uns fut donné à cette pointe de terre, au lieu de celui d'*Agesingua*, nom primitif, parce qu'elle formait en quelque sorte le terme des espérances des explorateurs, selon d'autres parce que, au contraire, c'était à partir de là qu'ils pouvaient concevoir de meilleures espérances pour leur navigation.

Quoi qu'il en fût, après avoir tout d'abord semblé faire la sourde oreille, sous prétexte que moins que jamais il pouvait s'engager en de pareilles dépenses, le roi revint à d'autres sentiments. Il déclara donc à l'Amiral que l'acceptation du projet pourrait dépendre des conventions à faire en prévision de la réussite.

La question étant ainsi posée, l'Amiral tout naturellement envieux de renommée et de gloire, laissa entendre qu'il comprenait qu'en cas de succès d'une entreprise aussi importante que méritoire, il en revînt à lui et à sa maison de grands honneurs et de notables avantages.

Le roi l'écouta et demanda quelque temps pour réfléchir. Conseillé alors par un certain docteur Calzadiglia, très influent sur ses décisions, il résolut d'expédier secrètement une caravelle qui tâcherait de mettre à exécution le projet de l'Amiral; de telle sorte qu'il pourrait se faire que les terres occidentales fussent découvertes sans que le roi eût à récompenser l'Amiral.

Une caravelle fut donc armée, qui, sous le semblant d'aller rejoindre la flotte du cap Vert, prit le chemin qu'avait indiqué l'Amiral.

Mais à ceux qui la montaient, manquaient la science, la constance ou, pour mieux dire, la présence de l'Amiral. Après avoir pendant quelque temps tenté la mer au delà du cap Vert, ils revinrent à cette station, en alléguant qu'il était impossible de se diriger dans ces parages éloignés.

La chose étant venue à sa connaissance, l'Amiral qui d'ailleurs venait de perdre sa femme, conçut un tel mépris et une telle aversion pour le Portugal qu'aussitôt il décida de quitter ce pays et de se rendre en Castille avec son jeune fils, — Diègue, qui devait plus tard lui succéder dans les rangs et honneurs obtenus par ses mérites. — Craignant toutefois que les rois de Castille, auxquels il projetait d'aller exposer ses projets, ne consentissent pas à en favoriser l'exécution, il crut qu'il serait bon d'en faire parler à d'autres princes.

A cet effet, il envoya en Angleterre, un de ses frères, qui vivait auprès de lui.

Ce frère, nommé Barthélemy Colon, bien qu'il ne fût nullement versé dans les lettres, n'était pas moins homme de grand sens, fort entendu dans les choses maritimes, et notamment très apte (car il avait reçu les leçons de l'Amiral) à dresser des cartes et à fabriquer les divers instruments utiles pour la navigation.

Barthélemy Colon partit donc pour l'Angleterre ; mais un sort malheureux voulut qu'il tombât en mer aux mains des corsaires, qui le dépouillèrent ainsi que ses compagnons.

De là un grand retard dans son ambassade, car dénué de tout, malade, il ne put qu'au bout d'un certain temps, après avoir erré misérable en divers pays, réaliser en fabricant des cartes marines, les ressources qui devaient lui permettre d'atteindre le but de son voyage.

Enfin, il put gagner l'Angleterre où régnait le roi Henri VII. Il fit présenter à ce roi une mappemonde sur laquelle étaient indiquées les terres que l'Amiral se proposait de découvrir. Une inscription en vers latins, plus curieux qu'élégants, placée au-dessous de la carte disait que l'existence de ces terres avait été affirmée par Strabon, Ptolémée, Pline, Isidore et beaucoup d'autres.

Le roi d'Angleterre, ayant examiné cette mappemonde, fit aussitôt appeler Barthélemy, qu'il écouta avec un grand intérêt ; et séduit par l'entreprise dont celui-ci l'entretint, il lui commanda de faire venir son frère.

Mais, comme bien des jours s'étaient écoulés depuis le départ de Barthélemy, lorsque parvinrent en Espagne les offres du roi d'Angleterre, déjà l'Amiral, que Dieu avait secondé en Castille, avait pu réaliser avec succès son entreprise, ainsi que nous allons le raconter en observant l'ordre des événements.

## XI

COMMENT L'AMIRAL QUITTA LE PORTUGAL ET ENTRA EN RELATION AVEC LES ROIS CATHOLIQUES FERDINAND ET ISABELLE

Laissant de côté les négociations inutiles de Barthélemy Colon en Angleterre, je retourne à l'Amiral, qui, vers la fin de l'année 1484, sortit du Portugal avec son fils Diègue. Ce fut en secret qu'il effectua son départ, de crainte d'être retenu par le roi, qui, vu le honteux insuccès de sa caravelle secrètement expédiée, voulait rappeler l'Amiral et traiter définitivement avec lui pour l'exécution de ses projets. Mais c'était trop tard s'en aviser. Déjà l'Amiral était passé en Castille, où son premier soin avait été de conduire son fils à Palos au monastère de la Rabida, et de l'y laisser, pour se rendre à la cour des rois catholiques, qui se tenait alors à Cordoue.

Là il ne tarda pas à lier amitié avec plusieurs personnages qui firent le meilleur accueil à l'idée de son entreprise. Parmi ceux-ci, je dois citer particulièrement Louis de Saint-Ange, gentilhomme aragonnais, écrivain de mérite, occupant un grand rang à la cour, où il jouissait d'une réelle autorité. Ce seigneur parla de l'Amiral et de son entreprise aux souverains. Ceux-ci jugèrent qu'une question de cette importance ne pouvait être résolue par le simple effet de la faveur accordée à tel ou tel solliciteur, mais qu'il importait qu'elle fût débattue, discutée dans un conseil de gens compétents. Ils ordonnèrent donc au prieur de Prado, qui depuis fut archevêque de Grenade, d'assembler les cosmographes les plus experts, qui prendraient pleine connaissance des projets de l'Amiral et en diraient ensuite leur sentiment. Mais comme à cette époque il y avait beaucoup moins de véritables cosmographes qu'aujourd'hui, ceux qui furent réunis n'entendirent rien aux explications de l'Amiral qui, peut-être, il faut bien le dire, n'avait pas voulu s'expliquer trop clairement pour éviter une mésaventure pareille à celle dont il avait failli être victime en Portugal. Toujours est-il que les rapports que firent ces arbitres sur les idées de l'Amiral témoignèrent d'autant d'ignorance que de bizarrerie d'esprit.

Les uns dirent qu'alors que tant de milliers d'années s'étaient écoulées depuis la création de l'univers, il serait bien étonnant qu'on fût venu jusque-là sans que, parmi tant de savants et de marins très instruits, très habiles, nul n'eût songé à découvrir les terres indiquées par l'Amiral, et qu'il n'y avait aucune vraisemblance que celui-ci fût plus instruit que tous les marins passés et présents. D'autres, qui s'appuyaient sur des raisons purement cosmographiques, affirmaient que telles devaient être les dimensions du monde, qu'il n'était pas probable que trois années de navigation suffisent pour arriver à ces limites de l'orient que l'Amiral prétendait atteindre, et ils étayaient leur raisonnement de l'autorité de Sénèque, qui, traitant de l'étendue infinie de la mer, dit que cette question laisse des doutes dans l'esprit des savants, mais que, en supposant que la mer fût partout navigable, rien n'indiquait qu'il y eût, au delà, des terres.

habitables sur lequelles ont pût aborder. Ils ajoutaient que de ce monde inférieur, composé d'eau et de terre, il n'y avait réellement d'habitable que la petite partie où nous nous trouvons, et que tout le reste était couvert par les eaux, lesquelles n'étaient navigables que le long des côtes, ou lorsqu'elles coulent en forme de rivières. D'ailleurs, disaient-ils encore, s'il arrivait qu'on pût se rendre dans l'extrême Occident, le retour en Espagne serait empêché pour la rotondité même de la sphère, car il était certain qu'une fois qu'on aurait dépassé l'hémisphère connu de Ptolémée, on se trouverait si bas descendu, que pour revenir les navires auraient en quelque sorte à gravir une véritable montagne liquide, ce qui serait impossible, même avec l'aide des vents les plus forts et les plus favorables, si tant est qu'il s'en trouvât en ces régions inconnues.

L'Amiral répondait de son mieux à ces diverses objections, mais plus il s'efforçait de les convaincre, et moins ces gens, fort ignorants, semblaient le comprendre. De quoi nous ne devons pas être étonnés, car, en fait de démonstrations mathématiques, si le point de départ est erronné, il s'ensuit dans les esprits un trouble qui empêche toute clarté d'entendement.

Finalement, tous ces docteurs, en vertu d'un adage castillan qui pourrait se traduire par « Saint Augustin en a douté », s'accordèrent pour accepter comme raison concluante, un passage de ce Père de l'Eglise qui, — au chapitre ix du XXI° livre de sa *Cité de Dieu*, — déclare inadmissible l'existence des antipodes, et impossible le passage d'un hémisphère dans l'autre (1). Ils

(1) Ils auraient pu citer aussi comme fort concluant ce passage de

arguèrent encore d'une prétendue succession des cinq zones, et de quelques autres chimères qu'ils tenaient pour vérités indiscutables. Enfin, ils déclarèrent d'une voix unanime que l'entreprise rêvée par l'Amiral devait être regardée comme vaine et insensée, et qu'il ne saurait convenir à la dignité d'aussi grands princes de se préoccuper un instant d'une proposition aussi futile.

De telle façon qu'après que beaucoup de temps eut été perdu en ces stériles discussions, les rois catholiques, — qui, du moins, voulurent que ce refus revêtît un certain semblant de déférence, — firent répondre à l'Amiral, qu'occupés de la conquête de Grenade, à laquelle ils devaient tous leurs soins et tous leurs efforts, il leur était impossible de songer alors à aucune entreprise nouvelle ; mais qu'avec le temps viendrait sans doute un moment plus opportun, où il leur serait agréable d'examiner à nouveau la proposition qui leur était faite.

En somme donc, ces princes refusaient de prêter l'oreille aux offres de l'Amiral, quelque brillantes promesses qui pussent y être contenues.

l'historien Jornandès : « Pour ce qui est des limites de l'infranchissable Océan, non seulement personne n'a entrepris de les décrire, mais encore il n'a été donné à aucun mortel de les dépasser, car la résistance des plantes marines (Voy. ch. XVIII) et le calme des vents qui ne soufflent jamais dans ces parages, apprennent trop bien aux navigateurs qu'ils ne sauraient aller au delà, et que ces limites ne sont connues que de Celui qui les a établies. (Hist. des Goths, liv. I.)

## XII

COMMENT L'AMIRAL, NE TROUVANT PAS UN ACCUEIL SATISFAISANT AUPRÈS DES ROIS DE CASTILLE, RÉSOLUT D'ALLER OFFRIR AILLEURS SON ENTREPRISE

Pendant que se poursuivaient les négociations que je viens de rapporter, les rois catholiques, par suite de la guerre de Grenade, avaient souvent changé de résidence. Ce qui avait été cause du grand retard apporté à leur résolution définitive et à la transmission de leur réponse.

Quand il en fut informé, l'Amiral se rendit à Séville où était la cour, pour faire une dernière tentative auprès des souverains. Mais il les trouva toujours dans les mêmes idées. Il communiqua ses idées au duc de Medina Sidonia, ce qui resta encore sans effet.

Voyant alors qu'il n'y avait pour lui aucune chance d'être compris et soutenu en Espagne comme il l'eût désiré, impatienté du retard apporté à la réalisation de ses idées, il résolut de se rendre d'abord auprès du roi de France, auquel d'ailleurs il avait déjà écrit; puis, s'il ne pouvait être entendu et appuyé par ce roi, d'aller en Angleterre à la recherche de son frère dont il n'avait aucune nouvelle. Cette détermination prise, il se rendit au monastère de la Rabida où il avait laissé son jeune fils, qu'il voulait envoyer à Cordoue avant de partir pour la France. Mais Dieu, dont les secrets desseins ne peuvent être combattus, voulut alors que le frère Jean Perez, prieur de cette maison, se prit de vive sympathie pour l'Amiral, et que, ayant connaissance de l'entreprise qu'il méditait, il manifestât un grand chagrin à l'idée que, par son départ, il allait priver l'Espagne de la gloire de réaliser un aussi magnifique projet. Jean Perez insista donc pour que l'Amiral, avant de quitter l'Espagne, attendît qu'il eût fait, lui, confesseur de la reine, une démarche personnelle auprès de cette princesse qui, sans aucun doute, l'écouterait favorablement. De telle sorte, qu'au moment même où l'Amiral avait renoncé à l'espoir d'avoir raison contre les conseillers royaux, le vif désir qu'il avait de donner à l'Espagne l'honneur de son entreprise, fit qu'il céda aux instances du prieur.

La préférence qu'il accordait ainsi à l'Espagne s'explique par cela que, outre qu'il avait habité longtemps ce pays, où lui étaient nés plusieurs enfants (1), il avait achevé d'y mûrir son grand projet. Ce sentiment ressort d'ailleurs d'une lettre que plus tard il écrivait aux rois catholiques, et où il s'exprimait en ces termes : « Pour rester au service de Vos Altesses, je n'ai voulu m'engager ni avec la France, ni avec l'Angleterre, ni avec le Portugal, dont les princes m'avaient adressé des lettres que Vos Altesses pourront voir, si elles le désirent, aux mains du docteur Viglialano. »

(1) Outre ses deux fils, Diègue et Fernand, Christophe Colomb avait plusieurs filles.

## XIII

COMMENT L'AMIRAL, APRÈS ÊTRE ALLÉ AU CAMP DE SANTA-FÉ, PRIT CONGÉ DES ROIS CATHOLIQUES, AVEC LESQUELS IL N'AVAIT RIEN PU CONCLURE

L'Amiral partit donc du monastère de la Rabida en compagnie du frère Jean Perez, pour se rendre au camp de Santa-Fé, où se trouvaient les rois catholiques qui assiégeaient Grenade.

Le frère obtint, dès son arrivée, un entretien de la reine, auprès de laquelle il fit tant d'instances en faveur des projets de l'Amiral, que Sa Majesté consentit à ce qu'il fût de nouveau délibéré sur la possibilité de cette entreprise.

Mais il se trouva que l'Amiral eut alors contre lui, outre les avis défavorables des docteurs réunis par le prieur de Prado, les conditions mêmes qu'il formulait, car il ne demandait rien moins que les titres d'amiral et de vice-roi, ainsi que plusieurs autres choses de grande importance, qu'il paraissait difficile de lui concéder; d'abord, parce que, en cas de réussite, on trouvait que c'était payer trop cher sa découverte, et ensuite parce que, en cas d'insuccès, c'eût été agir bien légèrement que de lui décerner des titres et lui reconnaître des avantages qui resteraient purement fictifs et imaginaires.

Pour ma part, je ne puis qu'approuver hautement l'Amiral de la force de caractère dont il fit preuve en cette occasion, et qui prouve combien il avait conscience de la grandeur de son entreprise. Désireux, comme je l'ai dit, de donner à l'Espagne le bénéfice de ses découvertes, et se voyant rebuté, réduit en quelque sorte à se contenter des plus misérables conditions, il ne laissa pas cependant de réclamer les plus hautes récompenses avec autant de fermeté qu'il l'eût pu faire après avoir mené à bien sa grande œuvre. Alors que chacun était encore en droit de douter de lui, il exigea énergiquement tout ce qui d'ailleurs lui fut accordé par la suite : à savoir, d'être amiral des mers océanes avec tous les droits, honneurs et privilèges dont jouissaient les amiraux de Castille et de Léon, d'être vice-roi et gouverneur de toutes les îles et terres fermes qu'il pourrait découvrir, sur lesquelles il aurait droit justicier, et qui seraient gouvernées et administrées par des personnes qu'il choisirait et nommerait lui-même.

Outre les revenus attachés aux titres d'amiral, de vice-roi et de gouverneur, il réclama un droit du dixième sur tout ce qui s'achèterait ou vendrait dans l'étendue de son amiralat, déduction faite seulement des frais d'acquisition, de manière que, si dans une île il se réalisait un bénéfice de mille ducats, cent ducats devaient lui revenir. Aussi, ceux qui lui étaient opposés, disaient-ils qu'il ne risquait rien en propre pour ce voyage, sinon d'être à perpétuité le chef très puissant d'une grande flotte.

Il demanda encore qu'on lui attribuât la huitième partie de tout ce que, au retour, rapporteraient les vaisseaux avec lesquels il partirait, après qu'on aurait prélevé d'ailleurs, comme lui incombant en propre, un huitième des frais de l'entreprise. Ces conditions ayant paru exagérées, et les rois n'ayant pas voulu consentir à traiter avec lui sur ce pied, l'Amiral chargea ses amis de prendre congé de Leurs Altesses, et il se mit en route vers Cordoue, d'où il devait effectuer son départ pour la France, car encore qu'il eût reçu des lettres du roi de Portugal, il était bien décidé à ne pas retourner auprès de ce souverain, dont il ne pouvait plus estimer le caractère.

## XIV

#### COMMENT LES ROIS CATHOLIQUES RAPPELÈRENT L'AMIRAL, ET LUI ACCORDÈRENT TOUT CE QU'IL DEMANDAIT

On était au mois de janvier de l'année 1492. Le jour où l'Amiral quitta Santa-Fé, ce même Louis de Saint-Ange dont nous avons déjà fait mention, étant fort affligé de ce départ, s'en alla trouver la reine, et lui remontra combien il lui semblait étrange qu'une princesse toujours si profondément préoccupée de grandes choses, opposât cet obstiné refus, alors qu'il s'agissait d'une entreprise qui pouvait tourner si avantageusement à la glorification de Dieu et de sa sainte Église, et valoir tant d'honneur et de bénéfices à la couronne d'Espagne.

Il ajouta que s'il arrivait qu'un autre prince acceptât l'entreprise, comme l'espérait l'Amiral, sans aucun doute elle serait sous le coup de l'éternel reproche que lui feraient ses ennemis et ses successeurs de n'avoir pas accueilli et secondé un projet si important. Il dit que d'ailleurs l'Amiral, qui était homme instruit, judicieux, ne demandait rien de plus que d'avoir une part des bénéfices qu'il espérait procurer à l'Espagne qui, sans lui, en resterait privée. Il s'efforça encore de démontrer à la reine que l'entreprise n'était nullement frappée d'impossibilité, comme l'affirmaient des juges inexpérimentés ou pleins de préventions; que l'Amiral avait une grande connaissance de toutes les questions maritimes, qu'il avait une grande foi dans le succès puisqu'il y exposait sa personne, et proposait d'entrer pour sa part dans les frais de l'expédition; que même, au cas où il y aurait insuccès, Leurs Majestés Catholiques ne seraient pas moins hautement louées d'avoir patronné une entreprise ayant pour but d'étendre les connaissances cosmographiques et de sonder les secrets de l'univers.

Enfin, il précisa ce fait : que l'Amiral n'exigeait pas de grandes sommes, puisqu'il déclarait n'avoir besoin que de deux mille cinq cents écus pour équiper la flotte avec laquelle il comptait mener à bien une si glorieuse expédition.

Lorsque Saint-Ange eut parlé de la sorte, la reine, tout en lui témoignant sa gratitude pour les bons conseils qu'il venait de lui donner, se montra toute disposée à renouer les négociations avec l'Amiral, mais elle voulait qu'il fût différé à l'exécution du projet jusqu'après l'achèvement de la guerre, qui absorbait alors toutes les ressources du trésor royal. D'ailleurs, comme témoignage de la certitude de ses sentiments, elle chargea Saint-Ange de s'occuper lui-même de trouver à emprunter sur ses joyaux, qu'elle donnerait en gage, l'argent nécessaire à l'équipement des navires. Saint-Ange, ravi de voir que ses paroles avaient eu plus de force que toutes celles des adversaires de l'Amiral, dit à la souveraine qu'il n'était pas besoin qu'elle engageât ses joyaux, et qu'il était tout prêt à faire, lui, l'avance des frais d'armement. En entendant cela, la reine expédia aussitôt un de ses officiers avec ordre de courir sur les pas de l'Amiral, pour le prier de revenir à Santa-Fé.

Le messager atteignit à deux lieues de Cordoue l'Amiral qui, instruit des nouvelles résolutions de la reine, se rendit de nouveau au camp, où il fut reçu avec la plus grande bienveillance par les rois catholiques; et aussitôt, sur l'ordre de Leurs Majestés, lui fut délivré, par Jean de Colonna, secrétaire royal, l'acte qui lui accordait, sans aucune restriction, tous les titres, honneurs et bénéfices que nous avons énoncés plus haut.

## XV

#### COMMENT L'AMIRAL ARMA TROIS CARAVELLES POUR SON VOYAGE DE DÉCOUVERTE

Les lettres royales obtenues, l'Amiral partit de Grenade le 12 mai 1492, pour se rendre à Palos, port où il devait faire son armement, et qui était tenu de mettre pendant trois mois deux caravelles (1) au service

---

(1) Bien que s'accordant sur la forme des *caravelles*, dont Colomb lui-même, d'ailleurs, a laissé un dessin de sa main, les auteurs et commentateurs de sa vie diffèrent singulièrement d'opinions sur l'importance de ces navires. Pour la plupart, qui tendent à rehausser la hardiesse de l'entreprise, et qui se trouvent faire injure à l'esprit d'extrême prudence dont l'Amiral donna toujours des preuves, même au milieu

de Leurs Majestés. Ces navires lui ayant été donnés, il en ajouta un troisième, et il procéda en toute diligence à l'équipement de sa flottille. La caravelle capitane, que devait monter l'Amiral, se nommait la *Sainte-Marie*, la seconde, qui avait pour commandant Martin-Alonso Pinzon, s'appelait *la Peinte*, enfin la troisième, *Niña* (1), qui était gréée selon le mode latin, fut mise sous les ordres de Vincent Pinzon, frère du précédent, tous deux du port de Palos.

Les préparatifs étant achevés, les trois caravelles, munies de tout ce qui pouvait leur être nécessaire et comptant quatre-vingt-dix hommes d'équipages (2), appareillèrent le vendredi 3 août 1492, au lever du jour, et firent directement voile vers les îles Canaries.

Dès lors l'Amiral inscrivit jour par jour, avec la plus scrupuleuse exactitude les moindres incidents du voyage, les vents qui régnaient, la rapidité de marche des navires, les courants rencontrés ou suivis, les oiseaux, les poissons aperçus ou capturés, et toute

---

des situations les plus difficiles, ces caravelles n'auraient été que des espèces de méchantes barques à peine pontées, d'un faible tonnage et d'une très douteuse solidité. Tel n'est pas l'avis du savant historiographe de la marine A. Jal, qui dans son *Archéologie navale* remarque qu'elles avaient *châteaux* de poupe et de proue, qu'elles étaient convenablement gréées, bonnes voilières, et qu'au total elles devaient avoir à peu près l'importance d'un brick de guerre de 12 à 16 canons, c'est-à-dire de 25 à 27 mètres de long sur 7 ou 8 de large : « assurément, dit-il, un navire de ces dimensions n'est pas un grand navire, mais il laisse loin cependant ces faibles barques attribuées par une tradition ignorante, mais poétique à l'aventureux *scopritore* génois. »

(1) La *Petite* ou la **Mignonne**.
(2) Le texte porte : essendo elleno (les caravelles) fornite di tutto la cose necessarie *con novanta huomini*. Sur la question de savoir si le nombre d'hommes s'applique à chaque navire, ou à l'ensemble du personnel de l'expédition voy. une note du ch. XXXIII.

autre particularité de la route. D'ailleurs il ne manqua jamais à ce même soin pendant le cours des quatre voyages qu'il fit dans les Indes.

Mon intention n'est pas de rapporter en détail ces observations qui, de quelque intérêt qu'elles puissent être au point de vue de la navigation, ne laisseraient pas de fatiguer le lecteur. Je signalerai seulement celles qui me sembleront se rattacher convenablement à mon récit.

## XVI

#### COMMENT L'AMIRAL ARRIVA AUX CANARIES OU IL SE FOURNIT DE DIVERSES CHOSES DONT IL MANQUAIT

L'Amiral étant ainsi parti de Palos, il advint que dès le lendemain, samedi 4 août, les gonds du gouvernail de la *Peinte* furent arrachés, et que cette caravelle fut obligée de plier ses voiles, ce que voyant l'Amiral, malgré le gros temps, se hâta de se rendre à bord de la caravelle, non seulement parce qu'il voulait par sa présence ranimer le courage de ses gens, mais encore parce qu'il avait quelque soupçon que cet accident provînt de la malignité du capitaine qui, après s'être engagé pour le voyage, avait déjà laissé voir à plusieurs reprises son désir de ne pas le continuer. Ce Martin Pinzon était d'ailleurs homme de grande habileté et pratique maritimes, il eut bientôt, avec des cordes, arrangé les choses de façon que son navire fût en état de poursuivre sa route; mais le mardi suivant, ces cordes s'étant rompues, il devint nécessaire de tout mettre en œuvre pour remédier à l'accident. Il est évident que le fait de ce timon deux fois démonté au commencement du voyage pouvait sembler étrange à l'Amiral qui, d'ailleurs, devait avoir plus d'une fois encore, comme nous le verrons dans la suite, à se plaindre de la désobéissance de Martin Pinzon. Quoi qu'il en fût, on fit en sorte de réparer autant que possible l'avarie, afin d'atteindre au moins les Canaries. Les trois navires aperçurent ces îles à l'aube du neuvième jour d'août. Toutefois les vents étant contraires et la mer très grosse, ce fut seulement deux jours plus tard, que la flottille put prendre terre à la Grande-Canarie. L'Amiral y laissa Martin Pinzon en lui commandant de chercher à se procurer un autre navire, et il se rendit, suivi de la *Niña*, à l'île de Gomère, afin de s'informer de la possibilité d'une semblable acquisition. Etant arrivé devant cette île, le soir du dimanche 12 août, il envoya à terre une embarcation qui revint le lendemain matin annonçant qu'il n'y avait alors aucun vaisseau disponible, mais que les gens du pays attendaient d'heure en heure l'arrivée de Béatrice de Bovadilla, maîtresse de l'île, qui était alors à la Grande-Canarie, d'où elle devait revenir sur un vaisseau jaugeant quarante tonneaux, qui convenait pour le voyage qu'entreprenait l'Amiral, et qu'elle consentirait sans doute à lui vendre.

L'Amiral résolut donc d'attendre quelque temps dans ce port, mais deux jours s'étant écoulés sans que parût le navire annoncé, et comme une barque partait de Gomère pour la Grande-Canarie, il envoya un homme pour engager Pinzon à radouber au plus vite sa caravelle et à venir le rejoindre. Toutefois, voyant qu'il tardait à recevoir des nouvelles, l'Amiral résolut, le 24 d'août, de s'en retourner avec ses deux navires à la Grande-Canarie. Chemin faisant, il trouva la barque qui, par le fait des vents contraires, n'avait pu encore pu parvenir à sa destination. Il reprit à son bord celui des siens qui était parti sur la barque, et passa la nuit en vue de Ténériffe, dont le pic, très élevé, vomissait dans l'air un immense jet de flammes. Cet imposant phénomène frappant d'étonnement ses matelots, il leur expliqua la cause de ces embrasements souterrains, en leur citant comme exemple l'Etna de Sicile et plusieurs autres montagnes où se voient les mêmes effets. Le samedi 25 d'août, il arriva à la Grande-Canarie où il retrouva Pinzon, qui lui apprit que, le lundi précédent, Béatrice de Bovadilla était partie avec ce navire qu'il pensait acheter. Plusieurs de ces gens semblaient s'affliger fort de ce contretemps, il leur démontra que s'ils n'avaient pas rencontré ce navire c'était peut-être un bienfait de Dieu qui avait voulu leur épargner les ennuis, les difficultés de l'acquisition, comme aussi les retards qu'aurait occasionnés le transbordement du chargement. Il ne jugea donc pas qu'il dût retourner à la Gomère pour faire ce marché, puis il avisa à réparer du mieux qu'il put la *Peinte*, à laquelle on mit un nouveau gouvernail, il transforma aussi en voilure ordinaire le gréement latin de la *Niña*, afin qu'elle pût suivre les autres caravelles avec plus de facilité, en courant moins de périls.

## XVII

COMMENT L'AMIRAL PARTIT DE LA GRANDE-CANARIE, POUR COMMENCER EN RÉALITÉ SON VOYAGE DE DÉCOUVERTES, ET CE QUI LUI ADVINT SUR L'OCÉAN

Lorsque les navires eurent été bien réparés et en état de reprendre la mer, l'Amiral fit mettre à la voile. Parti de la Grande-Canarie dans la soirée du vendredi 1er septembre, il arriva le jour suivant à Gomère, où il passa encore quatre jours pour se ravitailler de viande d'eau et de bois. Le jeudi suivant, 6 septembre de l'année 1492, date réelle du commencement de l'entreprise, l'Amiral partit de la Gomère, en se dirigeant vers l'occident. Le calme qui régnait alors fit qu'il resta longuement en vue de cette île.

Le dimanche, au lever du jour, il se trouva à neuf lieues à l'ouest de l'île de Fer. Alors seulement la terre disparut à l'horizon, et, craignant de ne plus la revoir de longtemps, beaucoup des gens de l'Amiral soupiraient et se lamentaient. Mais il sut ranimer tous les courages en leur faisant espérer la conquête de grands et magnifiques pays, et en leur promettant la richesse.

D'ailleurs, pour atténuer en eux l'effroi qu'ils auraient pu concevoir de la longueur du voyage, quand, le soir, il eut reconnu que les navires avaient avancé de 18 lieues vers l'occident, il eut l'idée de n'accuser qu'une marche de 15 lieues, afin que ses gens ne se crussent pas aussi éloignés de l'Espagne : mais il tenait à part lui un compte exact du chemin parcouru. Le mardi 11 septembre, au coucher du soleil, étant à environ 40 lieues de l'île de Fer, il vit flotter un tronçon de mât d'un navire de 120 tonneaux, qui paraissait être dans l'eau depuis bien longtemps. Dans ces mêmes parages, mais plus loin encore à l'occident, il trouva de grands et forts courants se dirigeant vers le nord-est. A une cinquantaine de lieues au delà, le 13 de septembre, il remarqua que l'aiguille de sa boussole ne se dirigeait plus exactement comme d'ordinaire vers l'étoile que les marins appellent la *Tramontane* (l'étoile Polaire), mais vers un autre point fixe d'ailleurs invisible (1). Nul jusqu'à ce jour n'avait observé cette déviation, qui naturellement fut pour l'Amiral un sujet de grand étonnement; mais plus encore s'étonna-t-il lorsque, trois jours plus tard, pendant lesquels il s'était encore avancé d'une centaine de lieues vers l'occident, il s'aperçut que l'aiguille qui déviait le soir, reprenait le matin sa direction accoutumée vers l'étoile Polaire.

Le samedi 15 septembre, se trouvant à environ 300 lieues à l'ouest de l'île de Fer, il vit, la nuit, tomber du ciel, à quatre ou cinq lieues sud-ouest des navires, une grande masse de feu, encore que le temps fût aussi tempéré qu'en avril, la mer tranquille et les vents très doux.

Les gens de la *Niña* lui dirent que, le vendredi précédent, ils avaient vu une sorte d'hirondelle de mer et

---

(1) Le phénomène connu sous le nom de déviation de l'aiguille aimantée, sur lequel nous n'avons pas à disserter ici, n'avait, paraît-il, attiré encore l'attention d'aucun navigateur. On fait d'autre part honneur de la première observation de ce genre à un Vénitien nommé Sébastien Cabotto; mais les voyages de celui-ci auraient suivi la découverte de Colomb, à qui reviendrait par conséquent le mérite de l'antériorité.

un autre oiseau vulgairement appelé *queue-de-jonc* ou *paille-en-queue* (1), et que cette vue leur avait été très agréable parce que c'étaient les premiers oiseaux qu'ils eussent aperçus depuis qu'ils naviguaient sur cette mer. Le jour suivant, qui était un dimanche, ils eurent lieu de se réjouir davantage, en voyant flotter à la surface de la mer de grandes quantités d'herbes vertes et jaunes, qui semblaient s'être récemment détachées de quelques île ou écueil.

Le jour suivant, ils virent encore beaucoup de ces mêmes herbes; d'où la plupart concluaient qu'ils devaient approcher de la terre et d'autant mieux qu'ils aperçurent une petite (2) écrevisse vivante sur ces herbes, qui avaient de longues racines, de hauts rameaux et étaient toutes chargées de fruits semblables à ceux du lentisque. Ils purent aussi constater que, dans ces parages, l'eau de la mer était la moitié moins salée qu'ailleurs. La nuit ils furent suivis par un grand nombre de poissons de l'espèce du thon qui même accostaient de si près les navires que les matelots de *Niña* en purent harponner un. A trois cent soixante lieues ouest de l'île de Fer ils virent un autre *queue-de-jonc*.

Le mardi 17 de septembre, Martin Pinzon ayant pris les devants avec la *Peinte*, qui était excellente voilière, attendit venir l'Amiral pour lui dire qu'il avait vu une multitude d'oiseaux voler vers le couchant, ce qui pouvait leur faire espérer de découvrir la terre pen-

(1) L'oiseau nommé *paille-en-queue* ou *queue-de-jonc* des Espagnols, est le *phaeton œthereus* de Linné. (Note de Cuvier, dans l'édit. française de Navarette.)

(2) Cette supposition, dit Navarette, n'était pas sans fondement, car ils s'approchaient des brisants qui sont marqués sur les cartes comme vus en 1802.

dant la prochaine nuit. Le même jour, Pinzon affirma qu'il voyait cette terre couverte de nuages à une quinzaine de lieues au nord. L'Amiral, convaincu que ce ne pouvait être la terre, refusa de perdre le temps à l'aller reconnaître, comme beaucoup de ses gens le désiraient. Le vent étant venu à fraîchir, ils durent serrer un peu la toile, chose qu'ils n'avaient pas faite depuis une douzaine de jours, durant lesquels ils avaient toujours marché vers l'occident avec le vent en poupe.

## XVIII

### COMMENT TOUS PRÊTAIENT UNE GRANDE ATTENTION AUX CHOSES QU'ILS VOYAIENT SUR LA MER, ÉTANT DONNÉ LEUR IMPATIENCE DE TROUVER LA TERRE

Comme une telle navigation était nouvelle pour ces gens qui, redoutant les périls, se sentaient éloignés de tout secours, la plupart d'entre eux ne laissaient pas de murmurer : ne voyant que le ciel et l'eau, et se trouvant éloignés de la terre ferme plus qu'aucun autre navigateur ne l'avait été jusqu'alors, ils prenaient garde aux moindres signes qui leur paraissaient avoir quelque signification.

Le matin du 19 septembre, il vint sur le navire de l'Amiral un oiseau appelé *alcatraz*, et vers le soir il en parut d'autres, ce qui permit à l'Amiral d'espérer la

---

(1) L'alcatraz est le genre d'oiseau que les Français nomment *fous* et les Anglais *boobies*. (Cuvier.)

rencontre prochaine de la terre, car ces oiseaux n'ont pas coutume de s'éloigner beaucoup des rivages.

Etant dans cette idée, dans un moment de calme, il fit jeter la sonde, mais on ne put trouver le fond avec deux cents brasses de corde. Il reconnut que le courant portait au sud-ouest. Le jeudi 20 du même mois, vers dix heures du matin, on vit encore deux alcatraz, et plus tard il en parut un autre. On prit de plus un oiseau semblable à l'hirondelle de mer, mais avec cette différence qu'il était noir, portait une aigrette blanche sur la tête, et avait les pieds palmés comme ceux des canards. L'on vit encore beaucoup de ces mêmes herbes qu'on avait déjà rencontrées. Aux premières lueurs du jour, trois petits oiseaux de terre vinrent se poser en chantant sur le navire de l'Amiral. Au lever du soleil ils disparurent, mais leur apparition avait comblé d'espérance les matelots qui se disaient que si les grands oiseaux de mer avaient la faculté de s'écarter beaucoup de la terre, il était impossible que ceux-là, qui étaient si petits, s'aventurassent aussi loin. Trois heures plus tard, l'on vit un autre alcatraz, venant du nord-ouest; le jour suivant, parurent encore une queue-de-jonc et un alcatraz, et l'on découvrit une masse d'herbes plus considérable que toutes les précédentes. Autant que le regard pouvait s'étendre du côté du nord, la mer en paraissait couverte. Tout d'abord les équipages conçurent l'espoir de trouver bientôt la terre d'où ces végétaux avaient dû se détacher, mais cet espoir se changea bientôt en crainte, car les herbes devenant épaisses à ce point d'entraver presque la marche du navire, ils crurent qu'ils allaient se trouver pris et immobilisés dans cette mer herbeuse, comme ils avaient entendu dire qu'il était arrivé à d'autres navigateurs dans les mers glacées. Ils travaillaient donc de tout leur pouvoir à repousser ces herbes menaçantes (1).

Un jour ils virent une baleine ; le samedi 22 septembre et les trois jours suivants, il souffla de légers vents du sud-ouest, qui, bien que leur étant contraires, furent accueillis avec grand plaisir par l'Amiral ; car ses gens portés à la frayeur et aux plaintes, commençaient à dire que puisqu'ils avaient toujours eu le vent en poupe pour se diriger vers l'occident, il s'ensuivait qu'il leur serait impossible de trouver des vents favorables quand il s'agirait du retour. Tout en constatant même que de tels vents pouvaient souffler, mais en voyant qu'ils agitaient à peine la mer, ils les jugeaient trop faibles pour servir à la navigation en sens contraire.

L'Amiral leur remontrait que la proximité des terres empêchait à la fois et la force des vents et l'extrême agitation des eaux ; d'ailleurs, il s'efforçait de trouver et de leur donner toutes les raisons qui lui pouvaient paraître plausibles, mais à part lui il s'avouait qu'en ce moment grand besoin était-il que Dieu lui prêtât son aide, comme autrefois à Moïse emmenant hors de la terre d'Egypte ces Hébreux qui ne cessaient de se plaindre que lorsque, avec l'assistance divine, il fai-

(1) Les amas d'herbes que rencontra Colomb étaient formés, non par des végétaux détachés d'un rivage, mais par le *sargassum natans*, espèce d'algue d'une végétation purement marine et très-puissante, qui d'ailleurs couvre encore d'immenses étendues dans ces mêmes parages, auxquels on a donné par cette cause le nom de *mer des Sargasses*. Dans la citation de Jornandès que nous avait faite plus haut, (ch. xi), il est question de « la résistance des plantes marines. »

sait pour eux quelque miracle. Et Dieu sembla vraiment entendre ses vœux, car le dimanche suivant un vent du nord-ouest très violent s'éleva qui, ainsi que ses gens le désiraient, souleva les flots et rendit la mer très houleuse.

Le même jour, vers le milieu de la matinée, ils virent une tourterelle passer au-dessus du navire ; dans la soirée vinrent un alcatraz, un petit oiseau de rivière et un autre oiseau blanc. L'on remarqua aussi plusieurs écrevisses dans les herbes flottantes. Le jour d'après, il parut plusieurs pétrels qui venaient de l'ouest ; et autour des caravelles, on vit nager en grand nombre des poissons de moyenne taille que l'on harponna, parce qu'ils ne mordaient pas à l'hameçon (1).

## XIX

COMMENT L'ÉQUIPAGE, CONTINUANT A MURMURER, MANIFESTA LE DÉSIR DE RETOURNER EN ARRIÈRE, ET COMMENT, SUR LA VUE DE NOUVEAUX SIGNES FAVORABLES, IL CONSENTIT A POURSUIVRE SA ROUTE

Plus se multipliaient ces indices qui, à vrai dire, n'étaient encore suivis d'aucune découverte, et plus le

(1) Qu'on ne s'étonne pas de l'insistance avec laquelle des remarques de ce genre sont consignées dans ce récit rédigé d'après le journal même tenu par l'Amiral. Étant donnée la situation de ces hommes, qui courent la plus audacieuse des aventures dont l'histoire de la navigation ait jusqu'alors offert l'exemple, tout indice a sa signification, son importance, et c'est naturellement avec un soin des plus minutieux qu'ils observent et consignent le moindre événement. — Nous abrégeons cependant en cas de redites trop fréquentes.

mécontentement et l'effroi des équipages augmentaient. Se réunissant à l'intérieur des navires, ils disaient que l'Amiral, poussé par la folle et fantaisiste ambition d'avoir un titre élevé, s'était fait un jeu de les exposer aux plus grands périls et de les conduire à une mort certaine; que d'ailleurs ils avaient dès lors largement satisfait aux engagements contractés par eux, puisqu'ils s'étaient aventurés sur la mer plus loin qu'aucun navigateur n'avait encore osé le faire; qu'il ne convenait pas qu'ils fussent les propres artisans de leur perte, en suivant une route qui n'aurait point de terme; que les vivres allaient leur manquer; que d'ailleurs leurs navires, déjà fort avariés, ne seraient bientôt plus en état de tenir la mer; que nul ne saurait les blâmer d'avoir songé au retour, alors qu'ils avaient poussé si avant leurs explorations. Ils ajoutaient que du reste l'Amiral n'était autre qu'un étranger, sans savoir aucun, puisque tous les plus grands docteurs de leur pays s'étaient accordés à réprouver ses opinions, à proclamer son ignorance, — ignorance dont les preuves étaient maintenant bien manifestes, et donnaient hautement raison à tous ceux qui avaient combattu ses projets insensés. Il s'en trouva même pour ouvrir cet avis que s'il arrivait que l'Amiral ne voulût pas consentir de bonne grâce au retour de l'expédition, on pourrait tout simplement le jeter à la mer, et dire en arrivant qu'il y était tombé par mégarde, — un jour où il observait les étoiles et autres signes célestes, — nul ne pourrait d'ailleurs fournir la preuve du contraire.

Ainsi de jour en jour allaient croissant le mécontentement, les murmures et les machinations contre l'Amiral qui ne laissait pas de comprendre leur défection et de soupçonner leurs mauvais desseins. C'est pourquoi, tantôt en leur adressant de douces paroles, il parvenait à dominer leurs appréhensions, et tantôt en affectant de mépriser toutes leurs secrètes menées, il les faisait rentrer dans le devoir, en leur remontrant le châtiment qui les attendait, s'il arrivait que par leur désobéissance ils empêchassent le succès de l'expédition.

D'ailleurs, pour ranimer en eux l'espérance, il insistait sur les nombreux signes annonçant qu'on ne pouvait tarder à découvrir la terre; mais quelque soin qu'il prît d'en référer à ces heureux présages, telle était leur impatience que les heures leur semblaient longues comme des ans.

Le mardi 25 septembre, au coucher du soleil, comme le navire que commandait Martin Pinzon était assez rapproché de celui de l'Amiral pour qu'on pût s'entendre de l'un à l'autre, tout à coup Pinzon se prit à crier de toutes ses forces : « *Terre! Terre! Seigneur, à moi l'heureuse chance de la découverte* (1)! » Et en parlant ainsi, il montrait au sud-ouest une forme obscure qui avait l'aspect d'une île, et qui pouvait être à environ vingt-cinq lieues des navires.

Il n'en fallut pas davantage pour qu'aussitôt la joie devînt générale, et pour que les équipages, oubliant toutes leurs fâcheuses appréhensions, rendissent grâce à Dieu! L'Amiral, se rangeant à l'opinion de son lieutenant, ne fût-ce que pour sembler partager l'espérance commune, ordonna que pendant la nuit l'on fît voile

(1) Le cri de Pinzon fait allusion à la récompense promise à celui qui verrait la terre le premier. (Voy. page 65.)

vers le point où l'on croyait avoir aperçu la terre. Mais le lendemain ils reconnurent que ce qu'ils avaient pris pour une île, n'était rien de plus qu'un amas de vapeurs et des nuages.

Revenant donc à leur marche coutumière, ils continuèrent à se diriger vers l'occident, en apercevant toujours de temps à autre quelques oiseaux : alcatraz, queues-de-jonc ou pétrels, allant de l'ouest à l'est...

Le dimanche 30 septembre, il vint sur le navire de l'Amiral quatre queues-de-jonc, ce qui devait être un indice certain de la proximité de la terre, parce que ce nombre d'oiseaux de la même espèce prouvait qu'ils n'étaient pas égarés. On vit aussi quatre alcatraz, et l'on aperçut encore des herbes flottantes, où l'on prit plusieurs poissons à peau très dure, qui ne purent être mangés.

L'Amiral, sur ce point de la navigation, constata de nouveau la variation quotidienne de l'aiguille aimantée, et remarqua que certains groupes d'étoiles ne se déplaçaient pas autant qu'ils l'auraient dû, d'après les calculs ordinaires...

## XX

COMMENT ILS VIRENT NON SEULEMENT LES MÊMES SIGNES QU'AUPARAVANT, MAIS D'AUTRES BEAUCOUP PLUS SIGNIFICATIFS, QUI RANIMÈRENT LEUR COURAGE, ET ACCRURENT LEURS ESPÉRANCES

Le lundi premier octobre, il vint encore au vaisseau de l'Amiral plusieurs alcatraz, et l'on aperçut des herbes allant de l'est à l'ouest. Ce jour-là, le pilote de la *Sainte-Marie*, que montait l'Amiral, dit que selon son opinion, l'on devait être à 578 lieues ouest de l'île de Fer. L'Amiral lui répondit qu'il commettait une légère erreur, car, selon ses calculs, on devait en être distant de 584 lieues, mais ses calculs lui donnaient en réalité, et sans qu'il le déclarât, 707 lieues pour l'espace franchi, ce qui établissait une différence de 129 lieues sur le compte du pilote. Le désaccord était bien plus grand entre l'estime de route des autres navires. Le pilote de la *Niña*, le mercredi suivant, déclara qu'on devait avoir fait 540 lieues, et celui de la *Pointe* 634. L'un et l'autre, déduction faite de la marche des trois derniers jours, se trouvaient donc bien loin du compte exact, — qui était celui de l'Amiral. Quoi qu'il en fût, selon le système qu'il avait primitivement adopté, l'Amiral continuait à dissimuler la vérité sur le chemin parcouru, afin que l'idée de l'extrême éloignement ne fût pas une cause d'effroi et de découragement pour ses gens.

Le jour suivant, ils virent autour d'eux beaucoup de poissons, ils prirent un thon ; les herbes qu'ils trouvèrent alors, semblaient détachées depuis longtemps des rivages et pour ainsi dire entrées en décomposition.

Puis, comme il ne se montrait plus d'autres oiseaux que quelques pétrels, ils pensèrent que peut-être avaient-ils laissé à droite ou à gauche, sans les remarquer, des îles entre lesquelles allaient et venaient les oiseaux premièrement aperçus. Et alors ils proposèrent de louvoyer dans ces parages pour tâcher de découvrir ces terres. L'Amiral ne fut pas de cet avis. Il refusa de perdre ainsi un temps qui pouvait être mieux employé à pousser droit vers les Indes, qui devaient se trouver à l'occident. Il avait un but arrêté, et il s'obstinait à le poursuivre. Tout naturellement il ne fit par là que donner de nouveaux motifs aux murmures et aux menées des mécontents. Heureusement il plut à Dieu de lui venir en aide par des indices plus significatifs.

Le jeudi 4 octobre, on vit ensemble plus de quarante pétrels et deux alcatraz, qui s'approchèrent à ce point qu'il fut possible à un matelot d'en tuer un d'un coup de pierre...

Les jours suivants, on vit encore des pétrels, un oiseau du genre des queues-de-jonc, des alcatraz. Enfin le dimanche 7 octobre, au lever du soleil, il leur sembla qu'il y eût au couchant quelque chose ayant l'apparence d'une terre; mais comme ce n'était qu'une forme indécise, aucun ne voulut prendre sur soi d'affirmer rien; en quoi ils avaient bien moins le souci de s'épargner la confusion en cas d'erreur, que la crainte de perdre la récompense promise à celui qui le premier découvrirait la terre. Les rois catholiques avaient décidé, en effet, qu'une rente viagère de trente écus (1) serait accordée à celui-là; mais pour que la tentation ne fût pas trop forte à chacun de crier sur le moindre indice : « *Terre! Terre!* » et pour épargner aux autres les fausses joies, il avait été dit en même temps que celui qui aurait annoncé la terre sans qu'on la trouvât dans les trois jours, serait privé de la récompense au cas où plus tard il viendrait à la découvrir réellement.

(1) Le Journal de Colomb, copié par Las Casas, dit que cette récompense devait être de *dix mille maravedis* de rente, environ huit mille francs, somme considérable pour l'époque.

A bord du vaisseau amiral cette consigne étant bien donnée, nul ne se risquait à l'enfreindre, mais sur la *Niña*, — qui, meilleure voilière, avait presque toujours l'avance sur les autres navires, — l'équipage croyant que ce fût véritablement la terre, fit une décharge d'artillerie et arbora les banderoles de fête.

Toutefois ils ne tardèrent pas à reconnaître qu'ils s'étaient trop hâtivement réjouis, bien qu'alors les présages parussent de moment en moment plus favorables. Ils virent en effet de grandes troupes d'oiseaux de diverses espèces, et notamment de nombreux oiseaux de terre, qui semblaient aller de l'est à l'ouest pour chercher leur nourriture.

L'Amiral résolut alors de modifier un peu son itinéraire, car il se disait que ces animaux ne pouvaient s'éloigner beaucoup des rivages, et il savait que les Portugais avaient fait la plupart de leurs découvertes en se réglant ainsi sur le vol des oiseaux. Il donna donc l'ordre de naviguer vers le sud-ouest, certain qu'il était de trouver la terre là où s'en allaient les troupes d'oiseaux qui passaient en vue des navires...

La proximité de la terre lui semblait en effet révélée par le nombre toujours croissant et par la plus grande variété des espèces d'oiseaux qui se montraient. Le lundi 8 octobre, il en vint une douzaine qui, après avoir voleté en gazouillant pendant quelques instants autour des navires, continuèrent leur route. Le jour suivant, il en passa encore de toutes sortes, parmi lesquels des hirondelles de mer et des canards. D'ailleurs, la brise leur apportait alors des senteurs embaumées comme il s'en répand à Séville au mois d'avril.

Mais leur attente avait été déjà tant de fois déçue,

qu'ils en étaient arrivés à ne plus vouloir donner aucun crédit à aucun signe, à tel point que lorsque, le mercredi 10 octobre, il n'y eut autour d'eux pendant tout le jour et toute la nuit, qu'un perpétuel passage d'oiseaux, indiquant le voisinage inévitable de la terre, ils ne laissaient pas de continuer à se plaindre, en dépit de tous les efforts que faisait l'Amiral pour leur démontrer que l'heure n'allait pas tarder à venir où l'entreprise, patronnée par les rois catholiques, serait enfin couronnée de succès (1).

## XXI

#### COMMENT L'AMIRAL DÉCOUVRIT LA PREMIÈRE TERRE QUI ÉTAIT UNE DES ÎLES DITES LUCAYES

Notre-Seigneur, prenant sans doute en pitié les difficiles mais vains efforts que faisait l'Amiral pour avoir raison du découragement et du mauvais vouloir de ses gens, lui vint en aide, en ramenant l'espoir et la joie au cœur de ceux-ci. Dans l'après-midi du jeudi 11 octobre, tous eurent des signes certains du voisinage de la terre. Les marins de la *Sainte-Marie* aperçurent un jonc vert, et certain gros poisson d'une es-

(1) Peut-être s'étonnera-t-on que notre historien qui, à plusieurs reprises, atteste le mécontement et l'esprit de conjuration des équipages, ne dise rien d'une révolte ouverte que l'Amiral n'aurait appaisée qu'en demandant un dernier délai de trois jours, après lesquels ils rebrousseraient chemin : c'est que rien de semblable ne figure ni dans le journal de Christophe Colomb, ni dans aucune des histoires dignes de foi. Cette situation, fort dramatique, devenue légendaire, a été inventée plus tard.

pèce connue pour ne jamais s'éloigner beaucoup des rivages. Ceux de la *Peinte* virent un roseau et un bâton ; ils prirent un autre bâton travaillé de main d'homme (1), puis une petite planche et une touffe d'herbe d'eau douce. Ceux de la *Niña* virent, entre autres indices, une branche épineuse couverte de fruits rouges, qui semblait avoir été récemment coupée. Il était donc de toute évidence que la terre était proche, c'est pourquoi la nuit étant venue, après que les marins, selon leur coutume de chaque soir eurent chanté le *Salve Regina*, l'Amiral s'adressant à tous, leur remontra combien ils devaient rendre d'actions de grâces au Seigneur qui jusqu'alors les avait gardés sains et saufs, en leur donnant des temps propices ; et, vu les indices qu'ils avaient recueillis dans la journée, il leur recommanda de veiller cette nuit plus attentivement que jamais, leur remettant en mémoire qu'à leur départ des Canaries il avait annoncé qu'ils ne sauraient naviguer plus loin qu'à sept cents lieues à l'occident sans découvrir une terre, et qu'à cette distance se trouverait inévitablement le terme de leur voyage.

Il ajouta qu'ayant, lui, la certitude que cette nuit serait décisive, chacun d'eux devait en particulier faire bonne et attentive garde, car, outre la rente annuelle et viagère de trente écus que les rois avaient promise, celui qui le premier aurait vu la terre recevrait encore un pourpoint de velours (2).

(1) *Travaillé ingénieusement*, dit notre texte, *paraissant travaillé avec du fer*, dit le journal de Colomb publié par Las Casas.
(2) *Giuppon di veluto*, dit notre texte, Las Casas dit *jubon de seda*, pourpoint de soie.

Deux heures avant minuit, l'Amiral, étant sur le château de poupe, aperçut une lumière au lointain, mais ce point lumineux était si petit qu'il n'osait point affirmer que ce fût la terre. Toutefois ayant appelé un nommé Pierre Guttiere, maître d'hôtel du roi (1), il le pria de regarder dans la direction qu'il lui indiquait, et lui demanda s'il voyait cette lumière. Le maître d'hôtel déclara qu'il la voyait. Alors ils appelèrent Rodrigue Sanchez de Ségovie (2) pour qu'il vînt regarder à son tour, mais celui-ci n'arriva pas assez tôt et ne vit rien.

D'ailleurs la lumière ne reparut plus qu'une ou deux fois, et pendant un instant seulement, d'où ils (3) conclurent que ce pouvait être la chandelle ou la torche de quelque pêcheur, ou voyageur, qui tantôt élevait ou abaissait sa lumière, ou encore qu'elle pouvait être portée par des gens allant d'une maison à l'autre. D'ailleurs après avoir reparu elle disparaissait si rapidement qu'encore leur était-il possible de douter qu'elle fût un indice de l'existence d'une terre au point où elle brillait.

Et cependant la flottille continuait sa route.

Vers les deux heures après minuit, la *Peinte*, qui, comme à l'ordinaire, avait de l'avance sur les deux autres navires, fit un signal indiquant que la terre était en vue. Elle avait été aperçue en premier lieu, alors qu'on n'en était plus qu'à deux lieues, par un nommé Rodrigue de Triana. La rente promise ne fut

---

(1) Le texte le qualifie de *credenzière* (chargé de la crédence, de l'office).

(2) « Qui, dit Las Casas, était à bord en qualité de contrôleur. »

(3) L'Amiral et le maître d'hôtel, restés de concert en observation, et s'entretenant de leur découverte.

pourtant pas attribuée à ce marin ; les rois catholiques crurent devoir la décerner à l'Amiral parce que, au milieu de la nuit, il avait vu cette lumière, qui semblait être le symbole de la clarté spirituelle apportée par lui dans les ténèbres de cette entreprise (1).

Dès lors, la découverte et la proximité de la terre étant chose avérée, les navires carguèrent leurs voiles, et les équipages employèrent les longues heures qui les séparaient du jour à se réjouir du résultat qu'ils avaient tant et si impatiemment désiré.

## XXII

#### COMMENT L'AMIRAL DESCENDIT SUR L'ILE, ET EN PRIT POSSESSION AU NOM DES ROIS CATHOLIQUES

Quand le jour fut venu, ils virent devant eux une île de quinze lieues environ, sans montagnes, pleine d'arbres verts, arrosée par de très belles eaux, et au milieu de laquelle était un grand lac. Cette île était évidemment fort peuplée. Les habitants, accourus en grand nombre sur le rivage, témoignaient un grand étonnement à la vue des navires, qu'ils prenaient pour de grands animaux, ce dont ils semblaient impatients de s'assurer. Les chrétiens n'avaient pas moins hâte de savoir ce qu'étaient ces insulaires. Ils en eurent bientôt la satisfaction, car l'Amiral ayant

(1) Le texte littéral est « l'Amiral qui avait vu la lumière du milieu des ténèbres, dénotant la lumière spirituelle qui avait été portée par lui en ces ténèbres. » L'idée mystique de la vocation de l'Amiral persiste, on le voit, dans l'esprit du fils.

fait mettre à flot la chaloupe armée, se rendit à terre avec l'étendard royal déployé. Les capitaines des autres navires descendirent aussi dans leurs chaloupes avec la bannière de l'expédition, qui d'un côté portait une croix verte et un F, et de l'autre un I avec des couronnes en l'honneur de Ferdinand et d'Isabelle.

Aussitôt débarqués, tous ayant rendu grâce à Notre-Seigneur, s'agenouillèrent sur la terre et la baisèrent avec des larmes de joie. L'Amiral s'étant relevé, déclara donner à cette île le nom de *Saint-Sauveur* (San Salvador) (1). Puis, avec la solennité qui convenait en pareil cas, il en prit possession au nom des rois catholiques, en présence des habitants rassemblés en cet endroit. Par suite les Espagnols le reconnurent comme amiral et vice-roi, et, l'ayant salué de leur joyeuse acclamation, lui jurèrent obéissance comme au représentant de Leurs Majestés les rois catholiques; enfin ils le prièrent de leur pardonner tous les torts qu'ils avaient eus envers lui.

Beaucoup d'Indiens assistaient à cette cérémonie. L'Amiral, reconnaissant en eux autant de douceur que de simplicité, leur donna quelques bonnets de couleur rouge, des colliers de verre, qu'ils se mettaient aussitôt au cou, et autres menus objets sans valeur, auxquels ils semblaient attacher autant d'importance que si c'eût été des pierres précieuses.

(1) Les opinions sont encore aujourd'hui fort partagées sur l'identité de la première île où débarqua Colomb, que les naturels nommaient Guanahani, et à laquelle il donna le nom de *San Salvador*. Selon Navarette et Humboldt, ce serait la plus grande des îles Turques, qu'on appelle la Grande-Salnie : selon Catesby, ce serait *Cat-Island* ou île de *San Salvador grande*, l'une des plus fertiles de Lucayes. Toujours est-il que plusieurs des îles du même archipel portent ce nom de San Salvador, sans doute par suite de l'incertitude où l'on est resté touchant le premier point de débarquement de Colomb.

## XXIII

CE QUE L'AMIRAL VIT DANS CETTE ILE, ET QUELS ÉTAIENT LE NATUREL ET LES COUTUMES DES HABITANTS

L'Amiral étant remonté dans son embarcation, les Indiens vinrent aux chaloupes, et même jusqu'aux navires, les uns à la nage, les autres dans leurs petits bateaux ou canots. Ils portaient avec eux des perroquets, de grosses pelottes de coton en fil, des flèches, et maints petits objets, pour les troquer contre des colliers de verre, des sonnettes, et autres bagatelles. De mœurs tout à fait primitives, ces gens allaient nus comme au jour de leur naissance; une femme même, qui se trouvait parmi eux, n'était pas autrement vêtue. Il y avait quelques jeunes gens ne dépassant pas trente ans, de bonne stature, portant les cheveux noirs et courts, c'est-à-dire coupés sur les oreilles. Quelques autres les avaient longs, tombant sur les épaules, et liés presque en manière de tresse, avec un gros fil autour de la tête.

Leur figure était assez agréable, et de traits assez réguliers, quoique l'extrême grandeur de leur front leur donnât un air étrange et sauvage. Bien conformés, ils étaient de taille moyenne, d'une carnation ferme; ils avaient le teint olivâtre, analogue à celui des Canariens, ou des paysans espagnols. Quelques-uns brûlés du soleil étaient complètement peints en noir, en blanc ou en rouge. Certains n'avaient de peint que le visage, le tour des yeux ou le nez. Les armes qu'ils avaient ne ressemblaient nullement aux nôtres, et selon toute évidence ils ne se figuraient pas qu'il y en eût de de semblables, car les chrétiens leur montrant une épée nue, ils la prirent étourdiment par la lame et se coupèrent. Ils n'avaient non plus aucune connaissance des objets de fer, car les flèches même dont ils se servaient étaient faites d'une baguette taillée en pointe, durcie au feu, et simplement armées d'une dent de poisson. Quelques-uns étant marqués de cicatrices qui indiquaient qu'ils avaient été blessés, on leur en demanda la cause par signes, ils firent comprendre, par signes également, que les gens d'une autre île venaient parfois les attaquer, et que c'était en se défendant qu'ils recevaient ces blessures. Leur intelligence semblait assez vive, et ils avaient surtout la parole facile, car il leur suffisait d'entendre prononcer les mots une fois pour savoir les répéter.

Il n'y avait dans cette île d'autre espèce d'animaux que ces perroquets, dont ils avaient apporté un certain nombre pour les vendre aux chrétiens.

La nuit vint interrompre leur petit négoce.

Le lendemain, 13 octobre, dès le point du jour, beaucoup d'entre eux descendirent sur la plage, et, montés dans leurs petites embarcations ou canots, ils vinrent aux navires. Ces canots, taillés d'une seule pièce, étaient faits d'un tronc d'arbre creusé avec un certain art. Les plus grands pouvaient contenir de quarante-cinq à cinquante personnes, d'autres étaient si petits qu'ils n'en pouvaient porter qu'une.

Il les mouvaient et dirigeaient avec une sorte de pelle analogue à celle des boulangers. Ces rames n'étaient pas attachées comme chez nous au bordage, mais il les plongeaient simplement dans l'eau et faisaient force en arrière, comme des jardiniers appuyant sur leur bêche. Ces canots sont construits si légèrement et de telle façon que, s'ils chavirent, ceux qui les montent peuvent, tout en nageant, les redresser pour les débarrasser de l'eau qu'ils contiennent. Ils les agitent d'abord à la façon du tisserand qui pousse sa navette d'un côté et de l'autre, puis quand ils les ont à moitié vidés, ils achèvent l'opération à l'aide de calebasses sèches, coupées en deux, que, à cet effet, il ont emportées avec eux.

Ce jour-là, les Indiens apportèrent, pour en proposer l'achat aux Espagnols, plusieurs espèces de choses qu'ils n'avaient pas montrées la veille, et qu'ils échangeaient contre les moindres objets. On ne leur vit d'autre métal que quelques feuilles d'or, qu'ils portaient appliquées sur le nez. Quand on leur demanda d'où ils les tenaient, ils répondirent par signes que du côté du midi, habitait un roi qui entre autres richesses avait beaucoup de vases d'or, et que d'ailleurs au midi et au sud-ouest, se trouvaient beaucoup d'autres îles et de grandes terres.

Tous les objets que possédaient les Espagnols causaient aux Indiens de grandes convoitises, et, comme le plus grand nombre d'entre eux n'avait rien à offrir, dès qu'il se trouvaient sur les navires, ils tâchaient de se saisir de quelque bagatelle, ne fût-ce même que d'un fragment de poterie, et quand ils l'avaient, ils se jetaient à la nage pour gagner la rive. Ceux qui venaient proposer des échanges troquaient volontiers tout ce qu'il portaient contre le moindre morceau de verre. A tel point que, pour trois piécettes de Portugal qui n'équivalent pas à un quatrain d'Italie, certains donnèrent seize grosses pelottes de coton très bien filé, qui pesaient plus de vingt-cinq livres.

La journée entière se passa à faire ainsi des échanges, et le soir venu, les Indiens retournèrent tous à terre.

Nous devons remarquer ici, que le grand cas qu'ils semblaient faire des objets qu'on leur cédait, ou dont ils s'emparaient, ne résultait pas d'une valeur propre par eux attribuée à ces choses, mais il la jugeaient précieuse à cause de leur origine même, car s'imaginant que les nôtres fussent des hommes descendus du ciel, ils désiraient vivement garder un souvenir de leur passage.

## XXIV

#### COMMENT L'AMIRAL ALLA DÉCOUVRIR D'AUTRES ILES

Le dimanche suivant, 14 octobre, l'Amiral alla explorer avec ses chaloupes les côtes de l'île dans la direction du nord-ouest, où il trouva un grand abri ou port capable de contenir beaucoup de navires.

Les habitants qui de loin apercevaient les embarcations, se pressaient sur la plage en poussant des cris, en offrant des aliments, et s'engageant les uns les autres à venir voir des hommes descendus du ciel, auxquels, se prosternant ou élevant les mains, ils semblaient rendre grâces de leur venue. Les uns à la nage, les autres dans les canots, entouraient les chaloupes. Ils demandaient par signes aux Espagnols s'ils étaient de nature céleste, et les engageaient à descendre à terre pour s'y reposer. L'Amiral, à qui plaisait fort leur simplicité, distribuait à tous des verroteries, des épingles. Il arriva ainsi à une presqu'île qui pouvait avoir trois *journées* de tour, et où l'on aurait pu établir une bonne forteresse. Il vit là, six cabanes d'Indiens, autour desquelles étaient des jardins si bien disposés qu'on n'en saurait trouver de plus beaux en Castille au mois de mai. Les rameurs étant fatigués, et comprenant que cette terre n'était pas celle qu'il lui importait d'explorer, l'Amiral ayant pris avec lui sept Indiens pour lui servir d'interprètes, regagna ses vaisseaux, avec lesquels il se dirigea vers d'autres îles que l'on apercevait de la presqu'île et qui, au dire des Indiens, étaient à la foi très fertiles et très populeuses.

Il atteignit la première, distante d'environ sept lieues, le jour suivant, lundi 15 octobre, et la nomma *Sainte-Marie-de-la-Conception* (1). La partie de cete île qui faisait face à celle du *Saint-Sauveur* avait dans le sens du nord au sud, cinq ou si lieues de large. L'Amiral la tourna par son autre côté qui, de l'est à l'ouest, mesure plus de dix lieues, et il descendit à terre afin d'en prendre possession de la même manière que pour l'île précédente.

Les naturels accourus pour voir les chrétiens, ne furent pas moins émerveillés que les habitants de Saint-Sauveur.

(1) Cette île paraît être celle qu'on appelle aujourd'hui *Caïque del Norte*, quoique sous le nom de *Sainte-Marie-de-la-Conception*, l'amiral ait compris toutes les îles immédiates qui se nomment les *Caïques*. (Navarette.)

L'Amiral n'ayant rien trouvé dans cette île qui ne fût semblable à ce qu'il avait vu dans la première, se dirigea vers une troisième, qui paraissait beaucoup plus grande, et qu'il atteignit après une navigation de huit lieues à l'ouest. Cette île avait plus de vingt-huit lieues de longueur. Elle était plane, avait de beaux rivages, il la nomma *Fernandine* (1).

Or, avant d'y arriver et même avant d'avoir abordé à la Conception, les navires avaient rencontré en mer un homme montant un petit canot, dans lequel il portait du pain, une calebasse pleine d'eau, un peu de terre rouge, que ces hommes emploient pour se peindre le corps, et certaines feuilles sèches qu'ils estiment fort pour leur odeur et leurs vertus sanitaires. Cet homme avait aussi mis un des colliers que nous avions donnés aux habitants de Saint-Sauveur; on en conclut qu'il allait annoncer aux autres îles l'arrivée des chrétiens. Comme il naviguait depuis longtemps et semblait très fatigué, il aborda le navire de l'Amiral qui, l'ayant pris à son bord, — où l'on hissa le canot, — le traita avec un grande douceur.

L'Amiral avait d'ailleurs pour but de gagner le cœur de cet homme afin de s'en faire un émissaire pour la nouvelle terre qu'il allait visiter. Non seulement il lui donna mainte chose en propre, mais encore quelques autres pour qu'il les distribuât aux habitants. Cela fut cause de l'excellent accueil que les naturels de la Fernandine firent aux Espagnols. Ils vinrent en grand nombre aux navires pour trafiquer de divers objets comme avaient fait les premiers; puis,

(1) Connue aujourd'hui sous le nom de *Petite-Inague.*

quand les chaloupes se rendirent à terre pour y renouveler la provision d'eau, ces Indiens non seulement s'empressèrent d'indiquer les meilleures sources, mais encore se mirent à la disposition des matelots pour emplir les tonneaux et les reporter aux bateaux.

A vrai dire, ces gens semblaient d'esprit moins simple que ceux de Saint-Sauveur, car ils débattaient avec plus d'attention le prix des choses qu'ils achetaient ou offraient de vendre. Dans leurs cabanes on vit des étoffes de coton semblables à des couvertures de lit. Les femmes couvraient leur nudité d'une sorte de tablier de coton.

Parmi les choses remarquables de cette île, se trouvaient certains arbres, dont les branches quoique partant du même tronc, et les feuilles quoique étant sur les mêmes branches affectent cinq ou six formes aussi complètement différentes que le lentisque diffère du roseau : Il y avait là aussi une grande variété de poissons des plus brillantes couleurs ; mais on n'y aperçut aucun animal terrestre, sinon quelques perroquets et quelques lézards.

En allant reconnaître les rivages de l'île, les navires, trouvèrent au nord-ouest un magnifique port, à l'ouverture duquel était un îlot, mais où ils n'auraient pu pénétrer faute d'un fond d'eau suffisant. D'ailleurs, telle n'était pas l'intention de l'Amiral qui voulait visiter une bourgade située à quelque distance ; il y trouva douze ou quinze cabanes construites en forme de tentes. En entrant dans ces demeures l'on n'y vit rien de plus que les objets dont les Indiens venaient trafiquer. Leurs lits étaient faits de filets, attachés à deux piliers (1). Ces Indiens avaient avec eux des chiens du genre des braques ou des mâtins, qui d'ailleurs n'aboyaient point.

## XXV

### COMMENT L'AMIRAL PASSA DANS UNE AUTRE ILE

Comme, dans l'île de Fernandine, rien de particulier ne pouvait attirer l'attention, le vendredi 29 octobre, les navires gagnèrent une autre île, appelée par les naturels *Saometto*, à laquelle l'Amiral donna le nom d'Isabelle (2).

Ainsi faisait-il pour procéder selon l'ordre qui lui semblait normal. A la première île, que les Indiens nomment *Guanahani*, il avait donné le nom de Saint-Sauveur, pour rendre grâce à Dieu qui lui servant de guide, l'avait préservé des périls ; à la seconde, vu la grande dévotion que tous les chrétiens portent à la Sainte Vierge, il avait donné le nom de Sainte-Marie-de-la-Conception.

Il avait appelé la troisième Fernandine, en l'honneur du roi catholique Ferdinand ; il baptisa la quatrième *Isabelle*, en l'honneur de la sérénissime reine Isabelle. A l'île de Cuba, qu'il découvrit ensuite, il donna le nom du prince Jean, héritier de Castille. De la sorte il pensa satisfaire à toutes les convenances spirituelles et temporelles.

(1) Des *hamacs*, voy. au ch. XXVII.
(2) Aujourd'hui la *Grande-Inague*.

De toutes les îles jusqu'alors découvertes, l'Isabelle était en réalité la plus remarquable, autant par sa grandeur que par sa beauté et sa fertilité. Outre qu'elle était arrosée par des eaux abondantes, et qu'on y voyait de fraîches prairies et de grands arbres, parmi lesquels beaucoup d'aloès, le sol, au contraire de celui des autres îles, y était entrecoupé de coteaux, de vallons, et de plaines. L'Amiral, séduit par l'aspect merveilleux de ce pays, descendit pour en prendre possession, dans une prairie si agréable qu'il aurait pu se croire au milieu d'un beau site d'Espagne au mois d'avril. Les rossignols et maint autre oiseau chanteur, y faisaient un concert dont tel était le charme qu'on ne se serait pas lassé de l'écouter. Non seulement d'ailleurs, ils peuplaient les arbres, mais encore passaient dans les airs en si grande quantité qu'ils voilaient la clarté du soleil.

Il y avait là un lac, au bord duquel les Espagnols virent certain serpent gros d'un pied et long de sept palmes. Poursuivi par les nôtres, il se jeta dans le lac, mais comme l'eau n'était pas très profonde, on put le tuer avec une lance Les naturels nous apprirent bientôt après, que cet animal qu'ils appellent *iguane* (1) était pour eux le plus délicat des aliments ; en effet, une fois la peau écailleuse enlevée, on trouve une chair très blanche d'un goût fort agréable.

En s'avançant dans l'île pour en reconnaître les dispositions, les chrétiens aperçurent un groupe d'habita-

---

(1) Nos naturalistes ont conservé à cet animal, qui n'est pas un serpent, mais un lézard, son nom originel. *L'iguane ordinaire* est un animal fort innocent, atteignant une longueur de 1 m. 60 environ. Sa chair serait en effet fort délicate, mais malsaine.

tions d'où les indigènes s'enfuirent dans les montagnes en emportant avec eux tout ce qu'ils avaient pu réunir des choses qui leur appartenaient. L'Amiral voulut qu'on ne touchât à rien de ce qu'ils avaient laissé, pour qu'ils ne crussent pas que les Espagnols étaient capables de vol. Et ce fut bien agir, car leur crainte du premier moment étant dissipée, ils ne tardèrent pas à revenir et à se montrer tout disposés à trafiquer de maints objets, comme avaient fait les précédents.

## XXVI

### COMMENT L'AMIRAL DÉCOUVRIT L'ILE DE CUBA ET LES CHOSES QU'IL Y VIT

L'Amiral, ayant suffisamment exploré l'*Isabelle*, décida de ne plus s'attarder à découvrir de nouvelles îles qui, fort nombreuses, étaient au dire des naturels eux-mêmes assez semblables les unes aux autres. Il préféra se diriger vers une grande terre dont les Indiens, qui la nommaient *Cuba* (1), lui parlaient avec une sorte d'admiration. Parti avec un vent favorable, en cinglant vers le midi où se trouvait cette terre, il l'aborda par sa côte septentrionale, le dimanche 28 octobre. Dès le premier aspect, ce pays lui sembla plus charmant encore que tous ceux qu'il venait de visiter, autant par le caractère accidenté de ses paysages, que par la fécondité de son sol et la fraîcheur des rivières qui l'arrosent.

(1) Cette île a gardé son nom primitif.

L'Amiral alla jeter l'ancre à l'embouchure d'un fleuve dont les rives étaient couvertes d'arbres très élevés, très feuillus, ornés de fleurs, chargés de fruits, et sur les branches desquels voltigeaient des multitudes d'oiseaux, qui faisaient entendre le plus doux ramage. Encore que les herbes, d'ailleurs très hautes et très drues, y fussent en général différentes de celles de nos pays, il s'y trouvait cependant du pourpier, du cresson et quelques autres de nos végétaux usuels. Les Espagnols voulurent aller visiter deux cabanes qu'ils aperçurent à quelque distance du rivage. A leur approche, les habitants s'enfuirent effrayés; on trouva dans leurs habitations des filets, quelques autres outils de pêche et un chien qui n'aboyait pas.

Remontés sur leurs navires, les Espagnols suivirent la côte en se dirigeant vers l'occident, et arrivèrent à un autre grand cours d'eau que l'amiral nomma le *Fleuve des mers*, et dans l'embouchure duquel un vaisseau sous voiles pouvait entrer facilement. Il y avait sur le rivage un grand nombre d'indigènes qui, à l'approche des chrétiens, s'enfuirent aussi vers les montagnes, que l'on voyait au loin toutes couvertes de la plus luxuriante végétation. Comprenant que s'il s'avançait avec beaucoup de monde dans le pays, il risquerait d'accroître l'épouvante des naturels, avec lesquels il lui deviendrait ainsi impossible d'entrer en relation, l'Amiral résolut de n'envoyer que deux des siens, accompagnés de l'un des Indiens qu'on avait amenés de Saint-Sauveur, et un autre du pays, qui seul avait osé venir aux vaisseaux avec son canot. Ayant donné l'ordre à ces quatre émissaires de faire le possible pour rassurer les habitants, et en attendant leur retour, il fit tirer à terre son navire, afin de le radouber. Il eut alors l'occasion de remarquer que le bois, dont on faisait le feu pour cette opération, était pris à des arbres de *mastic* (1), dont le pays abondait, et qui par leurs feuillages et leurs fruits sont assez semblables au lentisque, mais de beaucoup plus grandes dimensions.

## XXVII

CE QUE LES DEUX CHRÉTIENS, DE RETOUR AUX VAISSEAUX, DIRENT AVOIR VU DANS L'INTÉRIEUR DU PAYS

Le 5 novembre, comme le navire avait été remis en état de prendre la mer, les deux Espagnols reparurent avec les deux Indiens. S'étant avancés à douze lieues dans les terres, ils avaient trouvé un village d'une cinquantaine de cases fort spacieuses, faites de bois, couvertes de roseaux, et en manière de tentes comme celles des autres îles. Là demeuraient un millier de personnes, car chacune de ces cases servait d'abri à tous les membres de la même famille. Les principaux du pays étaient venus au-devant des étrangers, les avaient très cordialement accueillis; et, les ayant con-

---

(1) Le lentisque (pistacia lentiscus) dont Colomb signale ici l'analogue, est un arbre de la famille des térébinthacées cultivés dans l'archipel Grec, et qui fournit par incision une résine aromatique se ramollissant sous la dent, légèrement tonique et astringente, très usitée par les Orientaux qui la mâchent (d'où son nom de *mastic*) pour se raffermir les gencives et parfumer l'haleine. (Lemaout et Decaisne *Botanique générale.*)

duits dans leur ville ils leur avaient offert pour logement une de ces grandes cabanes où se trouvaient des sièges formés du même bloc et taillés en figure d'animal étrange, avec des pieds et des bras très courts, la queue relevée pour servir d'appui, avec une tête énorme dont les oreilles et les yeux étaient incrustés d'or.

Les Espagnols ayant été invités à se placer sur ces sièges singuliers, les Indiens s'étaient aussitôt assis tout autour d'eux, et, l'un après l'autre, étaient venus leur baiser les pieds et les mains, témoignant ainsi qu'ils les croyaient des êtres descendus du ciel. Ils les avaient priés de vouloir bien rester au milieu d'eux, tout au moins pendant cinq ou six jours, cela parce que les Indiens qui leur avaient servi de guides, avaient dit grand bien des chrétiens. Les hommes s'étant retirés, il était venu beaucoup de femmes qui, à leur tour, et avec des marques non moins grandes de vénération, s'étaient prosternées devant eux, leur avaient baisé les pieds et les mains comme choses sacrées, en leur présentant toute sorte de présents qu'elles avaient apportés avec elles.

L'heure étant venue de retourner aux vaisseaux, des quantités d'Indiens avaient manifesté le désir d'aller avec les chrétiens, mais ceux-ci avaient demandé que le roi du pays, un de ses fils, suivis d'un serviteur, fussent seuls à les accompagner. Ils les avaient amenés en effet à l'Amiral, qui les reçut avec tous les honneurs possibles.

Les Espagnols racontèrent que dans tous les villages qu'ils avaient trouvés en leur exploration, — lesquels n'étaient guère formés que de quatre ou cinq cases, —

les mêmes égards et marques de vénération leur avaient été prodigués. Ils ajoutèrent qu'ils avaient rencontré beaucoup d'Indiens portant avec eux des tisons ardents dont ils se servaient pour allumer le feu où ils faisaient cuire certaines racines (1) constituant leur principal aliment, et pour se parfumer, en brûlant une herbe particulière qu'ils avaient avec eux (2). Ils dirent avoir vu beaucoup d'arbres et de végétaux autres que ceux des bords de la mer, ainsi que maintes espèces d'oiseaux, très différents des nôtres, parmi lesquels, cependant, des rossignols et des perdrix.

Ils n'avaient aperçu d'autres quadrupèdes que quelques-uns de ces chiens muets déjà plusieurs fois signalés. Ils avaient pu constater que les Indiens se livraient à la culture régulière de cette racine dont nous venons de parler, puis aussi de plusieurs espèces de fèves et d'un grain nommé par eux *maïs* (3), qui est d'une saveur très agréable, quand il est rôti ou réduit en bouillie.

Ils filaient aussi avec beaucoup d'adresse le coton, qu'ils possédaient en telle abondance, que dans une de leurs cases, les Espagnols en virent au moins douze mille livres. La plante qui fournit ce coton croît sans culture dans les champs, et les fruits d'où sort le duvet

---

(1) Des patates.
(2) Las Casas, dans son *Histoire des Indes*, développe ainsi ce passage : « c'étaient des herbes sèches renfermées dans certaines feuilles également sèches, et en forme de petits rouleaux. Ils allumaient ces rouleaux par un bout, tandis qu'ils suçaient de l'autre et absorbaient la fumée par aspiration. Cette fumée les endormait et les enivrait pour ainsi dire, et les empêchait, disait-il, de sentir la fatigue. Ils appelaient ces petits rouleaux : *tabacos*. »
(3) Ce fut la première rencontre par les Européens de cette plante qui est devenue chez nous, depuis, l'objet d'une culture si importante.

s'ouvrent d'eux-mêmes à une certaine époque, non pas tous à la fois cependant, car pendant que certains pieds naissent à peine, on en voit qui sont à moitié développés, d'autres en fleurs et d'autres enfin en pleine maturité.

Bien que récoltant et filant ce coton en quantité si grande que, venus aux navires, ils en donnaient des corbeilles pleines pour le moindre objet, les Indiens ne l'utilisaient point à se vêtir, mais seulement à tresser les filets dont étaient faits leurs lits suspendus, — qu'ils appelaient *hamacs*, — et à tisser les petits tabliers que leurs femmes attachaient devant elles pour couvrir leur nudité.

Comme on leur avait demandé s'ils avaient de l'or, des perles et des épiceries, ils avaient répondu qu'ils s'en trouvait beaucoup sur une terre située à l'est, nommée par eux *Bohio* ou *Bavèque*. L'Amiral résolut donc de se diriger du côté de cette riche contrée.

## XXVIII

COMMENT L'AMIRAL, ABANDONNANT LA CÔTE OCCIDENTALE DE CUBA, SE DIRIGEA PAR L'ORIENT VERS LA TERRE QUE LES INDIENS APPELAIENT BAVÈQUE

Ces rapports entendus, l'Amiral ne voulant pas s'attarder plus longtemps dans le Fleuve des mers, commanda que l'on prit quelques habitants de cette île, qu'il avait l'intention de conduire en Castille, pour qu'ils pussent témoigner eux-mêmes de ce qui concernait leur pays.

On n'eut pas de peine à en trouver douze qui consentirent à s'expatrier, tant hommes que femmes et enfants.

Le mari d'une femme et de deux enfants qui avaient suivi leur mère sur le navire, vint dans son canot supplier qu'on l'emmenât aussi pour qu'il ne fût pas séparé des siens. Heureux d'y consentir, l'Amiral le reçut à son bord, et donna l'ordre que tous fussent l'objet des meilleurs traitements.

Le 13 novembre, l'Amiral mit à la voile en prenant la direction de l'ouest pour gagner l'île de *Bavèque*, mais les vents contraires le forcèrent à se rabattre sur de petites îles voisines de Cuba, où il s'abrita dans une anse qu'il nomma *port du Prince*, après avoir nommé *mer de Notre-Dame* ces eaux où de nombreuses îles s'avoisinaient pour la plupart à la distance d'une portée d'arquebuse. Les canaux qui les séparaient avaient cependant assez de profondeur pour que les navires y pussent y passer à l'aise. Les rivages étaient couverts d'une magnifique végétation ; les arbres à mastic y abondaient, ainsi que les aloès et les palmiers. Il n'y avait sur ces îles aucun habitant ; mais elles semblaient servir de rendez-vous de pêche et de chasse aux naturels de Cuba qui allaient s'y livrer à la capture du poisson, des écrevisses, des oiseaux, dont ces lieux abondaient. A vrai dire, ces Indiens mangeaient avec grand plaisir bien des choses qui nous dégoûteraient fort, notamment de grosses araignées, des vers blancs qui s'engendrent dans le bois pourri et d'autres matières corrompues. Ils arrachaient encore pour les manger crus, les yeux des poissons qu'ils venaient de prendre et qu'ils faisaient rôtir ensuite ; en somme, autant de régals qui non seulement nous répugneraient, mais qui, peut-être, causeraient la mort à ceux d'entre nous qui s'aviseraient d'y goûter.

Dans ces îles, les chrétiens tuèrent à coups d'épée une espèce de blaireau et trouvèrent au bord de la mer beaucoup de coquilles de nacre. Dans les filets qu'ils jetèrent, ils prirent, parmi des poissons de toute espèce, certain animal ayant la forme d'un porc, couvert d'une carapace très dure, et n'ayant rien de mou que la queue et les yeux (1).

## XXIX

### COMMENT L'AMIRAL FUT QUITTÉ PAR UN DE SES NAVIRES

Le lundi 19 novembre, l'Amiral, laissant le port du Prince et la mer de Notre-Dame, voulut se diriger vers l'île de Bavèque, mais, les vents étant encore contraires, la flottille dut, pendant trois ou quatre jours, louvoyer dans ces mêmes parages.

Or, Martin Pinzon avait appris des Indiens, dont la garde lui avait été confiée, et qui étaient sur sa caravelle, que dans cette île de Bavèque, on devait trouver des quantités d'or, il fut pris d'une grande et impatiente cupidité. Sans en avoir reçu l'ordre, et sans que l'état de la mer l'y eût aucunement contraint, il gagna le large pendant la nuit du mercredi 21 novembre. Le jeudi matin, son navire n'était plus en vue.

(1) Ce poisson à groin de cochon doit être un *cofre* (*ostracion* de Linné) ou un *baliste*. (Note de Cuvier.)

L'Amiral, inquiet sur le sort de la *Peinte*, ne crut plus devoir faire voile immédiatement pour l'île de Bavèque, et se rabattit sur Cuba, où, ayant jeté l'ancre dans un port voisin de celui du *Prince*,— qu'il mit sous le vocable de sainte Catherine,— il s'occupa de renouveler ses provisions d'eau et de bois.

Le hasard fit que, dans la rivière où l'on prenait de l'eau, il remarqua des pierres portant des traces d'or. Il vit aussi sur les montagnes toute sortes d'arbres pareils à ceux de Castille et qui, s'il se fût trouvé là les ouvriers nécessaires, auraient convenu pour la fabrication et le gréement des navires.

Mais les Indiens l'engageant vivement à faire route, l'Amiral suivit par le sud-ouest la côte le long de laquelle il découvrit des ports excellents et des fleuves considérables. Il a d'ailleurs décrit lui-même, dans ses lettres aux rois catholiques, l'embouchure d'un de ces fleuves auquel il donna le nom de *port Saint* (1), et qu'il dit être le plus beau, le plus délicieux de tous les pays qu'il ait jamais vu jusqu'alors.

Ayant pris terre dans ce port, l'Amiral aperçut sous les arbres qui ombrageaient le rivage, un canot creusé dans un tronc d'arbre de la grandeur d'une chaloupe à douze rameurs ; tout auprès, dans une cabane, les Espagnols trouvèrent du miel, et une tête de mort entre deux paniers attachés à un pilier. Dans une autre cabane, ils eurent le même spectacle, ce dont ils furent fort intrigués ; mais en l'absence des habitants qui, tous sans doute, avaient pris la fuite en les voyant arriver, ils ne purent avoir aucune explication à ce sujet.

---

(1) Actuellement *port de Baracoa*. (Navarette.)

Un peu plus loin, ils trouvèrent un autre canot pouvant porter au moins quarante personnes, ce qui semblait témoigner que le pays avait une nombreuse population.

## XXX

### COMMENT L'AMIRAL GAGNA L'ÎLE DE BAVÈQUE, ET CE QU'IL Y VIT

L'Amiral, ayant côtoyé pendant une centaine de lieues la rive occidentale de Cuba, en atteignit la pointe orientale à laquelle il donna le nom de cap de l'Éléphant (1), et le mercredi 5 décembre, il cingla directement vers l'île de Bavèque, distante de 16 lieues. Les courants qui existent en cet endroit ayant un peu contrarié la rapidité de sa marche, il n'arriva que le jour suivant à un port qu'il baptisa *Saint-Nicolas*, à cause du saint dont la fête est célébrée en ce jour (2).

Ce port très vaste, très commode et très profond était bordé d'une multitude de grands arbres, mais le pays était plus rocheux que les précédents, et la végétation n'y avait pas autant de puissance. Les arbres parmi lesquels on voyait de petits chênes et des myrtes, rappelaient ceux de Castille. Un beau fleuve venait se jeter dans la mer tout près de là, après avoir coulé à travers une plaine riante. Dans le port se trouvaient d'ailleurs beaucoup de canots pouvant porter

---

(1) Aujourd'hui *Pointe Palmista*.
(2) Ce port a gardé son nom.

au moins quinze rameurs. Mais, tous les habitants ayant pris la fuite, l'Amiral ne pouvant entrer en relation avec personne, poussa au nord jusqu'à ce que, en face d'une petite île qui prit plus tard le nom d'île de la Tortue (1), et qui a environ l'étendue de la Grande-Canarie, il trouva un autre port qu'il nomma de la *Conception*. Arrivé là, reconnaissant que cette île était fort grande, que les arbres y ressemblaient à ceux d'Espagne, puis les filets que l'équipage avait jetés dans les eaux, ayant ramené toute sorte de poissons semblables à ceux qu'on pêche sur les côtes espagnoles, il résolut d'en prendre motif pour la baptiser d'un nom rappelant ces analogies et, en conséquence, le dimanche 11 décembre, il la nomma l'*île Espagnole* (2).

Comme l'Amiral avait un grand désir d'être renseigné sur l'état du pays, pendant que les équipages s'occupaient à pêcher sur le rivage, il envoya vers l'intérieur trois de ses gens, qui, marchant du côté des montagnes, ne tardèrent pas à apercevoir une troupe d'Indiens complétement nus, qui, pris de terreur en les voyant venir, se sauvèrent en toute hâte, dans l'épaisseur des bois, avec la rapidité de gens qui ne sont entravés ni par l'ampleur, ni par l'étroitesse de leurs vêtements. Les chrétiens essayèrent de les poursuivre, mais ils n'y purent atteindre qu'une jeune femme qui portait une feuille d'or appliquée sur les narines, et qu'ils menèrent aux vaisseaux. L'Amiral, après avoir fait plusieurs petits présents à cette jeune femme, ordonna de la reconduire à terre sans qu'il lui fût causé

---

(1) Le nom est resté à cette île.
(2) Aujourd'hui Saint-Domingue, on verra plus loin l'origine de ce second baptême.

aucun déplaisir, il la fit d'ailleurs accompagner jusqu'à son village, par deux chrétiens et par trois des Indiens qui étaient sur les navires espagnols.

Le lendemain, il envoya pour explorer les terres, neuf hommes bien armés qui, à quatre lieues environ du rivage, découvrirent dans une vallée une véritable ville formée d'au moins mille cabanes.

A la vue des étrangers, tous les habitants s'enfuirent encore dans les bois, mais les Indiens qui servaient de guides aux Espagnols ayant couru vers eux, les eurent bientôt rassurés en leur disant que les chrétiens dont ils avaient peur n'étaient autres que des hommes descendus du ciel. Les fuyards revinrent donc, et montrant autant de respect et de vénération qu'ils avaient d'abord témoigné de crainte, ils mettaient, par manière de les honorer, la main sur la tête des Espagnols, leur apportaient à manger, et leur offraient toute sorte de choses sans demander rien en échange. Ils les prièrent de vouloir bien passer la nuit au milieu d'eux. Les chrétiens n'y consentirent pas. Ils s'en retournèrent aux vaisseaux, où ils racontèrent qu'ils avaient vu, dans une contrée très agréable, et très fertile une population de formes plus belles et de teint plus blanc que toutes celles qu'on avait rencontrées jusqu'alors dans les autres îles. Ils ajoutèrent que les gens du pays leur avaient dit que la terre qui fournissait l'or était située à l'orient de celle-ci.

L'Amiral, bien que le temps fût contraire, remit à la voile, et comme il faisait route entre l'île Espagnole et l'île de la Tortue, il trouva en mer un Indien monté sur un canot si petit que tous s'étonnaient que, par le gros temps qui régnait, il pût se tenir à flots. L'Amiral ayant recueilli cet homme, se rapprocha de l'île Espagnole, où il le fit remettre à terre après l'avoir comblé de présents. Celui-ci ayant rapporté aux autres Indiens les bons procédés dont il avait été l'objet de la part des étrangers, les habitants du rivage vinrent bientôt en foule aux navires offrir en vente maintes choses sans valeur. On remarqua cependant que la plupart avaient de l'or en feuille attaché aux ailes du nez, et en grains aux oreilles. Questionnés sur la provenance de ce métal, ils répondirent, en montrant le levant, que de ce côté on le trouvait en abondance.

Le jour suivant, au moment où le chef (ou cacique) du pays, était occupé à trafiquer avec les Espagnols, il vint de l'île de la Tortue un grand canot portant une quarantaine d'hommes. Dès que le cacique les aperçut, ses gens et lui s'assirent ensemble sur le rivage, ce qui signifiait qu'ils ne voulaient pas combattre. Ceux du canot s'étant alors empressés d'aborder, ce cacique se levant seul, alla vers eux, et leur parlant d'un ton menaçant les obligea à se rembarquer. Les Indiens lancèrent alors quelques pierres vers le canot. Le cacique, lui, prenant un caillou, le mit dans la main d'un des lieutenants de l'Amiral, en lui faisant entendre qu'il voulût bien le jeter vers ces gens, ce qui serait une façon de leur témoigner que l'Amiral avait pris la population du pays sous sa direction. Mais il ne fut pas besoin de cette démonstration, car le canot s'était presque aussitôt éloigné.

Le cacique s'entretenant ensuite avec l'Amiral de ce qui concernait l'île de la Tortue, lui affirma qu'il y avait beaucoup plus d'or que dans l'île Espagnole, mais que pour en trouver encore davantage il fallait se rendre à la région de Bavèque proprement dite, distante de quatorze journées de marche du lieu où il était en ce moment.

## XXXI

### COMMENT, ET AVEC QUEL APPAREIL LE ROI DE CETTE ILE VINT VISITER L'AMIRAL

Le mardi 18 décembre, le roi de l'île, qui faisait sa résidence habituelle à quelques cinq lieues de là, vint dans l'après-midi au village qui était voisin de la mer, au moment où y arrivaient quelques Espagnols que l'Amiral avait envoyés pour savoir si les habitants de ce lieu avaient plus d'or que les autres : Les Espagnols ayant vu le roi, se hâtèrent d'aller prévenir l'Amiral, ils lui dirent que ce souverain, suivi de deux cents personnes, s'avançait non pas à pied, quoiqu'il fût encore jeune, mais porté par quatre hommes sur une espèce de brancard.

Arrivé à quelque distance des navires, le roi se reposa un instant, puis, alla droit aux Espagnols avec toute son escorte. L'Amiral en a parlé ainsi dans sa première lettre aux rois catholiques :

« Sans doute, Vos Altesses auraient été charmées de voir la pompe de son cortège et le respect témoigné à ce souverain par ses sujets, bien que ceux-ci aillent entièrement nus.

« Le roi entra dans le bâtiment au moment où je dînais sous le château de poupe. Il vint droit à moi, s'assit à mes côtés et ne me permit pas de me déranger, ni de me lever de table avant que j'eusse terminé mon repas. Présumant qu'il aurait du plaisir à goûter les mets qui m'étaient servis, j'ordonnai qu'on lui en donnât. En entrant sous le château, il avait d'un signe de main commandé à ses gens de rester au dehors. Tous obéirent et allèrent s'asseoir sur le pont, à l'exception de deux hommes d'un âge mûr que je jugeai être l'un son précepteur et l'autre son conseiller, qui vinrent se placer à ses pieds. Des viandes que je lui présentais, il ne prenait que ce qu'il fallait pour ne pas paraître refuser, puis, les ayant goûtées, il envoyait le reste à ses gens, qui tous en mangeaient. Il en fit de même pour les boissons, il se contentait d'en mouiller ses lèvres, et il passait ensuite la coupe à ses gens. Il mettait à tout cela un air de dignité vraiment remarquable. Il parlait peu. Le petit nombre de paroles qu'il prononçait étaient évidemment aussi judicieuses que réfléchies. Les deux personnages qui étaient à ses pieds examinaient d'ailleurs le moindre mouvement de ses lèvres, parlaient pour lui et s'entretenaient aussi avec lui, mais toujours de la manière la plus respectueuse. Le repas terminé, un de ses officiers apporta une ceinture à peu près semblable de finesse à celles dont on se sert en Castille, mais d'un travail différent. Le roi la prit et me la remit ainsi que deux morceaux d'or travaillé, très minces. Je crois qu'ils recueillent peu de ce métal, quoiqu'ils soient voisins des lieux où il se trouve en grande abondance.

« Je m'aperçus qu'une couverture de mon lit attirait son attention ; je la lui donnai, ainsi que plusieurs grains d'ambre que je portais à mon cou, des souliers de couleur et une fiole pleine d'eau de fleur d'oranger ; il en fut aussi content qu'émerveillé, et il témoigna, ainsi que ses conseillers, un grand chagrin de ce que nous fussions empêchés de nous entendre. Je compris néanmoins qu'il me disait que si quelque chose du pays me convenait, toute l'île était à mes ordres. J'envoyai alors chercher un collier ayant pour médaillon un grand ducat d'or où étaient des effigies de Vos Altesses, et je lui dis que, plus puissantes que tous les autres princes, Vos Altesses règnent sur la plus grande partie du monde. Je lui montrai aussi les bannières royales et celle de la croix, qu'il parut regarder avec admiration. « Quels rois ce doit être, dit-il, que ceux « qui vous ont envoyé si loin d'un pays qui est sans « doute le ciel. » Il dit encore beaucoup d'autres choses que je ne pus pas comprendre, mais je vis bien qu'il était dans le ravissement. Comme il était déjà tard, il voulut se retirer, je le fis reconduire par une chaloupe avec toutes les marques de respect qui lui étaient dues, et je fis tirer en son honneur plusieurs décharges d'artillerie.

» Descendu à terre, il se plaça de nouveau sur son brancard, et s'en alla escorté de ses deux cents hommes: un de ses fils était porté sur les épaules par un homme qui devait être un grand du pays. Ayant vu à terre des gens des navires, il ordonna qu'on leur rendit des honneurs et qu'on leur servît à manger. Un matelot, qui se trouva sur sa route, me rapporta que chacune des choses que je lui avais données étaient portées devant lui par un de ses principaux officiers, sans doute comme des objets dignes de vénération. »

## XXXII

COMMENT UN DES VAISSEAUX DE L'AMIRAL S'ÉCHOUA SUR UN BANC DE SABLE PAR LA NÉGLIGENCE DU PILOTE, ET DU SECOURS QUE L'ON DUT AU ROI DE L'ILE

« Le lundi 24 décembre, écrit encore l'Amiral, nous partîmes des parages que j'avais nommés *mer de Saint-Thomas* (1). La mer était calme, le vent presque nul. Nous avancions avec une grande lenteur. A la fin du premier quart de la nuit, c'est-à-dire vers onze heures du soir, comme il y avait deux jours et une nuit que je n'avais pas dormi, j'allai prendre un peu de repos. Or, comme le temps était calme, le marin qui tenait le gouvernail prit aussi le parti de dormir, en confiant la barre à un novice, — bien que j'eusse expressément recommandé que quelque temps qu'il pût faire, le gouvernail ne fût jamais mis aux mains d'un novice. J'étais tranquille quant aux bas-fonds et aux récifs, parce que mes matelots, que j'avais envoyés quelques jours auparavant en excursion dans ces parages avec une des embarcations, avaient observé soigneusement, sur une étendue de trois ou quatre lieues, tous les points de la côte que nous devions suivre. Vers minuit, la mer étant tranquille comme l'eau d'une écuelle, tous s'endormirent, laissant la conduite du navire à un jeune garçon. Les courants que, malgré la nuit on pouvait voir et qui

(1) Pour y être arrivé le jour de la fête de ce saint (circonstance qui décida souvent des noms que l'Amiral donna aux lieux qu'il découvrait). C'est aujourd'hui l'entrée de la baie d'*Acul*. (Navarette.)

d'ailleurs s'entendaient de fort loin, entraînèrent le vaisseau sur un banc de sable où il toucha si doucement qu'à peine s'en aperçut-on. Le novice qui sentit le gouvernail arrêté, et qui entendit le bruit de l'eau, se mit à crier. Je fus sur pied avant que personne sût que nous étions échoués. Le pilote était aussi accouru ainsi que plusieurs matelots. Je leur dis de descendre immédiatement dans la chaloupe pour jeter une ancre à l'arrière. Je crus qu'ils faisaient ce que j'avais commandé, mais descendus dans la chaloupe, ils ne songèrent qu'à gagner l'autre caravelle qui était à une demi-lieue de là.

« Voyant que ces hommes nous abandonnaient et que, les eaux baissant, nous allions être en péril, je fis aussitôt abattre le mât, et alléger autant que possible le navire, pour voir s'il y avait chance de le renflouer. Mais comme les eaux continuaient à baisser, la caravelle ne pouvant plus flotter penchait de plus en plus. Les commissures s'ouvrirent et l'eau pénétra dans l'intérieur.

« Sur ces entrefaites, arrivait pour nous prêter secours, la *Niña*, — à bord de laquelle on n'avait point voulu recevoir nos fuyards, qui s'étaient vus forcés de revenir au navire.

« Croyant le salut de ma caravelle impossible, je conduisis mon équipage sur la *Niña*, qui cargua ses voiles, et où j'attendis la venue du jour pour me rendre mieux compte de ce qui pourrait être fait.

« J'avais auparavant envoyé à terre dans un de nos bateaux, Diego d'Arana de Cordoue, capitaine-major, et Pierre Guttière, maître d'hôtel de Vos Altesses, pour aller faire savoir au roi de l'île l'accident qui venait de nous arriver.

« Ce fut avec des larmes que le roi apprit cette triste nouvelle. Aussitôt il nous envoya tous les habitants de sa bourgade, montés dans de nombreux canots, qui nous arrivèrent au moment où nous étions occupés à décharger la caravelle, et qui nous prêtèrent une aide fort efficace.

« Il vint d'ailleurs lui-même, accompagné de ses frères et de plusieurs de ses parents, pour exciter ses gens au travail, et tant sur le navire qu'à terre, il veilla à ce qu'aucun effort, ni aucun soin ne fût épargné pour sauver la cargaison. Par instant, il me faisait visiter par quelqu'un de ses parents tout en pleurs, pour m'engager à ne pas m'affliger trop, et pour m'assurer que s'il en était besoin, il me donnerait tout ce qu'il possédait.

« Je suis heureux d'affirmer à Vos Altesses qu'en aucun lieu de Castille je n'aurais trouvé autant de secourable attention pour empêcher qu'il ne se perdît ou égarât la moindre chose, à tel point, pourrais-je dire, qu'il ne nous manqua pas une épingle.

« Tout ayant été déposé sur le rivage, le roi y plaça des hommes armés pour faire bonne garde pendant la nuit. Tous les Indiens, d'ailleurs, se lamentaient comme s'ils eussent eux-mêmes subi notre mésaventure. Ce sont, à la vérité, gens de cœur excellent, ignorant la cupidité, pleins de douceur ; aussi, puis-je assurer à Vos Altesses qu'il n'est au monde ni meilleurs hommes, ni meilleur pays. Ils aiment leur prochain comme eux-mêmes. Ils ont une façon de parler toujours souriante, la plus douce, la plus affable qui se puisse imaginer. Hommes et femmes, à la vérité, vont nus comme au jour de leur naissance, mais Vos Altesses peuvent croire cependant qu'ils ont des mœurs fort pures. Ils servent avec grand respect leur roi qui, du reste, est aussi continent que digne en tous points. Ils ont, du reste, une très heureuse mémoire et une grande curiosité d'esprit, qui les porte à questionner beaucoup sur toutes choses, pour arriver à connaître les causes et s'expliquer les effets. »

## XXXIII

### COMMENT L'AMIRAL RÉSOLUT DE FONDER UN ÉTABLISSEMENT DANS L'ILE

Le mercredi 26 décembre, le roi montrant une grande tristesse, revint vers l'Amiral pour lui offrir de nouveau des consolations, et pour l'engager à lui demander tout ce qu'il jugerait lui être utile parmi les productions du pays... Il ajouta qu'il avait déjà désigné trois maisons où les chrétiens pourraient mettre en sûreté toutes les choses du navire, et que, s'il en était besoin, il en mettrait d'autres à leur disposition.

Entre temps, il arriva un canot plein d'Indiens habitant d'autres îles, qui venaient pour troquer des feuilles d'or contre des sonnettes, objets dont ils semblaient faire le plus grand cas. Des matelots qui étaient allés à terre lui dirent, en outre, que les Indiens du village leur avaient donné de l'or pour les moindres bagatelles et offraient d'en apporter de plus grandes quantités si les chrétiens le désiraient. Le cacique, comprenant que l'Amiral en serait aise, dit que prochainement il en ferait venir beaucoup de *Cibao*, qui est le lieu principal où on le trouve. Il invita ensuite l'Amiral à manger avec lui des mets du pays, notamment une sorte de pain fait de racines, nommé *cazave*. Il lui donna une espèce de masque dont les yeux et les oreilles étaient en or, ainsi que plusieurs colliers très riches.

Le roi se plaignit ensuite à l'Amiral du voisinage des *Caraïbes*, qui venaient capturer ses sujets, et les emmenaient pour les dévorer. L'Amiral lui montra les armes à l'aide desquelles on aurait facilement raison de ces ravisseurs, il en fit même tirer quelques coups dont le bruit causa tant d'épouvante au roi et à ses gens, qu'en l'entendant ils se laissèrent tomber à terre.

En somme, l'Amiral ayant apprécié l'excellent naturel de ce peuple, fut presque conduit à remercier Dieu de l'avoir obligé à s'attarder dans leur pays, en y faisant échouer son navire. Il eut même l'idée de laisser en cette île quelques-uns des siens, qui, pendant le voyage qu'il se proposait de faire en Castille, pour en revenir avec des forces plus grandes, noueraient des relations suivies avec les indigènes, visiteraient le pays, en apprendraient la langue, et seraient, à son retour, des guides précieux pour l'importante expédition qu'il serait alors possible d'entreprendre.

Plusieurs de ses gens lui avaient d'ailleurs offert de rester dans ce pays, où ils seraient, disaient-ils, très heureux de s'établir. Il résolut donc de bâtir, pour les y installer et pour y déposer les objets qu'il était inutile d'emporter, une tour ou forteresse avec les débris du navire échoué.

Sur ces entrefaites, c'est-à-dire le 27 décembre, il apprit

que la caravelle la *Peinte* se trouvait à l'embouchure d'un fleuve qui se jetait dans la mer vers la pointe orientale de l'île. Le roi, — qui se nommait *Guahanagari*, — envoya pour vérifier le fait un grand canot monté par plusieurs Indiens accompagnés d'un Espagnol. Après s'être rendus au lieu indiqué, en côtoyant l'île pendant une vingtaine de lieues, ces gens revinrent sans avoir pu rien apprendre, ni découvrir sur le compte de la *Peinte*, ce qui fut cause qu'on n'accorda aucun crédit aux paroles d'un autre Indien, qui assurait l'avoir aperçue quelques jours auparavant.

L'Amiral ne laissait pas toutefois de songer à l'établissement des chrétiens dans cette île, d'autant mieux que chaque jour il avait de nouvelles preuves de la douceur des habitants, comme aussi de la richesse du pays ; car non seulement les Indiens lui apportaient de nombreux objets d'or, mais encore lui parlaient sans cesse des provinces de l'île où ce métal pouvait être abondamment recueilli.

Se préparant donc au départ, un jour, il s'entretenait avec le cacique de ces Caraïbes qui causaient tant d'effroi à celui-ci. Afin de lui faire comprendre l'avantage qu'il retirerait du séjour des Espagnols dans son pays pour se défendre contre ses barbares voisins, il fit braquer du rivage sur le navire échoué une pièce de canon. On tira ; le boulet alla traverser de part en part le bordage, dont il arracha de grands éclats. Il montra ensuite au cacique les autres armes, et, après en avoir fait éprouver devant lui la puissance, il lui dit qu'il ne devrait plus avoir peur des Caraïbes, alors que les chrétiens, qui allaient rester sur ces terres, disposaient de tels moyens pour les combattre et les détruire.

Il ajouta qu'à son retour de Castille, il rapporterait pour lui de nombreux et magnifiques présents. Il lui recommanda donc, particulièrement, Diègue d'Arana (fils de Rodrigue, dont nous avons parlé plus haut), qui de concert avec Pierre Guttière et Rodrigue de Scobedo, devaient avoir le commandement de la forteresse et des *trente-six hommes* qui devaient l'habiter.

Il laissa, pour l'avitaillement et les divers besoins de cette petite garnison, toutes les marchandises qui étaient à bord des deux caravelles, beaucoup de vivres, des armes, des outils, des graines, de la poudre, la chaloupe de la *Sainte-Marie*; et il eut soin de choisir et de mettre au nombre des gens de mer qui allaient rester à l'île Espagnole, un médecin, un charpentier, un tailleur, un bombardier, un calfat, et tous ceux enfin dont l'art ou l'industrie pouvaient contribuer à fonder ce premier établissement (1).

(1) La discussion s'est engagée sur la question de savoir si le chiffre de quatre-vingt-dix hommes, que Fernand Colomb signale, et signale seul, quand il parle du personnel de l'expédition (voy. ch. xv), doit s'appliquer à l'ensemble des marins des trois caravelles, ou à l'équipage de chacune d'elles, ce qui élèverait à deux cent soixante-dix le nombre d'hommes qui accompagnèrent Christophe Colomb. Le savant Jal opte pour cette dernière opinion, et il s'appuie sur ce que, après déduction faite des hommes que l'amiral laisse à l'île Espagnole, il ne lui serait resté que trop peu de monde pour sa traversée de retour ; mais au lieu de comprendre le médecin, le calfat, le tailleur, le bombardier, etc., dans les trente-six ou quarante hommes, il les ajoute, tandis que le texte de notre auteur aussi bien que celui du propre journal de Colomb, fait clairement entendre que ces spécialistes « tous hommes de mer » étaient compris dans le nombre de ceux qui devaient rester. La *Peinte* était absente, la *Sainte-Marie* perdue, la *Niña* sur laquelle l'amiral comptait partir était la moins importante des caravelles : vingt hommes d'équipage devaient suffire. Au surplus, les trois navires n'étant pas de même dimension, le nombre d'hommes des équipages n'aurait pas été exactement de quatre-vingt-dix pour cha-

Ces dispositions prises, il se mit en mesure de faire voile pour la Castille, sans chercher à découvrir d'autres pays, car il se disait que, n'ayant plus qu'un navire, il pourrait suffire d'une nouvelle mésaventure pour que les rois catholiques n'entendissent jamais parler des terres dont il venait d'enrichir leur couronne.

## XXXIV

### COMMENT L'AMIRAL PARTIT POUR RETOURNER EN CASTILLE, ET RETROUVA LA CARAVELLE QUE COMMANDAIT PINZON

Le vendredi 4 janvier, au lever du soleil, l'Amiral mit à la voile, en prenant toutes les précautions pour sortir de la passe où les bas-fonds et les récifs s'étendaient sur un espace d'environ quatre ou cinq lieues. Il partit du port dit premièrement des Chrétiens auquel il donna le nom de la *Nativité*, en souvenir du jour de Noël, où il s'y était réfugié, en échappant aux plus

cune, et l'historien, soucieux des arguments à produire en faveur de son héros, eût signalé cette différence ; puis encore en déduisant quarante hommes de cent quatre-vingts qui eussent composé les équipages des deux navires, il fut resté sur la *Niña*, repartant pour l'Espagne, cent quarante hommes sans compter les Indiens qu'on emmenait, ce qui l'eût singulièrement encombrée, et eût nécessité une grande quantité de vivres. N'oublions pas d'ailleurs que l'expédition n'avait pu être montée sur un grand pied, puisque la reine Isabelle voulait emprunter sur ses bijoux un argent qui pouvait se trouver dans la bourse d'un courtisan, et puisqu'on profita même des navires qu'un port devait fournir pour le service royal. C'est donc bien, croyons-nous, avec *quatre-vingt-dix* hommes seulement, que Colomb découvrit le nouveau monde. (Voy. une note du ch. XXXVIII.)

grands périls. Chemin faisant vers le nord-ouest, il vit de nouvelle îles, fort peuplées, sur l'une d'elles était un pic très élevé, nu comme un écueil et en forme de tente, auquel il donna en passant le nom de *mont du Christ*.

S'il baptisa ainsi cette éminence, c'est qu'elle devait par des indications de direction à prendre lorsqu'on l'apercevrait, servir à désigner le lieu ou les chrétiens avaient établi leur première résidence fixe sur les terres de ce nouveau monde occidental.

Or comme, les vents étant contraires, il louvoyait en vue du mont du Christ, le matelot de la vigie annonça du haut du mât qu'il apercevait la *Peinte*, qui venait, vent en poupe, du côté de l'ouest.

Bientôt en effet ce navire eut rejoint celui de l'Amiral. Martin-Alonso Pinzon, qui en avait le commandement, vint à bord de la *Niña*, et, alléguant toutes sortes de mauvaises raisons, s'efforça de démontrer que c'était absolument contre son gré qu'il avait été séparé des autres caravelles. L'Amiral n'était pas dupe de ces prétextes; il avait su pénétrer le caractère envieux, dissimulé de cet homme, et se rappelait que plusieurs fois déjà, il avait eu à se plaindre au cours du voyage, non seulement de sa désobéissance, mais encore des entraves qu'il s'était efforcé de mettre à la réussite de l'entreprise, avec d'autant plus d'autorité que la plupart des gens de son équipage étaient ses compatriotes, sinon même ses parents. Au surplus, il justifiait très mal la durée de sa longue absence, qui, en réalité, n'avait eu pour lui d'autre but que de tâcher de découvrir le premier le pays où l'on disait que l'or abondait. L'Amiral sut du reste que là où Pinzon était allé, quand il arrivait qu'on obtenait de l'or des Indiens, il en prenait toujours la moitié pour lui seul en qualité de capitaine, et ne laissait que l'autre moitié en partage à tous ses matelots. Toutefois, l'Amiral tâcha de dissimuler son mécontentement, et parut accepter les raisons que donnait Martin Pinzon, afin que rien n'entravât plus ce voyage, au terme duquel, d'ailleurs, il comptait bien se débarrasser d'aussi fâcheuse compagnie.

Il poursuivit donc sa route, mais bientôt le gros temps étant encore survenu, il s'arrêta non loin du mont du Christ, à environ dix-sept lieues de la Nativité, à l'embouchure d'un cours d'eau de l'importance du Guadalquivir, qu'il appela *Rivière de l'or* (1), parce que le sable de son lit était abondamment mélangé de parcelles de ce métal.

## XXXV

### COMMENT, PRÈS DU GOLFE DE SAMANA, ADVINT UNE PREMIÈRE LUTTE ENTRE LES CHRÉTIENS ET LES INDIENS

Le dimanche 13 janvier, l'Amiral, se trouvant dans la baie de *Samana*, sur les côtes de l'île Espagnole, envoya la chaloupe à terre pour y prendre de l'eau.

Les Espagnols virent sur la plage quelques Indiens à mine féroce, qui, armés d'arcs et de flèches, avaient l'air fort agités, et semblaient tout disposés à combattre.

S'étant toutefois approché d'eux les Espagnols leur

---

(1) C'est le fleuve *Saint-Jacques*. On croit que l'Amiral prit pour de l'or des parcelles brillantes qui n'en étaient pas.

achetèrent deux arcs et quelques flèches, et, non sans difficulté, ils obtinrent que l'un d'eux vînt au navire pour parler à l'Amiral. Les manières de ces gens-là, plus rudes que celles d'aucun des Indiens qu'on avait rencontrés jusqu'alors, semblaient d'ailleurs indiquées par l'aspect général de leurs personnes. Selon la coutume qu'ont ces peuples de de se peindre le corps de diverses couleurs et de plusieurs façons, ils avaient le visage barbouillé de noir, et ils portaient de longs cheveux, retenus par derrière à l'aide d'un filet fait de plumes de perroquets.

Un des leurs, nu comme au jour où sa mère l'avait mis au monde, et comme sont d'ailleurs tous ceux de ces pays, se laissa donc conduire aux vaisseaux. Pensant qu'il devait être du nombre de ces sauvages dont le voisinage inspirait tant de terreur au roi de l'île Espagnole, l'Amiral lui demanda de quel côté était le pays des Caraïbes. Il répondit, en montrant l'orient, qu'ils habitaient une autre île, où l'or se trouvait en masses aussi grosses que la moitié de la poupe de la caravelle. Il parla aussi d'une île de *Matinina*, qui n'était habitée que par des femmes, auprès desquelles à de certaines époques se rendaient les Caraïbes, à qui ces femmes donnaient ensuite les enfants mâles qui étaient nés de leur union passagère.

Quand cet Indien eut répondu soit par signes, soit par le truchement de l'Indien de *San Salvador* (1), à toutes les questions qu'on jugea convenable de lui adresser, l'Amiral lui fit donner à manger, le gratifia d'un collier de verre et de quelques morceaux d'étoffes

---

(1) Un de ceux que l'Amiral avait emmenés de cette île.

de couleur, puis il le renvoya vers les siens, en lui recommandant de dire à ceux-ci qu'ils apportassent de l'or, s'il en avaient.

La chaloupe étant donc retournée à terre pour reconduire cet Indien, les Espagnols en aperçurent une quarantaine d'autres, qui se tenaient sous les arbres du rivage, et qui tous étaient, comme les premiers, armés d'arcs et de flèches. Sur l'ordre de l'Indien qui était dans la chaloupe, ils allèrent déposer à quelque distance leurs flèches, leurs arcs et certains bâtons qu'ils portaient en guise d'épées.

Les nôtres ayant débarqué, et s'étant mis en devoir, comme le leur avait commandé l'Amiral, d'acheter quelques-unes de leurs armes, il arriva que tout à coup non seulement les Indiens ne voulurent plus rien vendre, mais encore semblèrent disposés à s'emparer des Espagnols. Déjà même ils étaient allés reprendre leurs arcs et leurs flèches, ainsi que des cordes, qui devaient sans doute servir à lier les mains de leurs futurs prisonniers.

Voyant cela, les Espagnols, bien qu'ils ne fussent qu'au nombre de sept, fondirent courageusement sur les Indiens, en blessèrent deux, l'un à la poitrine d'un coup de flèche, l'autre dans le dos d'un coup de sabre. Les Indiens épouvantés prirent la fuite en abandonnant leurs armes. Si les Espagnols les eussent poursuivis, ils en auraient certainement tué un grand nombre, mais ils en furent empêchés par le pilote qui avait le commandement de la chaloupe.

L'Amiral, tout en déplorant cette affaire, ne laissa pas cependant de penser qu'elle dût avoir d'heureuses conséquences ; car il était bon selon lui que les chrétiens fussent redoutés des habitants de la contrée, et notamment de ces Caraïbes à la nation desquels devaient appartenir ceux que l'on venait de mettre en fuite; il ne douta pas que le bruit ne se répandît bientôt que sept chrétiens avaient dispersé sans peine quarante Indiens. Il pensa qu'il en reviendrait un certain prestige aux Espagnols restés à la *Nativité*, et que nul n'oserait aller les attaquer.

Vers le soir, les Indiens allumèrent du feu sur le rivage. La chaloupe alla voir quelles étaient leurs intentions, mais comme ils ne consentaient pas à venir auprès des Espagnols, la chaloupe regagna le navire.

Leurs arcs étaient faits d'un espèce de bois d'if, et les flèches de pointes de roseau, mesurant une fois et demie la longueur d'un bras, armées à leur extrémité d'une baguette plus mince, durcie au feu, garnie d'une dent ou d'une arête de poisson trempée dans un suc empoisonné.

En souvenir de la lutte qui avait eu lieu en cet endroit, et des armes dont se servaient les Indiens, l'Amiral changea le nom du golfe de Samana, que lui donnaient les indigènes, en celui de *golfe des Flèches*.

Il trouva sur cette terre, du coton très fin, et un certain poivre nommé *axi*, beaucoup plus fort que le poivre ordinaire. Dans les eaux de la baie, il vit en grande quantité de ces mêmes herbes qu'il avait rencontrées en pleine mer ; et il conclut que ces végétaux qui naissent près de terre sont ensuite entraînés au large par les courants (1).

---

(1) Erreur. (Voy. ch. XVIII, la note sur la *mer des Sargasses*.)

## XXXVI

COMMENT L'AMIRAL FIT DÉFINITIVEMENT VOILE POUR LA CASTILLE, ET COMMENT IL ADVINT QUE LA CARAVELLE LA « FEINTE » SE SÉPARA ENCORE UNE FOIS DE CELLE QU'IL MONTAIT

Le mercred, 16 janvier de l'année 1493, l'Amiral partit avec un vent propice et une mer excellente de la baie des Flèches, qui maintenant a repris son ancien nom de Samana (1), pour se rendre en Castille...

Les deux caravelles, très éprouvées par le voyage, faisaient beaucoup d'eau, et l'équipage devait travailler sans cesse à combattre les effets des infiltrations.

Heureusement la mer continuait d'être bonne, de telle sorte que les Espagnols franchirent rapidement de grandes distances, et que, le 9 février, le pilote de la *Niña* prétendit être au midi des *Açores*.

L'Amiral, — qui d'ailleurs était dans la vérité, — dit que ces îles se trouvaient à cent cinquante lieues plus loin, car, outre ses calculs, il avait pour le confirmer en cette opinion l'observation des herbes flottantes que, en allant vers les Indes, il n'avait aperçues qu'à deux cent soixante lieues au delà de l'île de Fer. Jusque-là, du reste, le temps s'était maintenu beau, mais le vent s'éleva plus fort, et de jour en jour la mer devenait plus grosse, — ce qui fatiguait beaucoup les navires, qui ne gouvernaient que difficilement.

---

(1) Qu'elle porte encore.

Il arriva même que dans la nuit du jeudi, 14 février, pendant que la caravelle de l'Amiral réussissait à se diriger vers l'Espagne, par le nord-est, la caravelle de Martin Pinzon, encore que le fanal fût sans cesse allumé à bord de la *Niña*, ne put suivre celle-ci, et poussée par le vent qui soufflait du midi, s'en alla droit au nord.

Quand le jour se leva, les caravelles s'étaient perdues de vue et chacune de son côté croyait que l'autre avait péri.

Les marins de la *Niña*, pris alors d'un pieux élan, décidèrent de tirer au sort pour savoir quel serait celui d'entre eux qui, au nom de tous, irait en pèlerinage à Notre-Dame de Guadeloupe. Le sort désigna l'Amiral. Ils vouèrent encore un pèlerinage à Notre-Dame de Lorette et le soin de l'accomplir échut à un marin du port de Sainte-Marie de Santogua, nommé Pierre de la Vilia. Ils voulurent encore choisir de la même façon celui qui passerait une nuit en prière à Sainte-Marie de Moglier, et l'Amiral fut de nouveau désigné.

Tous ensemble, d'ailleurs, promirent qu'à la première terre chrétienne qu'ils trouveraient, ils iraient, nupieds et en chemise, faire leurs dévotions au plus prochain sanctuaire de la Vierge. Outre ces vœux généraux, il en fut fait plusieurs de particuliers; car chacun parmi ces hommes comprenait que sans l'aide spéciale du ciel, ils pouvaient courir les plus grandes chances de n'arriver pas à bon port. Le navire de l'Amiral allégé par l'absorption des vivres qui lui avaient servi de lest tenait mal la mer. Le ciel leur inspira l'excellente idée d'emplir d'eau tous les vases vides qu'ils avaient à bord, ce qui suffit à empêcher la caravelle de chavirer sous les coups d'une mer furieuse.

A ce sujet, l'Amiral écrivait ceci aux rois catholiques :

« J'aurais supporté patiemment cette infortune si ma seule personne eût été mise en péril. Je sais que je dois rendre un jour mon âme au Seigneur, et j'avais tant de fois déjà vu la mort de près, que je ne pouvais m'effrayer du dernier moment de la vie. Mais je ne me disais pas sans une profonde douleur qu'après que le Seigneur, qui m'avait suscité l'idée de cette entreprise, et conduit ensuite au but espéré ; et qu'alors que malgré tous les avis donnés contre moi par tant de graves et marquants personnages, Vos Altesses avaient consenti à me prêter leur appui et leur protection, il serait déplorable que ma mort vînt mettre à néant tout ce qui avait été fait et obtenu.

« Cette mort, me disais-je encore, serait toutefois acceptable si, séduits par l'espoir d'un magnifique résultat, d'autres hommes ne m'eussent suivi en cette expédition. Ceux-ci, voyant qu'ils couraient de grands dangers, non seulement déploraient de m'avoir accompagné, mais encore d'avoir cédé à mes conseils ou obéi à mes ordres, quand j'avais refusé de me rendre au désir qu'ils avaient mainte fois témoigné de regagner les côtes d'Espagne. Par-dessus tout, ma pensée se reportait sur mes deux fils que j'avais laissés aux écoles de Cordoue, orphelins en terre étrangère, Vos Altesses ignorant les services que j'avais pu rendre, et par conséquent ne se croyant nullement engagées à leur servir de protecteurs. D'une part, d'ailleurs, j'avais foi en la bonté de Notre-Seigneur qui ne voudrait pas, qu'après tant de traverses et de labeurs, le succès définitif ne couronnât pas une entreprise dont il devait revenir tant de gloire à sa sainte Eglise ; d'autre part, je me demandais si, par mes faiblesses et par mes péchés, je n'avais pas démérité qu'une joie aussi grande me fût accordée en cette vie.

« Partagé entre ces sentiments contraires, je me demandais s'il n'était pas un moyen de faire, que moi étant mort, et les navires étant perdus corps et biens, Vos Altesses ne fussent pas privées des fruits de notre expédition, je cherchais par quelles voies elles pourraient être instruites des détails et des résultats de mon voyage. J'écrivis donc sur un parchemin, avec la brièveté que commandaient les circonstances, comment j'avais trouvé la terre que j'étais allé chercher et que j'avais promis de découvrir ; en combien de jours et par quelle route j'avais atteint ces pays que je décrivais succinctement. Je disais aussi les mœurs des habitants, qui restaient les sujets de Vos Altesses, au nom desquelles j'avais pris possession de toutes les terres rencontrées.

« Cet écrit achevé et scellé, je l'adressai à Vos Altesses en ajoutant à la suscription la promesse de mille ducats à celui qui le leur ferait parvenir. Je me fis apporter un baril, dans lequel je déposai le parchemin, bien enveloppé d'une toile cirée et bien scellée à nouveau. Puis, le baril ayant été recerclé soigneusement, je le fis jeter à la mer. Mes gens crurent que c'était là quelque acte de dévotion ; et comme je jugeai qu'il pourrait arriver que ce tonneau ne fût jamais trouvé, je fis un second écrit pareil au premier, et je l'enfermai dans un autre baril, que je plaçai au-dessus du château de poupe de ma caravelle, pour que, au cas où nous viendrions à sombrer, le baril restât flottant sur la mer, et eût la chance d'être aperçu et recueilli. »

## XXXVII.

### COMMENT L'AMIRAL ARRIVA AUX AÇORES, ET COMMENT LES GENS DE L'ILE DE SAINTE-MARIE, S'EMPARÈRENT DE SON NAVIRE ET DE L'ÉQUIPAGE

La caravelle, continuant toutefois sa route en courant les plus de grands dangers, le vendredi 15 février, un matelot de vigie signala une terre au nord-est. Le pilote et les matelots crurent que ce fut le rocher de Cintra sur les côtes du Portugal, mais l'Amiral déclara que ce devait être une des îles Açores. Le vent étant contraire, et la mer furieuse, on ne put se diriger vers cette île qui cessa bientôt d'être en vue, mais on en aperçut une autre, à laquelle il fut encore impossible d'aborder, car le mauvais temps persistait qui soumettait le navire aux plus rudes épreuves.

« Le samedi 16 février, — dit l'Amiral dans le journal tenu par lui au cours de ce voyage, — j'arrivai pendant la nuit devant une île que le mauvais temps m'empêcha de reconnaître. Toujours est-il que nous pûmes jeter l'ancre à quelque distance de cette terre. N'ayant pas dormi depuis le mercredi précédent, je succombai enfin au sommeil. Au réveil, après quelques heures de repos, je me trouvai comme perclus des jambes pour avoir été exposé pendant ces trois jours à l'air et à l'eau, tout en ne prenant que fort peu de nourriture.

Le lundi matin, j'appris par des gens venus à la caravelle que cette île, nommée *Sainte-Marie*, faisait partie en effet du groupe des Açores. Ces gens nous dirent qu'il était vraiment miraculeux que notre vaisseau en l'état où il se trouvait, eût pu tenir contre une tempête aussi longue et aussi terrible. »

Quand on apprit dans le pays les découvertes que l'Amiral venait de faire, il y eut un étonnement universel. Trois hommes vinrent apporter des rafraîchissements au nom du commandant de l'île; cet officier les avait chargés de présenter ses salutations à l'Amiral, n'ayant pu aussitôt venir lui-même, à cause de l'éloignement de sa résidence.

L'Amiral s'étant informé s'il y avait dans l'île une église dédiée à la Vierge Marie, il lui fut répondu qu'un ermitage placé dans les rochers était seul sous ce vocable. Rappelant aux siens le vœu qu'ils avaient fait ensemble le jeudi précédent, il décida que dès le lendemain l'équipage, nu-pieds et en chemise, se rendrait en deux fois, par moitié, à ce modeste sanctuaire, pour y accomplir ses dévotions. L'Amiral fut d'autant mieux porté à ne pas retarder cet acte pieux que la terre près de laquelle ils se trouvaient, semblait leur être hospitalière, puisque le capitaine de l'île, d'ailleurs officier d'un roi (1) en paix avec les rois de Castille, témoignait des meilleurs sentiments à leur égard.

L'Amiral pria donc les trois envoyés du capitaine que, de retour à la ville, ils voulussent bien faire chercher le prêtre qui avait la clef de l'ermitage, afin qu'il pût dire une messe pour l'équipage.

---

(1) **Le roi de Portugal.**

Tout ayant été convenu ainsi, le lendemain, la moitié des matelots, nu-pieds et en chemise, selon la formule du vœu qu'ils avaient fait, montèrent dans la chaloupe et gagnèrent le rivage, l'autre moitié attendant leur retour pour accomplir à leur tour le même pèlerinage. Mais à peine étaient-ils débarqués qu'un grand nombre de gens, commandés par le capitaine de l'île lui-même, débusquèrent sur eux, les firent prisonniers, et s'emparèrent de la chaloupe qui les avait amenés.

## XXXVIII

COMMENT L'AMIRAL EUT UNE NOUVELLE MÉSAVENTURE, ET ENFIN OBTINT QUE SES GENS FUSSENT REMIS EN LIBERTÉ ET QUE LA CHALOUPE LUI FUT RENDUE

L'Amiral voyant que la moitié de la journée s'était écoulée sans que ses gens, qui étaient partis au lever du soleil, fussent de retour, craignit qu'il ne fût arrivé quelque accident en mer ou sur terre. Comme du lieu où il se trouvait on n'apercevait pas l'ermitage, qui était derrière une pointe de l'île, il appareilla et s'avança le long de la côte, jusqu'à ce qu'il découvrit la petite église.

Arrivé là, il vit beaucoup d'hommes à cheval qui, mettant pied à terre, entrèrent en armes dans la chaloupe et voguèrent vers la caravelle avec l'évidente intention de l'assaillir. L'Amiral était toutefois incertain sur les projets des arrivants.

Voyant que ses gens prenaient leurs armes et se tenaient prêts à en faire usage, il leur commanda de s'abstenir de toute marque d'hostilité, afin que les Portugais s'avançassent sans aucune défiance.

Ceux-ci étant arrivés tout près de la caravelle, le capitaine de l'île, qui était dans la chaloupe, se leva et réclama de l'Amiral toute garantie personnelle. — L'Amiral pensait qu'il voulait monter à son bord, il l'assura qu'il y serait en complète sécurité, parlant ainsi d'ailleurs, afin de pouvoir au besoin agir avec lui, comme il semblait en avoir usé lui-même avec les marins de la caravelle. Mais le Portugais ne s'aventura pas plus près qu'à la portée de la voix. Alors l'Amiral lui dit qu'il s'étonnait de ne voir dans la chaloupe aucun des hommes qui s'en étaient servis pour aller à terre, ce qu'ils n'avaient fait cependant qu'après avoir obtenu du capitaine des assurances d'amitié et des offres de bons offices.

Il lui remontra qu'il semblait oublier envers eux les usages observés même entre peuples ennemis, et qu'il manquait ainsi aux lois de la chevalerie; que sans doute il n'agissait que contre le vœu du roi de Portugal, dont les sujets étaient toujours bien accueillis et bien traités sur les terres des rois de Castille; que d'ailleurs, à Lisbonne, on ne faisait pas autrement avec les étrangers. Il lui dit qu'il avait des lettres des rois catholiques le recommandant à tous les princes des pays où il lui arriverait d'aborder; et que si partout où il avait montré ces lettres, on lui avait fait bon accueil, à plus forte raison devait-il être en sûreté sur les terres appartenant à un roi qui était le voisin et l'ami de ses souverains. Il lui dit encore qu'il portait, lui, Colomb, le titre de grand amiral de l'Océan et de vice-roi de ces Indes qu'il venait de découvrir; il lui montra même les papiers signés des rois et scellés du sceau royal, qui lui conféraient ces hautes dignités. Il l'engagea à venir sans crainte sur son vaisseau, attendu que, la paix régnant entre le roi de Portugal et les rois de Castille, il avait ordre de ces derniers de traiter partout avec honneur et courtoisie les navires portugais qu'il rencontrerait.

L'Amiral ajouta que si, contre tous droits et coutumes, le capitaine s'obstinait à retenir ses gens, il n'en poursuivrait pas moins sa route vers la Castille, car il lui restait assez de monde pour le service du navire; et que quand il ferait connaître sa conduite aux rois catholiques, ceux-ci demanderaient au roi de Portugal de le punir sévèrement, et qu'au cas où cette satisfaction ne serait pas accordée, la guerre pourrait s'ensuivre entre les deux royaumes.

A toutes ces excellentes raisons, le capitaine répondit tout sèchement qu'il ne connaissait ici, et ne voulait connaître ni rois, ni reines de Castille, ni lettres signées par eux, qu'il ne s'effrayait d'aucune des menaces de l'Amiral, et qu'il lui apprendrait seulement à connaître ce qu'était le Portugal.

Croyant alors comprendre que depuis son départ il y avait eu rupture entre le Portugal et la Castille, l'Amiral répondit fièrement à ces paroles insolentes.

Le capitaine en s'éloignant lui intima l'ordre d'avoir à se rendre dans le port avec sa caravelle, en lui faisant remarquer que sa conduite lui était dictée par des lettres de son maître, le roi de Portugal.

En entendant cela, l'Amiral, irrité, prit tous les hommes de la caravelle à témoins de l'injure qui lui était faite, et rappelant le capitaine et ses gens, il leur dit qu'il jurait de ne pas descendre de sa caravelle avant de s'être emparé d'une centaine de Portugais, pour les emmener captifs en Castille, et avant d'avoir complètement ravagé et dépeuplé l'île.

Après quoi il alla se remettre à son premier mouillage où la grosse mer devait fatiguer moins le navire.

Le lendemain, le temps étant devenu encore plus mauvais, il dut se diriger vers l'île Saint-Michel, à l'abri de laquelle il pensait trouver plus de sûreté. Arrivé là, il se mit en panne pour laisser passer la tempête qui augmentait toujours, et qui l'inquiétait d'autant plus qu'il ne lui restait pour les manœuvres que trois matelots exercés et quelques novices (1); le reste du personnel de son navire se composant de gens de terre et des Indiens qui, cela va sans dire, n'avaient aucune habitude du service maritime. En payant de sa personne et en prodiguant les ordres, il s'efforçait de remplacer les absents, et, — non sans péril toutefois, — il réussit à passer heureusement la nuit; au lever du jour, il reconnut qu'il avait perdu de vue l'île Saint-Michel. Mais le temps s'étant un peu amélioré, il résolut de retourner à l'île Sainte-Marie, pour tâcher de recouvrer ses gens, la chaloupe, les ancres et les amarres qui y étaient restées. Il y arriva dans la soirée

(1) Nouvelle preuve que, au départ de l'île Espagnole, l'équipage de la *Niña* était fort réduit. (Voy. la note du ch. xxxiii.) Si, comme on a voulu le supposer, cette caravelle eût embarqué pour le retour cent quarante hommes, pendant que la moitié de l'équipage était allé au pèlerinage, il serait resté à bord soixante-dix hommes, parmi lesquels sans aucun doute plus de *trois matelots exercés*. La chaloupe d'ailleurs aurait-elle pu porter à terre soixante-dix hommes.

du jeudi, 21 février. Bientôt il vit venir la chaloupe dans laquelle étaient cinq matelots et un notaire, qui, ayant demandé et obtenu la garantie de leur sûreté personnelle, montèrent à bord de la caravelle, et comme il était tard, y passèrent la nuit. Le jour suivant, ils dirent qu'ils étaient envoyés par le capitaine de l'île pour savoir d'où venait le navire, et s'il naviguait avec une commission régulière des rois de Castille, ajoutant que lorsqu'ils seraient renseignés convenablement à ce sujet, ils rendraient les honneurs à l'Amiral.

Ce changement de conduite dérivait sans aucun doute de ce que le capitaine avait reconnu l'impossibilité de s'emparer de la personne de l'Amiral, et des réflexions qu'il avait pu faire sur l'éventualité des représailles que celui-ci l'avait menacé d'exercer contre lui.

Toutefois, l'Amiral dissimulant avec eux, se montra très sensible à leurs courtois procédés ; il leur dit que, puisqu'ils en usaient avec lui selon les coutumes maritimes, il était tout prêt à faire droit à leur demande. Il leur montra donc les lettres des rois catholiques le recommandant aux princes de tous les pays, ainsi que la commission en vertu de laquelle il avait entrepris son voyage de découvertes.

Ces papiers examinés, les Portugais s'en allèrent satisfaits, et bientôt après l'Amiral vit revenir au navire, la chaloupe montée par ses matelots, qui avaient entendu dire partout dans l'île que le roi de Portugal avait donné l'ordre à tous ses sujets de faire l'Amiral prisonnier où que ce fût et par tous les moyens possibles.

## XXXIX

**COMMENT L'AMIRAL QUITTA LES ILES AÇORES ET, PAR SUITE D'UNE TEMPÊTE, DUT PRENDRE TERRE A LISBONNE**

Le dimanche 24 février, l'Amiral quitta l'île Sainte-Marie pour se rendre en Castille sans avoir pu se fournir à terre du lest qui eût été nécessaire. Le vent soufflait dans la direction convenable, mais la mer était toujours très mauvaise. Quand il fut à environ cent lieues des Açores, une hirondelle vint se poser sur le navire, et les jours suivants il aperçut beaucoup de petits oiseaux sans doute chassés par la tempête qui régnait dans ces parages. Le 3 mars, la tourmente fut si forte que l'on dut carguer toutes les voiles, et que se croyant de nouveau sur le point de périr, l'Amiral et son équipage promirent que l'un d'entre eux irait, nu-pieds et en chemise, faire un pèlerinage à Notre-Dame de la Cinta, à Huelva, et le sort désigna encore l'Amiral pour cette dévotion, ce qui sembla démontrer que Dieu tenait ses hommages pour plus agréables que ceux de tous ces compagnons.

Chassé par un vent furieux, courant avec ses mâts nus, sans un pouce de toile, sur une mer terrible, au milieu des éclairs et des grondements de la foudre, le navire semblait voler à sa perte; mais Notre Seigneur permit que vers le milieu de la nuit la terre fût en vue : ce qui d'ailleurs ne faisait qu'ajouter un péril nouveau à ceux dont la caravelle était menacée, car pour manœuvrer de façon à ne pas aller se briser sur un rivage inconnu, il fut nécessaire de faire un peu de voile.

Enfin le jour parut et l'Amiral reconnut que cette terre n'était autre que la pointe de Cintra, sur les côtes du Portugal, près du fleuve de Lisbonne.

Force lui fut de chercher un refuge dans cette baie, où il n'entra pas sans causer un grand étonnement aux gens du pays qui accouraient en foule comme pour assister à un miracle, car ils ne pouvaient comprendre que ce frêle navire eût échappé à une aussi épouvantable tempête, alors que de toutes parts les nouvelles arrivaient que des quantités de vaisseaux avaient péri.

L'Amiral jeta l'ancre dans le fleuve de Lisbonne, le lundi 4 mars. Aussitôt il expédia un courrier aux rois catholiques pour leur annoncer son arrivée. En même temps, il écrivit au roi de Portugal une lettre disant que le lieu où il se trouvait ne semblant pas lui offrir une sécurité suffisante, il priait Sa Majesté de vouloir bien l'autoriser à entrer dans le port de la ville, afin que, sous le prétexte évidemment faux d'obéir aux ordres du roi, nul ne pût lui infliger aucune vexation.

## XL

COMMENT LES HABITANTS DE LISBONNE VINRENT EN GRAND NOMBRE VOIR L'AMIRAL, QUI LEUR SEMBLAIT UN ÊTRE EXTRAORDINAIRE ET COMMENT IL ALLA VISITER LE ROI DE PORTUGAL

Le mardi 5 mars, le patron du grand vaisseau qui était chargé par le roi de Portugal de garder le port, vint sur une chaloupe armée à la caravelle, pour sommer l'Amiral d'avoir à venir rendre compte de son arrivée aux officier royaux, ainsi que cela se pratique pour tous les navires qui abordent en ce lieu.

L'Amiral répondit que les amiraux des rois de Castille, — titre qui était le sien — n'étant tenus de rendre de tels comptes à qui que ce fût, et que n'ayant d'ordre à recevoir de personne, il ne saurait faire ce qui lui était demandé.

Le patron lui dit qu'il pourrait se faire remplacer par son maître d'équipage. L'Amiral répondit que ce serait même chose, et qu'à cette nouvelle demande il opposait un nouveau refus. Le patron voyant l'Amiral maintenir si hautement ses affirmations, lui remontra qu'il devrait au moins consentir à fournir la preuve des pouvoirs qu'il disait tenir des rois catholiques, afin qu'il pût, lui patron, en justifier auprès de son capitaine-major.

Cette demande lui ayant paru juste, l'Amiral montra les lettres des rois de Castille. Après les avoir vues, le patron alla en faire son rapport au capitaine, nommé

Alvaro d'Acugna, qui presque aussitôt vint à la caravelle avec des trompettes, des tambours et des cimbales, pour faire honneur à l'Amiral et pour lui rendre ses hommages.

Le jour suivant, le bruit s'étant répandu dans la ville que l'Amiral revenait de découvrir les Indes, un si grand nombre d'habitants vinrent pour voir les Indiens qui étaient à bord, et pour entendre parler de ces lointains et merveilleux pays, que la foule emplissait la caravelle.

La mer aux alentours était couverte d'embarcations amenant des curieux : les uns louaient Dieu d'avoir favorisé cette magnifique entreprise, les autres se dépitaient que leur roi eût laissé échapper l'occasion qui lui était offerte d'en avoir la gloire et les avantages. La journée entière se passa de la sorte. Le jour suivant, le roi écrivit aux officiers du port leur ordonnant de mettre à la disposition de l'Amiral tout ce dont il pourrait avoir besoin pour lui personnellement ainsi que pour ses gens. Il fit aussi remettre aux mains de l'Amiral une lettre par laquelle il l'assurait du plaisir qu'il éprouvait de son heureux retour, et le priait, puisqu'il se trouvait sur ses terres, de vouloir bien venir le visiter.

Tout d'abord l'Amiral ne laissa pas de concevoir quelque inquiétude de cette invitation, mais considérant qu'il y avait paix et amitié entre le roi de Portugal et les rois de Castille, puis aussi qu'il avait été l'objet d'attentions fort courtoises de la part du souverain, il se mit en marche vers le *Val du Paradis*, qui est à neuf lieues de Lisbonne, et où le roi faisait alors sa résidence.

Il y arriva le soir du samedi 9 mars. En apprenant sa venue, le roi commanda que les principaux de la cour allasent recevoir l'Amiral, et quand il se présenta devant lui, le souverain l'accueillit avec les plus grands témoignages d'honneur et de considération. Il lui commanda de se couvrir, le fit asseoir à son côté, et, après avoir écouté avec une évidente satisfaction le récit détaillé que l'Amiral lui fit de son voyage et de ses découvertes, il offrit de lui donner tout ce qui pourrait être utile au service de Leurs Majestés Castillanes, — non sans remarquer toutefois qu'il pourrait bien se faire qu'aux termes des traités conclus entre les rois catholiques et lui, ces nouveaux pays ne dussent lui appartenir (1).

L'Amiral répondit qu'il ignorait les conventions faites entre les deux royaumes, mais que les rois de Castille lui ayant ordonné de n'aller ni en Guinée, ni aux mines de Portugal, il avait fidèlement observé leur recommandation.

Le roi dit alors que tout était bien, et qu'il était convaincu qu'aucune médiation ne serait nécessaire entre Leurs Altesses et lui pour vider ce différend; sur quoi il commanda au Prieur de Crato, qui était le personnage le plus considérable présent à la cour en ce moment, d'avoir pour hôte l'Amiral, et de le traiter avec tous les honneurs qui lui étaient dus. Et il fut fait ainsi.

L'Amiral, après avoir passé là le dimanche et le lundi, alla prendre congé du roi qui lui donna encore

---

(1) Allusion à un traité intervenu, en 1479, entre les rois de Portugal et de Castille, pour régler les droits respectifs de possession des terres découvertes dans les eaux africaines par les explorateurs qu'y envoyaient les deux couronnes.

les plus hautes marques d'estime, lui fit les offres les plus gracieuses, et ordonna à don Martin de Noroña de l'accompagner. La plupart des personnages de marque qui étaient à la cour lui firent cortège, autant pour l'honorer que pour l'entendre leur parler de son voyage.

Chemin faisant, comme il passait près d'un monastère où la reine se trouvait, cette princesse le fit prier de vouloir bien venir la voir. Il y alla et reçut de la reine l'accueil qui est fait d'ordinaire aux plus grands personnages.

Un peu plus loin, il fut rejoint par un gentilhomme qui venait lui dire de la part du roi que s'il lui plaisait de se rendre par terre en Castille, les ordres seraient donnés pour qu'il fût convenablement accompagné, et pour qu'il ne manquât de rien tant qu'il se trouverait sur les terres portugaises. Mais l'Amiral déclina respectueusement cette offre, et retourna à son vaisseau.

## XLI

### COMMENT L'AMIRAL PARTIT DE LISBONNE POUR SE RENDRE PAR MER EN CASTILLE

Le mercredi 13 mars, à deux heures après le lever du soleil, l'Amiral mit à la voile pour aller à Séville et le *vendredi* (1) suivant, 15 mars, à midi, il entrait par la

(1) On a remarqué, par opposition aux idées superstitieuses que beau-

baie de Faltes dans le port de Palos d'où il était parti le 3 août de l'année précédente. Ce qui donne à son voyage une durée de sept mois moins onze jours.

Quand on sut qu'il arrivait, toute la population de la ville se porta processionnellement au-devant de lui faisant retentir les airs d'actions de grâces au Seigneur qui avait permis le succès de cette grande entreprise, dont il devait revenir tant de gloire à la religion chrétienne et aux royaumes de Castille. Tous, d'ailleurs, tenaient à grand honneur que l'Amiral fût parti de ce port pour aller à la découverte des nouvelles terres et que la plupart des hommes qui l'avaient suivi et secondé fussent nés dans leur pays, encore que, par les conseils de Pinzon, un certain nombre d'entre eux, se fussent rendus coupables de désobéissance et de perfidie.

Or, il advint que juste au moment où l'Amiral prenait terre à Palos, ce même Pinzon débarquait en Galice, et manifestait l'intention de se rendre à Barcelone où les rois se trouvaient alors, pour leur rendre compte du succès de l'entreprise. Les rois, instruits de son dessein, lui firent signifier qu'il eût à ne paraître devant eux qu'à la suite de l'Amiral dont il avait été le subordonné. Cet ordre lui causa tant de déboire et d'afflictions, qu'ayant en toute hâte gagné son pays (Palos), où il arriva gravement malade, il y mourut de chagrin quelques jours plus tard.

coup de gens attachent au vendredi, que les principales dates heureuses du premier voyage de Colomb échoient toutes un vendredi : Vendredi 3 août 1492, départ de Palos. Vendredi 12 octobre, découverte de San Salvador. Vendredi 4 janvier 1493, départ de l'île Espagnole. Vendredi 15 mars, rentrée à Palos.

L'Amiral, avant que Pinzon fût de retour à Palos, avait pris le chemin de Séville, pour se rendre auprès du roi à Barcelone. Il ne put avancer que lentement, obligé qu'il était de s'arrêter en chaque lieu, car de toutes parts les populations se pressaient sur son passage pour lui témoigner les plus vifs sentiments d'admiration ; pour voir les Indiens qu'il menait à sa suite et les choses qu'il rapportait.

Il ne put arriver à Barcelone qu'au milieu du mois d'avril.

Les rois, qui avaient reçu les lettres où il leur annonçait le succès de son entreprise, et qui en avaient éprouvé la plus grande joie, considérant les services considérables rendus par lui à leur couronne, ordonnèrent qu'il lui fût fait la plus magnifique réception

Toute la cour se porta donc au-devant de lui, et, pour le recevoir, les rois se placèrent avec grande solennité sur un trône que recouvrait un baldaquin brodé d'or.

Quand il s'avança pour leur baiser la main selon l'usage, ils se levèrent en son honneur et le firent asseoir auprès d'eux.

Après avoir entendu de sa bouche un récit sommaire de son voyage, il lui dirent d'aller se reposer dans le logement qu'ils lui avaient fait préparer, et où il fut d'ailleurs accompagné par tous ceux qui étaient allés le recevoir.

Et si grands furent les honneurs à lui rendus pendant son séjour à Barcelone que lorsque le roi allait à cheval dans les rues de la ville, l'Amiral marchait à son côté, se trouvant ainsi égal à l'infant qui chevauchait de l'autre, — distinction qui jusqu'alors n'avait été décernée qu'au premier prince du sang royal.

## XLII

COMMENT IL FUT DÉCIDÉ QUE L'AMIRAL RETOURNERAIT AVEC UNE FLOTTE IMPORTANTE A L'ILE ESPAGNOLE POUR LA PEUPLER, ET COMMENT LE PAPE APPROUVA LA PRISE DE POSSESSION DU PAYS NOUVELLEMENT DÉCOUVERT

A la cour de Barcelone il fut aussitôt décidé que l'Amiral retournerait à l'île Espagnole, autant pour porter du secours aux hommes qu'il y avait laissés, que pour faire la conquête définitive de cette terre et des autres qu'il avait découvertes, ou qu'il pourrait encore découvrir.

En conséquence de ce projet, les rois catholiques, par le conseil de l'Amiral, pensèrent à obtenir du souverain pontife l'investiture pour la possession des Indes.

Le pape, Alexandre VI, qui occupait alors le saint-siège, consentit très gracieusement à leur demande, leur concéda, non seulement les terres déjà trouvées, mais encore toutes celles qu'on trouverait à l'occident, jusqu'au point de rencontrer des possessions orientales d'un autre prince chrétien, sur lesquelles l'Amiral devrait s'interdire de pénétrer (1).

Les rois catholiques, considérant qu'ils devaient ou allaient devoir à l'Amiral les avantages de cette con-

(1) On voit ici persister l'idée que les terres découvertes par l'Amiral peuvent confiner immédiatement au continent asiatique.

cession et que, par le nouveau voyage qu'il était sur le point d'entreprendre, il allait accroître considérablement leur domaine, décidèrent de lui délivrer d'autres lettres où les titres, privilèges et bénéfices qui lui avaient été primitivement conférés, seraient confirmés et accrus, en cela que la survivance de ces titres, privilèges et bénéfices devait après lui passer à ses enfants ; qu'il aurait pouvoir de déléguer à qui bon lui semblerait tout ou partie de l'exercice de ses hautes fonctions, et que sommation expresse serait faite à tous les officiers et sujets des rois catholiques d'avoir à n'apporter aucun empêchement à l'exécution des mesures prescrites à l'égard de l'Amiral, sous peine d'amende et de disgrâce (1)...

## XLIII

### COMMENT L'AMIRAL ALLA DE BARCELONE A SÉVILLE, ET DE SÉVILLE PARTIT POUR RETOURNER A L'ILE ESPAGNOLE

L'amiral partit de Barcelone au mois de juin pour se rendre à Séville où, dès son arrivée, il s'occupa de se faire délivrer par les officiers royaux tout le matériel que les rois avaient résolu de lui accorder pour sa nouvelle expédition. En peu de temps dix sept navires, tant grands que petits, furent armés, chargés

(1) Nous avons cru pouvoir supprimer le texte fort étendu de ces lettres de confirmation ou d'amplification des privilèges accordés à l'Amiral, qui ne mentionnent d'ailleurs d'autres clauses que celles que nous connaissons déjà.

de vivres, et de tous les objets ou instruments qui pouvaient être nécessaires pour la colonisation. On engagea non seulement des artisans de diverses industries, mais aussi des agriculteurs pour mettre les terres en rapport. D'ailleurs l'appétit de l'or s'était emparé de tant de gens, même des plus hautes conditions, que l'on dut refuser d'admettre beaucoup de ceux qui venaient en foule demander à faire partie du voyage. Et toutefois le nombre des personnes admises s'éleva-t-il à plus de quinze cents de toutes les classes et de tous les âges.

L'on embarqua aussi une certaine quantité de chevaux et divers autres animaux, qui d'ailleurs furent ensuite d'une grande utilité.

Le mercredi, 25 septembre de l'année 1493, une heure avant le lever du soleil, mon frère et moi assistant à son départ (1), l'Amiral leva l'ancre; et sortant du canal de Cadix, où s'était effectué l'armement de la flotte, il fit voile pour les Canaries, où il pensait prendre de nouvelles provisions.

Le mercredi 11 octobre, il arriva devant la Grande-Canarie, puis après un court relâche, il remit à la voile pour atteindre l'île de Gomerre; où il arriva le samedi 15, et se hâta de ravitailler ses vaisseaux de tout ce qui leur étant nécessaire, pouvait être trouvé dans le pays.

(1) Les deux enfants furent peu après admis comme pages à la cour de Castille. (Voy. ch. LIX.)

## XLIV

### COMMENT L'AMIRAL, APRÈS AVOIR TRAVERSÉ L'OCÉAN, DÉCOUVRIT L'ILE DES CARAÏBES

Le lundi 17 octobre, l'Amiral continua sa route vers les Indes. Il avait, au préalable, remis au capitaine de chaque navire un pli fermé et cacheté avec ordre de ne l'ouvrir qu'au cas ou par suite de mauvais temps il se trouverait séparé du vaisseau amiral. Cet écrit ne contenait rien de plus que l'indication du chemin à suivre pour gagner le port de la *Nativité*, indication que toutefois, il ne voulait faire connaître au juste à ses lieutenants que si la chose devenait indispensable.

Les vents étant propices et la mer bonne, le jeudi 24 octobre, ayant déjà fait près de quatre cents lieues à l'occident de Gomerre, il remarqua qu'il ne trouvait sur sa route aucune des herbes qui s'y étaient montrées au premier voyage. Le même jour et le jour suivant, une hirondelle de mer vint voltiger autour des vaisseaux, en causant à tous la plus agréable surprise.

Dans la nuit du samedi, par une grande pluie et au milieu des éclats du tonnerre, l'on vit le *corps de Saint Elme* (1), formant sept flammes au sommet du mât, c'est-à-dire ces lueurs particulières que les marins affirment être le corps ou plutôt l'âme de ce saint, et

---

(1) Le *feu de Saint-Elme*, phénomène électrique sur le compte duquel les marins de l'âge moderne ont fait mainte légende, était connu des anciens qui voulaient y voir l'esprit de *Castor* et *Pollux*.

à la vue desquelles ils se mirent à réciter des litanies et chanter des cantiques d'actions de grâces, ayant pour certain que lorsque cette apparition a lieu, elle est un préservatif de tout danger... ·

Pendant la nuit du samedi 2 novembre, l'Amiral, comprenant à l'état des vents, et au mouvement des nuages que l'on devait être dans le voisinage d'une terre, fit carguer la plus grande partie des voiles et ordonna que chacun fît bonne garde. Ses prévisions étaient justes, car aux premières lueurs de l'aube, l'on vit apparaître, à quelques sept lieues à l'ouest de la flotte, une île haute et montagneuse à laquelle l'Amiral, parce qu'il l'avait découverte le dimanche donna le nom de *Dominique* (1). Bientôt après, il vit une autre île au nord-est de la première, puis deux autres plus au nord.

L'Amiral, pour rendre grâce à Dieu, rassembla ses gens à la poupe du navire, et entonna le *Salve*, auquel tous les assistants répondirent avec la plus grande ferveur. A bon droit devaient-il remercier le Seigneur, qui, après vingt jours de navigation seulement, depuis le départ de Gomerre, les avait conduits à cette île, après leur avoir fait franchir sans mésaventure aucune sept cent cinquante ou huit cents lieues de mer.

Or, comme sur les côtes de la *Dominique* l'Amiral ne trouva pas un mouillage convenable, il poussa jusqu'à une autre île qu'il appela *Marie-Galante* (2), du nom de son navire; puis, étant descendu sur le rivage, il prit possession de cette terre, au nom des rois catholiques, avec les mêmes formules solennelles qu'il avait employées à son premier voyage.

(1) A conservé son nom.
(2) A conservé son nom.

## XLV

### COMMENT L'AMIRAL DÉCOUVRIT L'ILE DE LA GUADELOUPE ET CE QU'IL Y VIT

Le lundi 4 novembre, l'Amiral étant parti de Marie-Galante, cingla vers une des grandes îles qu'il apercevait au nord-ouest, et qu'il baptisa Sainte-Marie-de-Guadeloupe (1), pour tenir la promesse qu'il avait faite à des moines d'Espagne, qui lui avaient demandé de donner le nom de leur monastère à l'une des îles qu'il découvrirait.

D'une distance de trois lieues en mer, on apercevait sur cette île un pic très élevée, du haut duquel jaillissait une source dont le jet avait au moins la grosseur d'une tonne et tombait avec un tel fracas que le bruit en venait jusqu'au navire. Quelques-uns affirmaient cependant que c'étaient des roches blanches, car l'eau, en formant des cascades écumeuses, imitait de loin l'aspect des rochers accidentés.

Les navires ayant jeté l'ancre, les Espagnols allèrent avec les chaloupes reconnaître certaine bourgade qu'on apercevait sur le rivage. Ils n'y virent personne, tous les habitants ayant fui vers les montagnes à leur approche. Dans une des cabanes cependant était resté un enfant, au bras duquel ils attachèrent des bracelets de verre, afin qu'au retour les parents fussent rassurés sur les intentions des étrangers. Ils trouvèrent

(1) On dit simplement aujourd'hui la *Guadeloupe*.

là beaucoup d'oies semblables aux nôtres; des perroquets au plumage mêlé de vert, de blanc, de bleu, de rouge, et gros comme des coqs ordinaires; des citrouilles, et certains fruits ressemblant à des pommes de pins vertes, mais de plus grande dimension et pleins d'une pulpe du goût le plus délicat et de l'odeur la plus suave. Ces fruits (1) naissent sur des plantes qui ont le port du lis ou plutôt de l'aloès. Ils trouvèrent encore autour de la bourgade maintes autres végétaux différents de ceux de nos pays, et à l'intérieur des lits en filets de coton, des arcs, des flèches et autres objets.

L'ordre de l'Amiral fut qu'on ne prît rien de tout cela, pour ne donner aux Indiens aucune raison de redouter les chrétiens.

Ayant poussé loin dans les terres, sans voir aucun habitant, les Espagnols revinrent aux navires.

Le lendemain, l'Amiral envoya de nouveau les chaloupes, pour tâcher d'obtenir des naturels des renseignements sur l'état du pays, ainsi que sur la situation et la distance de l'île Espagnole. Les chaloupes revinrent ramenant un jeune homme qui dit n'être pas né dans cette île, mais dans une autre nommée *Borigen* (2), où il avait été fait prisonnier par les habitants de la Guadeloupe appelés *Caraïbes*. Les embarcations, étant retournées à terre pour recueillir quelques matelots qu'elles y avaient laissés, les trouvèrent avec six femmes qui étaient venues vers eux en s'échappant des mains des Caraïbes, et qui ne demandaient qu'à se rendre aux navires.

(1. Des *ananas*.
(2) Aujourd'hui l'île de *Porto-Rico*.

L'Amiral, qui tenait à gagner la confiance des habitants de l'île, donna quelques menus objets de verroterie à ce jeune homme et à ces femmes, puis il les fit, — mais contre leur gré, — reconduire à terre. Ce bon procédé n'obtint pas le résultat attendu, car à peine les chrétiens furent-ils remontés dans leurs bateaux, qu'ils virent les Caraïbes s'emparer brutalement des présents de l'Amiral.

Telle était d'ailleurs la crainte inspirée à leurs captifs par les Caraïbes, que le lendemain, quand les embarcations allèrent au rivage, pour faire de l'eau et du bois, les mêmes femmes vinrent supplier qu'on les conduisît aux navires, indiquant par signes que les gens de l'île ne les retenaient en esclavage que pour le manger. Touchés de compassion, les matelots les emmenèrent, ainsi que deux enfants et un jeune homme qui venait de s'échapper. Les femmes faisaient entendre qu'elles préféraient se confier à des étrangers, quels qu'ils pussent être, que de rester au milieu de ces barbares qui avaient dévoré leurs maris et leurs enfants.

On apprit de l'une d'elles, qui savait mieux se faire comprendre, que du côté du midi, se trouvaient beaucoup d'îles, les unes désertes, les autres habitées, appelée *Giarancaque*, *Cairoaco*, *Huino*, etc. Quant à la grande terre, qui était l'île Espagnole, elle lui donnait le nom de Zuanie. Elle raconta qu'il était venu naguère des gens de cette île pour trafiquer avec ceux de son pays; elle dit encore qu'en ce moment le roi de l'île, dont elle était esclave avec les autres femmes, était parti avec des canots contenant trois cents hommes, pour aller dans les îles voisines prendre des gens destinés à leur nourriture.

Ces mêmes femmes renseignèrent en outre l'Amiral sur la situation géographique de l'île Espagnole, car bien qu'il lui eût assigné sa place sur ses cartes marines, il n'était pas fâché de prendre à ce sujet l'avis des gens du pays.

Sans doute, il aurait aussitôt fait route pour cette île; mais l'un de ses capitaines, nommé Marco, était descendu à terre dans la journée avec huit hommes sans y être autorisé par lui, et, le soir venu, il n'avait pas encore reparu. Il dut envoyer à sa recherche, mais, par le fait de l'épaisseur des bois qui couvraient l'île, il fut impossible d'avoir aucune nouvelle des absents.

Ne voulant ni abandonner aucun des siens, ni laisser en arrière un de ses navires, qui risquerait de ne pouvoir ensuite rejoindre les autres, l'Amiral résolut de rester encore un jour au mouillage devant l'île.

Pendant toute la journée du lendemain, des matelots explorèrent le pays, en tirant de temps en temps quelques coups d'arquebuse comme signal, mais ils durent le soir retourner aux navires sans avoir retrouvé leurs camarades. L'Amiral qui s'était longtemps attardé, et qui pouvait arguer que ses hommes s'étaient perdus par infraction à la discipline, fit mine de mettre à la voile, mais cédant aux prières des uns et des autres, il consentit à différer encore son départ, ordonnant que le temps fût employé à *faire* de l'eau, du bois, et à laver le linge et les hardes des équipages.

Il envoya à terre le capitaine Ogieda conduisant quarante hommes, qui avaient ordre non seulement de rechercher les matelots égarés, mais encore d'explorer avec attention le pays, en en remarquant les productions. Ils trouvèrent des arbres à mastic, des aloès, du sandal, de l'encens et certains végétaux qui semblaient être des arbres à cannelle, puis des cotonniers. Ils remarquèrent aussi des tourterelles, des perdrix, des oies, des rossignols et maints oiseaux du genre des nôtres. Ils dirent que pour faire environ six lieues dans l'île, ils avaient dû franchir vingt-six cours d'eau, dont quelques-uns en se mouillant jusqu'aux aisselles. Je serais tenté de croire que, vu la nature fort accidentée du sol, ils traversèrent plusieurs fois la même rivière.

Or, pendant que cette petite expédition, ainsi que d'autres troupes, s'évertuaient en vain à la recherche des absents, ceux-ci revenaient d'eux-mêmes aux vaisseaux le vendredi 8 novembre, alléguant pour toute raison que l'épaisseur des fourrés les avait mis dans l'impossibilité de retrouver leur chemin.

L'Amiral, pour faire un exemple, ordonna que l'on mît le capitaine aux fers, et que les hommes fussent privés d'une part de leur ration ordinaire.

Sur ces entrefaites, l'Amiral étant descendu lui-même à terre et au cours d'une exploration qu'il fit à une certaine distance du rivage, il aperçut quelques cabines dans lesquelles il trouva ce qu'on avait trouvé dans les premières; notamment du coton en bourre et filé, et quelques tissus, mais en outre des têtes d'hommes pendues çà et là ainsi que des tas d'ossements humains! Ces cabanes, d'ailleurs, l'emportaient sur toutes celles que jusqu'alors il avait vues chez les Indiens par l'ingéniosité de la disposition et de l'aménagement.

## XLVI

### COMMENT L'AMIRAL QUITTA LA GUADELOUPE ET TROUVA SUR SA ROUTE UN GRAND NOMBRE D'AUTRES ILES

Le dimanche 10 novembre, l'Amiral fit lever les ancres, et la flotte prit le large se dirigeant vers l'île Espagnole.

A une première île qu'il rencontra il donna le nom de *Monserrat* (1), à cause de l'altitude et de l'escarpement des montagnes qui s'y trouvent, mais il n'y débarqua point, parce que les Indiens qu'il menait avec lui dirent qu'elle était complètement déserte, les Caraïbes en ayant mangé tous les habitants. Puis il en aperçut une autre que les Indiens nommaient Ocamaniro, mais qu'il nomma *Sainte-Marie-la-Ronde*, parce qu'elle avait une forme si ronde, et si unie qu'il semblait qu'on ne pût y aborder qu'à l'aide d'une échelle.

Il découvrit une troisième, qui pouvait avoir dix-huit lieues de côtes, les Indiens la nommaient Jamaïque (2); il la baptisa *Sainte-Marie-d'Antigue*.

A partir de là, en suivant sa route au nord-ouest, il trouva beaucoup d'autres îles toutes assez élevées, et et toutes couvertes d'une puissante végétation. La

---

(1) Par analogie avec le *Montserrat* d'Espagne, montagne dont les pics très escarpés paraissent dentelés comme une scie. Cette île a gardé son nom.

(2) Il ne s'agit pas ici de la grande île de *Jamaïque*, qui est à l'ouest de Saint-Domingue, et qui ne devait être découverte que quelques mois plus tard. On la nomme aujourd'hui, de la dernière partie du nom que lui donna Colomb : *Antigoa*.

flotte s'arrêta en vue d'une de ces dernières que l'Amiral mit sous le vocable de *Saint-Martin* (1).

Au mouillage, l'on remarqua que les ancres, quand on les relevait, rapportaient du fond de l'eau des branches de magnifique corail; ce qui donnait à penser qu'on ferait à terre d'autres trouvailles intéressantes, mais il tardait à l'Amiral de connaître le sort des hommes qu'il avait laissés à l'île Espagnole à son premier voyage, et il ne jugea pas devoir s'arrêter davantage.

Le mauvais temps l'y contraignit cependant. Le jeudi 14 novembre, il fit relâche dans une île dont il ordonna d'aller prendre quelques-uns des habitants, pour avoir par eux des renseignements sur les parages où l'on se trouvait. Le bateau qu'il avait envoyé ramenait aux navires quatre femmes et trois enfants, quand il rencontra en mer un canot dans lequel se trouvaient quatre hommes et une femme. Les Indiens, voyant que les Espagnols voguaient vers eux et comprenant qu'ils allaient les atteindre se préparèrent aussitôt à leur opposer de la résistance. Tout en s'efforçant de s'éloigner, ils décochèrent des flèches dont furent blessés deux des Espagnols; ceux-ci, alors, fondant sur les Indiens, les attaquèrent si vivement que leur canot chavira. On les prit pendant qu'ils nageaient encore que l'un d'entre eux, en se soutenant sur l'eau, ne laissait pas d'envoyer des traits avec autant d'adresse que s'il eût été sur terre.

On reconnut que ces gens n'étaient autres que des captifs que les Caraïbes engraissaient pour les manger, et qui étaient parvenus à s'échapper, — ce qui explique

---

(1) A cause du saint dont c'était la fête le jour de la découverte. Elle a gardé son nom.

qu'ils se fussent si énergiquement défendus, dans leur crainte de tomber aux mains d'hommes aussi cruels que ceux dont ils avaient trompé la vigilance.

L'Amiral, poursuivant sa route au nord-ouest, trouva des îles en si grand nombre, qu'après avoir donné à la plus grande le nom de Sainte-Ursule, il appela l'ensemble du groupe les *Onze-mille-Vierges* (1).

Il toucha ensuite à l'île que les Indiens appelaient *Boreguen* et qu'il nomma *Saint-Jean-Baptiste* (2). La flotte ensuite relâcha dans un canal où l'on prit beaucoup de poissons de genres analogues à ceux de nos mers, où l'on vit des faucons, et où l'on trouva de la vigne sauvage.

Les chrétiens étant descendus sur une terre qui était au levant de ce canal, y virent des cabanes fort bien installés. Elles étaient faites de grands roseaux entrecroisés avec des toits brodés de verdure, comme on en voit aux alentours de Valence, et au-dessus desquels se trouvaient, du côté de la mer, des terrasses en balcons pouvant recevoir dix ou douze personnes.

## XLVII

#### COMMENT L'AMIRAL, EN ARRIVANT A L'ILE ESPAGNOLE, Y APPRIT LA MORT DE SES ANCIENS COMPAGNONS

Enfin, le vendredi 22 novembre, l'Amiral aborda par la côte septentrionale l'île Espagnole, d'où il dépêcha

---

(1) On nomme encore aujourd'hui cet archipel : *les Iles Vierges*.
(2) *Porto-Rico*.

aussitôt vers Samana un des Indiens qu'il avait emmenés et qui, originaire de ce pays et déjà converti à notre sainte foi, s'était offert de persuader à ses compatriotes qu'ils devaient vivre en paix avec les chrétiens et les servir fidèlement.

La flotte se dirigea ensuite vers la ville de la Nativité.

A la hauteur d'un cap que l'Amiral avait, à son premier voyage, nommé *des Anges*, des Indiens vinrent aux navires pour y proposer des échanges. Un peu plus loin l'on toucha au port du Mont-du-Christ, où les chaloupes prirent terre. Les hommes qui avaient débarqué, trouvèrent les restes de deux hommes morts, un jeune et un vieux, ce dernier portant au cou une corde de *sparte* (herbe particulière au pays), qui avait certainement servi à l'étrangler, tandis qu'il avait été lié par les mains, les bras étendus sur un bois en forme de croix.

Il fut impossible de reconnaître si c'étaient là des corps d'Indiens ou de chrétiens, mais on en tira de funestes présages.

Le jour suivant, 26 novembre, l'Amiral envoya explorer le pays : les Indiens vinrent s'entretenir très amicalement, très familièrement avec les chrétiens. On remarqua même qu'ils connaissaient les noms espagnols des principaux objets de vêtements, ce qui parut chasser de l'esprit de l'Amiral le soupçon qu'il avait d'abord conçu, car il se disait que s'ils eussent eu à se reprocher des torts envers les Espagnols, ces Indiens ne fussent pas venus aux navires avec tant de sécurité, et en manifestant de tels sentiments d'amitié.

Quand, vers le milieu de la nuit suivante la flotte se trouva devant le port de la forteresse de la *Nativité*, il vint un canot dont les gens demandèrent à parler à l'Amiral. On leur répondit qu'il était à l'intérieur du navire, et on les engagea à y monter. Mais ils dirent qu'ils n'en feraient rien tant qu'ils n'auraient pas acquis de leurs yeux la preuve de sa présence. Il fut donc obligé de se montrer à eux. Alors deux des Indiens montèrent, et offrirent à l'Amiral de la part du roi ou cacique, Guacanagari, qui sollicitait la bienveillance du chef des chrétiens, deux de ces masques garnis d'or dont nous avons parlé lors du premier voyage.

L'Amiral demanda ce qu'étaient devenus les hommes qu'il avait laissés à la Nativité. Les Indiens répondirent que quelques-uns d'entre eux étaient morts de maladies, que les autres avaient quitté le pays, et que tous d'ailleurs avaient quatre ou cinq femmes.

Quoique l'Amiral comprit qu'en réalité cela signifiait que tous ses anciens compagnons étaient morts, il crut bon de ne laisser rien voir de cette triste certitude, et il chargea les Indiens de remettre divers présents de sa part au cacique.

## XLVIII

COMMENT L'AMIRAL TROUVA INCENDIÉE LA VILLE DE LA NATIVITÉ, DONT IL NE REVIT AUCUN DES HABITANTS ET COMMENT IL S'ENTRETINT AVEC LE ROI GUACANAGARI

Le jeudi 28 novembre, vers le soir, l'Amiral entra avec sa flotte dans le port de la Nativité. Il trouva l'établissement anéanti par le feu, et ne vit âme qui vive aux environs. Navré du spectacle qui s'offrait à ses yeux, l'Amiral descendit à terre le lendemain pour mieux examiner le désastre qui était complet, car, non seulement les maisons, la forteresse avaient été brûlées, mais encore les débris en avaient été dispersés.

Ne trouvant personne qui pût le renseigner sur les événements qui s'étaient accomplis en son absence, il ordonna que, pendant qu'il irait à la découverte en remontant avec une chaloupe le cours d'un fleuve du voisinage, on fît des fouilles dans le puits de la forteresse, car il avait été convenu qu'en cas de surprise les gens de la garnison y jetterait tous leurs objets précieux. Mais ces fouilles n'amenèrent aucun résultat; et l'Amiral revint sans avoir pu communiquer avec aucun Indien, tous, à son approche, s'étant sauvés aux profondeurs des forêts.

En continuant les recherches on découvrit cependant huit corps d'hommes d'une part, et trois de l'autre, dont la mort semblait remonter à plus d'un mois, les vêtements seuls les leur firent reconnaître comme étant des cadavres de chrétiens.

Sur ces entrefaites, il vint aux navires un frère du cacique Guacanagari, accompagné de quelques Indiens qui savaient quelques mots d'espagnol, et qui notamment nommaient par leurs noms chacun des chrétiens qui étaient restés dans leurs pays. Interrogés sur ce qui s'était passé, ils dirent que presque aussitôt après le départ de l'Amiral, la discorde s'était mise parmi les gens de la garnison par suite de l'avidité avec laquelle chacun d'eux cherchait à s'emparer de l'or et des femmes des Indiens. Un jour Pierre Guttiere et Scobedo tuèrent un certain Jacques, puis emmenant leurs femmes s'en allèrent avec neuf autres chez un cacique nommé Caunabo, qui régnait sur la région des mines d'or. Celui-ci les ayant tués, vint ensuite à la Nativité où ne restait plus que Diègue d'Arana, avec dix personnes qui gardaient la forteresse, pendant que tous les autres s'étaient dispersés dans les pays environnants.

Caunabo, arrivant de nuit à la Nativité, mit le feu aux maisons que les Espagnols habitaient avec leurs femmes. Saisis d'épouvante, les chrétiens avaient fui du côté de la mer, où huit d'entre eux s'étaient noyés, et trois autres avaient été tués sur terre. Ainsi s'expliquaient les deux groupes de cadavres qu'on avait trouvés, huit d'ici et trois de là.

Le cacique Guacanagari, qui était venu et avait combattu contre Caunabo pour défendre les chrétiens, avait été blessé et obligé de se retirer.

Cette relation s'accordait avec celle de quelques hommes des équipages qui, revenant du pays du cacique Guacanagari, où l'Amiral les avait envoyés pour avoir des nouvelles, rapportèrent que le cacique était en effet malade d'une grave blessure, par suite de laquelle il n'avait pu venir visiter l'Amiral. Ce chef, empêché de quitter sa maison, faisait d'ailleurs prier l'Amiral de vouloir bien se rendre auprès de lui, pour qu'il pût l'entretenir de tout ce qui s'était passé.

L'Amiral alla dès le lendemain visiter le cacique qui avec de grandes manifestations de chagrin, lui fit de nouveau un récit des événements conforme à celui qu'il avait déjà entendu ; il lui montra d'ailleurs plusieurs de ses gens qui, dans le combat, avaient reçu des blessures, dont l'examen prouvait bien qu'elles

9

avaient été faites non par les armes des chrétiens, mais par des flèches et des javelots indiens garnis d'os de poissons, ce qui prouvait la part qu'ils avaient prise à la défense des Espagnols. Guacanagari offrit ensuite à l'Amiral huit ceintures ornées de petites pierres blanches, vertes et rouges, une autre garnie d'or, puis une couronne royale du même métal, et trois petites corbeilles pleines de grains d'or, pouvant peser en total quatre marcs. En échange, l'Amiral lui donna diverses bagatelles qui ne valaient certes pas trois réaux, mais que le cacique estima plus que si elles en eussent valu mille.

Bien que se disant gravement malade, le cacique ne voulut pas moins aller visiter la flotte où les honneurs lui furent rendus, et où il s'extasia surtout à la vue des chevaux, dont il disait que les Espagnols de la Nativité lui avaient beaucoup parlé. Il ajouta que quelques-uns des défunts l'ayant entretenu de notre foi d'une manière assez vague et fort défavorable, il désirait que l'Amiral l'en instruisît d'une manière certaine : et tout d'abord même il accepta de porter au cou une médaille d'argent de la Sainte Vierge, qu'il avait refusée quand on la lui avait offerte une première fois.

## XLIX

COMMENT L'AMIRAL, ABANDONNANT LA VILLE RUINÉE DE LA NATIVITÉ, EN ALLA FONDER UNE AUTRE, A LAQUELLE IL DONNA LE NOM D'ISABELLE

Etant donné que sur l'eau comme sur la terre, il n'avait éprouvé que des mécomptes et des disgrâces sur ce point de l'île Espagnole, où d'abord un de ses vaisseaux s'était perdu, et où ensuite ses gens avaient été massacrés, l'Amiral, qui savait que sans s'éloigner beaucoup il pourrait trouver une localité plus convenable à la fondation d'un établissement, fit mettre à la voile, le 7 décembre; et la flotte, longeant la côte orientale, alla dès le même soir jeter l'ancre à peu de distance du mont du Christ. Le lendemain, toujours en restant en vue de cette montagne, l'on poussa jusqu'à un groupe de sept petites îles basses, qui bien que n'ayant pas de très grands arbres, ne laissaient pas cependant de sembler charmantes, puisque, en plein hiver, on y trouva des fleurs, des nids d'oiseaux, les uns avec des œufs, les autres avec des petits, et tout ce qui caractérise la saison d'été.

L'Amiral, décidé à créer là une nouvelle ville, fit opérer le débarquement général, non seulement de tout le personnel des navires, mais encore des vivres et des outils dont on s'était nanti au départ pour les travaux d'établissement. Etant monté sur une sorte de plate-forme, que dominait une roche escarpée propice à recevoir une forteresse, il déclara en prendre possession pour y construire la future ville qui, du nom de la reine de Castille, s'appellerait *Isabelle*.

La situation fut, de l'avis de tous, jugée excellente, et des plus convenables, car outre qu'au pied du rocher s'ouvrait un port très spacieux, à trois portées d'arbalète de là, coulait un très beau fleuve, qui permettrait d'amener par des canaux des eaux très abondantes au cœur même de la ville. Puis encore, au dire des Indiens, les mines d'or n'étaient qu'à peu de distance de de la plaine où la cité allait être édifiée.

On se mit donc à l'œuvre, l'Amiral se multipliait pour imprimer à tous une bonne direction, donnant à chaque instant et partout à la fois en quelque sorte l'exemple de l'activité. Tant même, se surmena-t-il en cette circonstance, que, l'excès de travail s'ajoutant aux longues fatigues qu'il avait éprouvées pendant la traversée, il tomba sérieusement malade,—ce qui fut cause que du 11 décembre 1593 au 12 mars 1594, il ne put, comme il l'avait fait jusqu'alors, enregistrer jour par jour les choses qui advinrent. Il y a donc une lacune dans son journal.

Nous savons toutefois qu'après avoir donné ordre aux premiers travaux d'établissement de la ville nouvelle, au mois de janvier, il envoya quinze hommes sous la direction d'Alphonse d'Ogieda, pour aller à la recherche des mines de Cibao (1), et que le 2 février, douze des navires de la flotte repartirent pour la Castille, commandés par Antoine de Torres, frère de la nourrice de l'infant don Juan, homme de grande valeur et

---

(1) Région centrale et montagneuse de l'île.

dignité, que les rois de Castille tenaient en très haute considération. Ce capitaine emportait des lettres où l'Amiral rendait compte à Leurs Altesses de ce qui avait été fait, leur exposait l'état de la conquête et les mesures qu'il semblait convenable de prendre par la suite.

Ogieda revint disant qu'à quelque distance d'Isabelle, ses hommes et lui avaient trouvé un cacique dont ils avaient reçu le plus courtois accueil, et que, à dix jours de marche au delà, il avait atteint la région des mines, où les Indiens étaient allés aussitôt en leur présence ramasser des quantités de grains d'or dans le lit d'une rivière; sur plusieurs autres points, la même trouvaille s'était répétée, et, en somme, ils avaient pu constater que l'or abondait en réalité dans cette région.

Ravi de cette nouvelle, l'Amiral, qui était convalescent, résolut d'aller lui-même en exploration dans le pays, pour voir de ces yeux l'état des choses et savoir ce qu'il conviendrait de faire.

Il partit d'Isabelle, le mercredi 12 mars, se dirigeant vers Cibao, accompagné du plus grand nombre de ses hommes, les uns à pied, les autres à cheval. Il laissait sous bonne garde toutefois les deux vaisseaux et les trois caravelles qui lui restaient de la flotte, ayant eu soin de faire réunir à bord du vaisseau amiral toutes les armes et munitions, afin d'ôter à ceux qui restaient les moyens de rebellion. Et s'il faisait ainsi, c'est que pendant sa maladie, on avait pu craindre quelque chose de semblable, par le fait d'un certain nombre de gens qui ne s'étaient associés au voyage que dans l'espoir de se charger, dès leur arrivée à terre, d'une quantité d'or, avec laquelle ils seraient aussitôt retournés dans leur pays. Or, comme en abordant il leur avait été démontré que, même dans ce pays, on ne pouvait acquérir l'or ni sans recherches ni sans peine, qu'il y fallait, au contraire, du temps et de l'industrie; comme, en outre, après les fatigues et les privations obligées du voyage, on leur avait demandé de travailler à l'édification de la ville, dans une contrée dont le climat causait à plusieurs des indispositions, ils avaient décidé de refuser l'obéissance à l'Amiral, de s'emparer par force des navires qui restaient et de s'en servir pour retourner en Castille.

Ce complot avait pour principal instigateur un capitaine de justice de la cour, appelé Bernard de Pise, qui avait reçu pour le voyage le titre et les fonctions de contrôleur royal. Quand l'Amiral fut instruit des menées de cet homme, il se borna à ordonner son emprisonnement jusqu'à ce qu'il pût le faire conduire en Espagne, où son procès lui serait fait pour cause d'insubordination.

Ayant mis ordre à tout, aussi bien dans la ville que sur la flotte, dont il confia le commandement à son frère Diègue Colon, l'Amiral se dirigea vers Cibao, ayant eu soin de prendre avec lui tout ce qui devait servir à établir, dans le pays des mines, un château fort où les chrétiens occupés à recueillir l'or pourraient déposer en lieu sûr le fruit de leur travail, et qui les mettrait en état de repousser les attaques des Indiens, s'il arrivait que ceux-ci les voulussent inquiéter.

D'ailleurs, afin d'inspirer toute la crainte possible aux naturels du pays, et pour leur donner une idée importante de la force des Espagnols, non seulement il avait eu soin d'emmener avec lui tous ceux de ses gens qu'il avait pu distraire des travaux de la ville et de la garde des navires, mais encore il avait voulu que chacun d'eux fût revêtu de ses plus brillants habits, munis de toutes ses armes; et sa troupe n'avançait que, bannières déployées, au bruit des tambours et au son des trompettes.

Après avoir franchi deux rivières, il alla camper le soir à trois lieues environ d'Isabelle, sur un plateau fort agréable, dominant de la hauteur de deux traits d'arbalète, un défilé que l'Amiral nomma *Passage des Gentilshommes*, parce que c'étaient quelques-uns des hidalgos qui étaient avec lui qui avaient pris les devants pour en frayer le passage au reste de la troupe.

Il entra ensuite dans une immense plaine, à travers laquelle il marcha pendant plus de cinq lieues pour arriver aux rives d'un grand cours d'eau, qui coule vers le mont du Christ, et qu'il appela le *fleuve des Roseaux*. Il passa d'une rive à l'autre avec l'aide des canots et des radeaux des Indiens!

Tout le long de la route, du reste, il rencontrait çà et là des villages, dont les cabanes bâties en forme arrondies, étaient couvertes de paille et avaient une porte si basse qu'il fallait s'accroupir pour pénétrer à l'intérieur.

A chacune de ces rencontres, les Indiens qui accompagnaient l'expédition entraient dans les cabanes et s'appropriaient tous les objets qui leur convenaient parmi ceux qui s'y trouvaient, ce dont le maître du lieu ne semblait nullement se fâcher, car c'était, paraît-il, la coutume du pays. Par contre, les Indiens, quand ils venaient auprès des chrétiens pensaient pouvoir agir de même avec eux ; mais on leur eût bientôt fait comprendre que nos usages ne comportaient pas des libertés de ce genre.

Le chemin suivi traversait de magnifiques forêts, dans lesquelles on trouva des vignes sauvages, des aloès, des canneliers, et certains arbres portant un fruit semblable à la figue, et que l'on crut être celui qui produit la scammonée.

## L

COMMENT L'AMIRAL ARRIVA AU PAYS DE CIBAO, OU IL TROUVA LES MINES D'OR ET OU IL ÉRIGEA LE PORT DE SAINT-THOMAS

Le vendredi 14 mars, l'Amiral partit du fleuve des Roseaux, et, une lieue et demie plus loin, trouva une autre rivière qu'il nomma *Rivière de l'or* (1), parce qu'en la traversant il y trouva des grains du précieux métal.

De là, il marcha sur une bourgade de quelque importance, dont la moitié de la population prit la fuite, mais dont ceux qui restaient se fortifièrent dans leurs cabanes en barrant simplement les portes avec des roseaux, comme si ce dût être là d'infranchissables obstacles. Il faut dire que parmi ces peuples, il est de tradition que nul n'oserait pénétrer dans une cabane dont la porte est ainsi obstruée, de telle sorte que le moindre roseau équivaut pour tous à n'importe laquelle de nos serrures.

(1) C'est la deuxième fois que l'Amiral donne ce nom à une rivière.

Un peu plus loin, l'Amiral franchit encore une belle rivière qu'il nomma le *Fleuve vert*, parce que les rives, sur lesquelles il passa la nuit, étaient couvertes de cailloux verts et translucides.

Le lendemain, la troupe s'arrêta au pied d'une montagne très escarpée que l'Amiral nomma les Portes-de-Cibao, parce qu'il estimait qu'au delà commençait la province de Cibao.

Le jour suivant, les Espagnols s'engagèrent dans une région fort accidentée, pour la traversée de laquelle ils durent plus d'une fois conduire à la main les chevaux, tant les sentiers étaient étroits et difficiles.

L'Amiral renvoya de là plusieurs mules à la ville d'Isabelle pour en rapporter des vivres; car le voyage avait été plus long qu'on ne croyait, et les provisions s'épuisaient d'autant mieux que les Espagnols n'étaient pas accoutumés à se contenter des aliments trouvés chez les Indiens, — aliments qu'aujourd'hui ils reconnaissent convenir bien mieux que les nôtres à la vie dans ces climats, encore qu'ils soient beaucoup moins substantiels.

Le dimanche 16 mars, enfin l'expédition atteignit le pays de Cibao, qui est une contrée très âpre, très rocheuse, toute couverte d'herbes qui poussent dans les cailloux, et baignée de nombreuses rivières dans le lit desquelles l'or se trouve en fragments. Plus on avança dans ce pays et plus l'on y vit de hautes montagnes, d'où descendaient des ruisseaux roulant des parcelles d'or.

L'Amiral jugea que cette province pouvait avoir une étendue égale à celle du Portugal. Partout l'or s'y trouvait en grande quantité dans les cours d'eau, mais en revanche, il n'y avait que fort peu d'arbres, palmiers ou pins, qui la plupart, du reste, ne végétaient qu'aux bords des rivières.

Comme déjà le pays avait été exploré par Ogieda, l'envoyé de l'Amiral, les Indiens étaient prévenus de la prochaine arrivée des Espagnols. Ils savaient que le désir de recueillir de l'or devait être le but de leur voyage. Ils venaient donc au-devant d'eux apportant des aliments et des grains d'or, qu'ils avaient ramassés avec l'intention de les leur offrir.

L'Amiral, considérant que la région où l'on recueillait le plus d'or était distante de près de vingt lieues de la ville d'Isabelle, décida d'édifier sur une des hauteurs qui la commandaient, un fort qu'il appela le château de Saint-Thomas, et qui était destiné à former comme le chef-lieu de la province minière, en même temps qu'à donner asile aux chrétiens, lorsqu'ils y arriveraient.

Il confia le soin de la construction du château à Pierre Margarita, homme très entendu, qui y employa cinquante-six hommes de diverses professions, en lui recommandant de l'édifier de telle sorte que, au cas échéant, il pût résister aux efforts d'un grand nombre d'Indiens.

Il y eut cette singularité, que, en creusant la fondation dans le rocher, après avoir atteint à une profondeur de deux brasses, les ouvriers mirent à découvert une sorte de nid de paille et de foin, dans lequel, au lieu d'œufs, ils trouvèrent trois ou quatre pierres rondes de la grosseur d'une forte orange, qui semblaient avoir été taillées pour servir de boulets aux pièces d'artillerie[1].

---

[1] Ce fait singulier est resté sans explication : mais il ne faut pas oublier que dans la plupart des contrées visitées par Christophe Co-

## LI

#### COMMENT L'AMIRAL RETOURNA A LA VILLE D'ISABELLE ET RECONNUT QU'ELLE ETAIT BATIE SUR UNE TERRE FERME

L'Amiral après avoir donné toutes les instructions nécessaires pour l'établissement de la forteresse de Saint-Thomas, se mit en route pour retourner à Isabelle. Chemin faisant, il rencontra près de la rivière Verte, des mulets chargés de vivres qui avaient été retardés par la difficulté de franchir la rivière de l'Or que les pluies avaient considérablement grossie.

Par la même cause, il dut s'arrêter lui-même quelques jours près d'un village d'Indiens dont les habitants lui firent le meilleur accueil, et lui vendirent pour peu de chose divers aliments à l'usage desquels certains Espagnols, et notamment l'Amiral, commençaient à s'habituer.

Enfin, le samedi 29 mars, l'Amiral fut de retour à Isabelle, où il constata que des melons qui avaient été semés moins de deux mois auparavant, donnaient déjà des fruits bons à manger. En moins de vingt jours, des concombres étaient arrivés à maturité, et une vigne sauvage qu'on avait taillée montrait déjà des raisins fort bien fournis.

Au 30 mars, on coupa des épis mûrs donnés par du froment semé à la fin de janvier; on cueillit aussi des

---

lomb, et ses successeurs en exploration, on a trouvé depuis des vestiges d'une civilisation depuis très longtemps disparue.

pois chiches beaucoup plus gros que ceux qui avaient été semés vingt-cinq jours auparavant. Il n'était d'ailleurs aucune graine qui, mise en terre, restât plus de trois jours sans lever. En sept jours, des noyaux germaient; et le même temps suffisait au développement des cannes à sucre.

L'Amiral fut émerveillé en constatant cette fertilité extraordinaire qui promettait une grande prospérité à l'établissement des Espagnols dans le pays.

Le mardi 1er avril, vint un messager du fort de Saint-Thomas, envoyé par le commandant Pierre Margarita, qui faisait savoir à l'Amiral que tous les Indiens s'enfuyaient de la contrée, parce qu'on leur avait annoncé que le cacique Caunabo se disposait à venir incendier la forteresse. L'Amiral ne prit pas grande frayeur de ces menaces, car il avait été à même d'apprécier la couardise de ces Indiens qui, par exemple, craignaient que les chevaux ne les dussent manger, et qui n'auraient osé s'aventurer dans un lieu où se trouvait un de ces animaux. Toutefois, il décida d'envoyer à Saint-Thomas un certain nombre d'hommes, pour renforcer et ravitailler la troupe qui occupait cette place.

D'ailleurs, comme il avait formé le projet d'aller à la découverte de la terre ferme avec les trois caravelles qui lui restaient, il ne lui semblait pas mauvais de mettre en lieu sûr toutes les choses qu'il ne devait pas emporter.

Le mercredi 2 avril, il fit donc partir pour Saint-Thomas, deux troupes de vingt-cinq hommes chacune, la première conduisant les vivres et les munitions, la seconde devant tâcher de trouver et frayer une route moins difficile que celle qu'on avait suivie jusqu'alors, et le long de laquelle le passage à gué des rivières créait de grands obstacles.

Ces gens partis, pendant qu'à bord des vaisseaux on disposait tout pour l'expédition projetée, l'Amiral s'occupait de régler les diverses installations de la cité d'Isabelle : il y traça des rues avec une place centrale ; puis, comme la rivière était trop éloignée pour que les habitants y pussent aller puiser l'eau nécessaire à leurs besoins journaliers, il fit le plan d'une écluse qui, en en élevant les eaux, permettrait non seulement de les amener par un canal et de les distribuer en abondance dans la ville, mais encore pourrait fournir la force motrice capable de mettre des moulins en mouvement.

Notons que les habitants souffraient doublement et de la subtililité de l'air, et du manque relatif de vivres convenables, car il ne restait guère, par la faute des capitaines qui avaient mal veillé sur leur approvisionnement, que du biscuit et de petites quantités de vin, se conservant d'ailleurs moins bien dans ce pays que dans le nôtre.

En réalité, comme je l'ai déjà dit, les aliments ne manquaient pas, mais c'étaient aliments d'Indiens auxquels nos gens n'étaient pas accoutumés.

Étant donné un tel état de choses, l'Amiral crut convenable de ne pas laisser dans l'île plus de trois cents hommes et de renvoyer les autres en Castille. Il lui semblait que ce nombre était bien suffisant pour garder le pays, et pour le conserver sous l'obéissance des rois catholiques.

Le biscuit touchait à sa fin, et l'on était sans aucune provision de farine. L'on avait, à vrai dire, du froment, mais pour le moudre, il fallait établir des moulins.

Il voulut y faire travailler, mais c'était à qui tâcherait de se soustraire aux moindres fatigues. Ne conservant à la ville que les maîtres artisans, qui devaient installer les moulins près de la chute d'eau, il résolut d'envoyer tous les autres hommes valides en expédition dans l'intérieur des terres, afin qu'en même temps ils tinssent en respect les Indiens, et que, peu à peu, ils s'accoutumassent à l'alimentation que fournissait le pays. Il fit donc partir une troupe sous la conduite du capitaine Ogieda, qui devait se diriger sur Saint-Thomas, où pour se reposer d'avoir exploré cette contrée de Cibao, — dont le nom en langue du pays signifie rocheuse, — il remplacerait le commandant qui s'en irait à son tour battre les environs.

Ogieda quitta donc l'*Isabelle* avec plus de quatre cents hommes, le 29 avril, pour se rendre à Saint-Thomas.

Au delà du fleuve de l'Or, il s'empara d'un cacique, d'un de ses frères et d'un de ses neveux qu'il envoya chargés de fer à l'Amiral, après avoir fait couper les oreilles à un des sujets de ce prince en présence de de beaucoup d'Indiens ; et voici la raison de cette punition.

Trois chrétiens, allant de Saint-Thomas à l'Isabelle, avaient reçu du cacique, comme porteurs de leurs bagages pour traverser le gué du fleuve, trois Indiens qui, une fois arrivés au milieu de l'eau, s'en étaient retournés chez les leurs avec les paquets des Espagnols. Le prince, au lieu de les punir pour ce méfait, s'était tout simplement approprié les objets dérobés, et avait refusé de les rendre aux Espagnols, quand ceux-ci étaient venus les lui redemander.

Un autre cacique qui habitait sur la rive opposée du fleuve, instruit de la disgrâce arrivée à son voisin, et se portant fort de quelques services qu'il avait rendus aux Espagnols, suivit les prisonniers afin d'intercéder pour eux auprès de l'Amiral.

Celui-ci le reçut cordialement, mais n'en commanda pas moins que les coupables fussent conduits sur la place pour y être exécutés. Le cacique fidèle, versant d'abondantes larmes, se jeta aux pieds de l'Amiral et fit par signes la promesse que ses compatriotes ne se rendraient plus jamais coupables d'aucune faute envers les chrétiens.

L'Amiral accorda le pardon de tous, mais à peine venait-il de donner cette marque de générosité, qu'un cavalier qui arrivait de Saint-Thomas, annonça que les sujets de ce même cacique gracié par l'Amiral avaient fait prisonniers cinq Espagnols qui, se rendant à l'Isabelle, traversaient leurs pays. Il n'avait réussi, disait-il, à les délivrer que par suite de la terreur que son cheval avait inspirée avait Indiens réunis, lesquels, bien que réunis au nombre de plus de quatre cents, s'étaient dispersés à cette seule vue. Malgré ce rapport, l'Amiral à qui il répugnait d'user effectivement de rigueur, maintint ses mesures de clémence, sur la simple promesse de fidélité qui lui fut renouvelée par le cacique.

## LII

#### COMMENT L'AMIRAL ALLA DE L'ILE ESPAGNOLE A CUBA

L'Amiral persistant en son dessein d'une nouvelle expédition, institua pour le gouvernement et l'administration des terres conquises dans l'île Espagnole, une sorte de conseil dont il donna la présidence à Diègue Colon son frère.

Il recommanda de travailler à l'établissement des moulins, encore que les rivières eussent débordé par suite des pluies, qui allaient d'ailleurs contribuer à accroître encore la puissance de production végétale de cette terre. Quelques jours avaient suffi après les pluies pour qu'on acquit des preuves de plus en plus merveilleuses de cette fertilité.

Entre temps, il arrivait tantôt d'un point, tantôt de l'autre quelques-uns des Espagnols qui étaient allés en exploration, et qui tous disaient avoir découvert de nouvelles veines d'or extraordinairement abondantes.

Mais quelque espérance que pussent faire concevoir les richesses de ce pays, l'Amiral partit pour tâcher d'en découvrir d'autres, avec ses trois navires, le jeudi 24 avril. Il se dirigea d'abord vers Cuba, afin de lever ses doutes sur la question de savoir si cette terre était une île ou continent. Pour s'y rendre il revit plusieurs des points qu'il avait visités à son premier voyage, et comme il passait près des terres du cacique Guacanagari, il apprit que ce prince s'était enfui avec ses sujets, craignant sans doute qu'on ne vînt lui demander compte de quelques méfaits...

Le mardi 28 avril, l'Amiral toucha au port Saint-Nicolas, d'où il cingla sur Cuba, dont il longea la côte méridionale jusqu'à ce qu'il eût trouvé l'embouchure d'un grand fleuve où il jeta l'ancre. Il fut là visité par beaucoup d'Indiens qui, partageant l'opinion commune de ces peuples que les Espagnols étaient d'origine céleste, venaient en grande foule leur offrir toutes sortes de vivres et d'autres objets, comme à des créatures extraordinaires, sans réclamer rien en échange. L'Amiral ne laissait pas cependant de leur faire maints petits présents, qui leur causaient toujours une grande joie.

## LIII

### COMMENT L'AMIRAL DÉCOUVRIT L'ILE DE LA JAMAÏQUE

Le samedi 3 mai, l'Amiral résolut de quitter les rivages de Cuba pour gagner une grande île que les Indiens, qui la nommaient *Jamaïque* (1) lui avaient signalée comme étant celle de toutes les îles où se trouvait le plus d'or.

Elle fut en vue dans la soirée du dimanche suivant, mais on ne s'en approcha que le lendemain. L'Amiral crut pouvoir juger au premier aspect de cette terre qu'elle était la plus belle des îles qu'il eût jusqu'alors rencontrées.

Pendant la journée suivante, il longea la côte pour

(1) Il s'agit cette fois de la vraie *Jamaïque* actuelle.

trouver un mouillage convenable. Arrivé devant un port naturel, qui lui sembla convenir au débarquement, il envoya une chaloupe pour en reconnaître l'entrée. Mais il parut aussitôt, tant sur le rivage que dans des embarcations, un si grand nombre d'Indiens témoignant d'intentions hostiles, que la chaloupe dut s'en retourner, non que les gens qui la montaient s'effrayassent d'une attaque, mais parce que, fidèles au système pacifique de l'Amiral, il leur sembla inutile d'avoir aucun démêlé avec les naturels.

Les navires se dirigèrent donc vers un autre port non moins vaste et commode, que l'Amiral appela Bon-Port. Mais là encore, quand les chaloupes voulurent gagner le rivage, les Indiens vinrent en foule pour s'y opposer, et avec tant de violence que les Espagnols contraints de faire usage de leurs arbalètes, en blessèrent six ou sept, ce qui mit les autres en fuite.

Bientôt après toutefois, et comme, s'il ne se fût rien passé, de nombreux Indiens vinrent en canots aux navires de la manière la plus pacifique, pour trafiquer de vivres et de diverses choses, qu'ils échangeaient contre des bagatelles.

L'Amiral profita de l'excellent abri que lui offrait ce port, creusé en forme de fer à cheval, pour réparer une avarie survenue à la coque du vaisseau qu'il montait.

Des vents contraires l'y retinrent quelque temps, mais le temps propice étant revenu, il fit voile de nouveau pour les côtes de Cuba, son intention étant de longer les rives de cette terre sans revenir sur ses pas, avant d'avoir fait les cinq ou six cents lieues qui devaient le confirmer dans l'idée qu'il avait que c'était un continent.

## LIV

COMMENT L'AMIRAL QUITTANT LA JAMAÏQUE, RETOURNA COTOYER LES RIVAGES DE CUBA, CROYANT QUE CE FUT TERRE FERME

Parti de la Jamaïque, le mercredi 14 mai, l'Amiral reconnut de nouveau Cuba par une pointe de terre, qu'il nomma *cap de la Sainte-Croix*, et en vue duquel il fut assailli par une tempête épouvantable, qui lui fit courir d'autant plus de périls que dans ces parages se trouvaient de nombreux bancs de sable où il pouvait s'échouer. Obligé à la fois et de carguer les voiles pour donner moins de prise à l'ouragan, et de garder un peu de toile pour gouverner au défaut des bas-fonds, il était dans une position fort difficile. Et plus il allait dans les diverses directions sur cette mer agitée, plus il y trouvait de petites îles formant entre elles des canaux assez étroits et peu profonds. Sur quelques-unes de ces îles se voyait un peu de végétation, mais d'autres effleuraient pour ainsi dire la surface de l'eau, lorsque même elles n'étaient pas submergées. La plus grande mesurait une lieue de tour. A la vérité, plus il approchait de Cuba et plus ces îles semblaient élevées au-dessus de la mer, et en prenant l'aspect plus agréable elles se trouvaient séparées par des canaux plus facilement navigables. Comme l'Amiral n'aurait pu donner un nom particulier à chacune de ces petites terres, qui devaient être au nombre de plus de cent soixante, il baptisa l'ensemble du nom de *Jardin de la Reine*. Sur certaines de ces îles, les Espagnols virent des troupes de grues de la taille et de la forme de celles d'Espagne, dont elles différaient seulement par le rouge vif de leur plumage. Sur d'autres, ils trouvèrent beaucoup de tortues, dont les œufs étaient de la grosseur de ceux des poules.

Pour déposer ces œufs, les tortues ouvrent elles-mêmes dans le sable des creux ; une fois pondus elles les recouvrent laissant à la chaleur du soleil le soin de faire éclore les jeunes tortues, qui avec le temps, atteignent parfois la grandeur d'un bouclier ou d'une roue de chariot.

Il y avait là aussi des multitudes de petits oiseaux dont le chant étaient le plus harmonieux du monde, et l'air y était tellement embaumé, qu'on se serait cru au milieu des roses et des fleurs aux plus suaves émanations.

Pendant que l'Amiral naviguait avec toutes les précautions possibles le long d'un de ces canaux, il lui arriva d'apercevoir dans une embarcation des Indiens qui étaient occupés à pêcher et qui voyant venir les navires, leur firent signe de s'arrêter, pour ne pas troubler leurs opérations. Les Espagnols furent alors témoins du singulier procédé qu'emploient ces sauvages pour capturer de grosses pièces, et qui consiste à attacher par la queue au bout d'une cordelette certain petit poisson qui porte de la tête au milieu du dos un système de piquants crochus se relevant à contresens de son corps à l'aide desquels il va s'accrocher aux autres poissons. Quand le pêcheur sent que ce contact a eu lieu, il tire à lui et ramène au bout de sa corde les deux poissons en même temps.

Ils virent prendre de cette façon beaucoup de poissons de forte taille, ainsi qu'une très grosse tortue au cou de laquelle le petit poisson à crochet était allé se cramponner.

Leur pêche achevée, les Indiens vinrent très pacifiquement aux navires, pour s'informer de ce que leur voulaient les Espagnols. On les engagea à monter à bord, ils acceptèrent, et parurent tout disposés à donner aux chrétiens tout ce qu'ils avaient avec eux; c'est-à-dire non seulement le produit de leur pêche, mais encore leurs engins et les calebasses dont ils se servaient pour emporter l'eau qu'ils buvaient. L'Amiral ne voulut accepter que leur poisson, et leur donna en échange quelques menus objets dont la possession sembla leur causer un véritable ravissement.

L'Amiral continua sa route, mais sans avoir l'intention de pousser beaucoup plus loin dans le même sens, car ses vivres commençaient à s'épuiser. S'il en avait eu en abondance, il n'aurait, comme il le dit lui-même songé à retourner en Espagne, *qu'en suivant la voie d'orient* (1). D'ailleurs, la mauvaise alimentation, les longues fatigues, qu'il venait d'éprouver au cours des derniers mois, l'avaient rendu très faible et très souffrant. Outre que depuis le jour de son départ d'Espagne et jusqu'au 19 mai, il n'avait reposé déshabillé dans un lit que pendant les neuf jours où il avait été très gravement malade; il était en ce temps-là constamment tenu en éveil pour diriger lui-même la marche de ses navires à travers ces îles, dont la multitude était si grande que dans les vingt premiers jours de mai, il

(1) Première idée pratique d'un *tour du monde.*

en reconnut soixante et onze sans compter toutes celles qu'il avait aperçues et laissées, tant au nord qu'au sud-ouest. Non seulement, d'ailleurs, il avait à se garder sans cesse des bas-fonds qui avoisinent ces îles, mais encore, chaque soir, il arrivait que le ciel se couvrait de lourds et profonds nuages qui, presque toujours, donnaient lieu à un orage épouvantable avec éclairs et tonnerres. Ce n'était qu'au lever de la lune que les derniers brouillards se résolvaient en pluie, et que, le vent tombé, le beau temps revenait.

Ces phénomènes sont, paraît-il, particuliers à ces parages, car il ne furent pas remarqués seulement par l'Amiral lors de ce deuxième voyage; il me souvient personnellement d'en avoir été témoin en l'an 1502, lorsque nous revenions de découvrir Veragua (1).

## LV

### COMMENT L'AMIRAL SUBIT DE PLUS GRANDES FATIGUES EN CONTINUANT A NAVIGUER D'ILE EN ILE

Continuant donc sa route vers l'occident en trouvant toujours un nombre infini de petites îles, le 22 mai, il lui arriva d'en rencontrer une plus grande à laquelle il donna le nom de *Sainte-Marthe*. Apercevant un village sur la rive, il envoya des hommes à terre, mais il fut impossible d'entrer en relation avec les naturels qui avaient tous disparu. On ne trouva rien dans leurs cabanes sinon du poisson qui était sans doute

---

(1) Au cours du quatrième et dernier voyage de Colomb.

leur unique nourriture, et l'on vit beaucoup de chiens de grande taille habitués aussi à la même alimentation... Un peu plus loin, malgré toutes les précautions prises, et encore que l'on n'avançât pour ainsi dire qu'en sondant, sans cesse, les navires touchèrent le fond à plusieurs reprises, ce qui fit que l'Amiral, qui était accablé d'inquiétude et succombant de fatigue, se décida d'atterrir à Cuba pour y faire de l'eau dont les équipages manquaient.

Au lieu où la flottille aborda, le rivage était couvert d'une végétation si haute, si touffue qu'il fut impossible de savoir s'il s'y trouvait des habitations d'Indiens. Un matelot armé d'une arbalète descendit cependant à terre pour tâcher de tuer quelques oiseaux ou tout autre gibier. Il revint disant qu'il avait aperçu une trentaine de naturels armés de bâtons et de lances, parmi lesquels il avait cru en remarquer trois qui, ayant la peau blanche comme nous, portaient une espèce de robe blanche descendant jusqu'aux genoux de l'un, et jusqu'aux pieds des deux autres. Il n'avait pu parler avec eux par la raison que, tenant en méfiance une troupe aussi nombreuse, il s'était mis à crier comme pour que ses compagnons vinssent le rejoindre; sur quoi les Indiens s'étaient sauvés pour ne plus revenir.

Ayant poussé à une dizaine de lieues plus loin à l'occident, le long de la même côte, les Espagnols aperçurent au bord de la mer des cabanes desquelles sortirent des Indiens qui montèrent sur leurs canots et vinrent aux navires apportant des provisions dont on les paya largement. Comme ils allaient s'éloigner, l'Amiral ordonna d'en retenir un, à qui il fit dire par un de ses interprètes qu'on ne le laisserait aller qu'après avoir appris de lui tout ce qui concerne le pays, mais qu'on le récompenserait de ses renseignements. L'Indien affirma donc à l'Amiral que Cuba était une île, que sur la partie orientale régnait un cacique qui ne parlait à ses sujets que par signes et qui obtenait d'eux l'obéissance la plus prompte et la plus absolue. Il ajouta que tout le long de cette côte, qui était très basse, les îles et les sables abondaient. L'Amiral n'eut que trop sujet de vérifier la réalité de cette dernière assertion, car le jour suivant, c'est-à-dire le 11 juin, ce ne fut qu'à grand'peine, et en le faisant remorquer par les chaloupes, qu'il put retirer un de ses navires d'un bas-fond où il s'était engagé.

## LVI

### COMMENT L'AMIRAL DÉCIDA DE RETOURNER A L'ÎLE ESPAGNOLE

Le vendredi 13 juin, voyant que la côte occidentale de Cuba semblait vouloir se prolonger indéfiniment, et que, sur ces rivages, la navigation devenait de moins en moins sûre, à cause des passes étroites et ensablées qu'il fallait franchir, l'Amiral résolut de retourner à l'île Espagnole, pour savoir où en était l'édification de la ville. Du reste, les vivres touchaient à leur fin, et il eût été impossible de songer à pousser plus loin sans ravitaillement. Pour prendre de l'eau et du bois, il toucha à une île d'environ trente lieues de tour, qu'il appela l'*Evangéliste*, et qui est à environ 70 lieues de la Dominique. En quittant cette île, les vaisseaux s'engagèrent au midi, dans un canal qui semblait parfaitement libre, et où ils naviguèrent pendant plusieurs lieues, mais qui tout à coup se trouva encombré d'écueils, si bien qu'il fallut rétrograder, au grand déplaisir des équipages qui s'alarmaient, comme si ce retard sans importance devait avoir pour eux de graves conséquences. Force fut même à l'Amiral d'user de toute sa puissance de persuasion pour leur faire comprendre qu'il était heureux que ce contretemps les eût empêchés de s'engager plus avant dans une voie qui pouvait leur être funeste.

Ils revinrent donc, pour changer de direction, à l'Evangéliste, d'où ils prirent leur route au nord-ouest. Successivement alors, ils traversèrent des eaux d'un vert foncé comme si le fond couvert d'hérbe n'eût été qu'à deux brasses de profondeur, puis une mer blanche comme du lait, où il semblait que partout le sable affleurât la surface de l'eau, puis des eaux noires comme de l'encre, sur lesquelles ils naviguèrent presque jusqu'en vue de Cuba. Ils n'arrivèrent pas cependant au but de leur course sans que le navire de l'Amiral eût donné si fort sur un bas-fond, qu'on put l'y croire complètement échoué. Il n'en fut retiré qu'à grand'peine, et d'ailleurs gravement avarié. Enfin, après avoir encore difficilement franchi maint passage où ses vaisseaux coururent de grands risques, l'Amiral accosta de nouveau l'île de Cuba par cette même côte orientale où il avait abordé en premier lieu, et en vue de laquelle, du reste, il sentit, comme la première fois, l'air embaumé de suaves odeurs.

Le 7 juillet, il descendit à terre et vit venir à lui un vieux cacique, seigneur du pays, qui assista très décemment à la messe d'actions de grâces qui fut dite après le débarquement, et qui, à l'issue de la cérémonie, fit entendre par signes qu'il comprenait parfaitement que l'on remerciât Dieu pour ses bienfaits, puisque les bonnes âmes devaient aller au ciel pendant que le corps retournait à la terre, — il ajouta que selon lui l'âme des rois était certainement destinée à souffrir dans l'autre vie (1). Parmi bien d'autres choses qu'il tâcha de faire entendre, il dit qu'il avait visité l'île Espagnole ainsi que la Jamaïque, dont il connaissait les principaux personnages, et qu'il avait aussi voyagé à l'orient de Cuba, dans une contrée dont le cacique portait un habit comme les prêtres chrétiens.

## LVII

### COMMENT L'AMIRAL REGAGNA LA JAMAÏQUE

L'Amiral ayant repris la mer, le mercredi 6 juillet, par une pluie diluvienne, arriva bientôt en vue du cap de la Croix où la pluie redoubla, de telle sorte que les navires s'en trouvaient comme submergés et que tout le travail des pompes ne suffisait pas à les vider.

Les équipages étaient exténués, n'ayant plus d'ailleurs pour toute ration quotidienne qu'une livre de biscuit détérioré, par homme, et une petite mesure de vin ; quand même il leur arrivait de prendre quelques poissons, ils ne pouvaient les conserver d'un jour à l'autre, car la chaleur était alors en ces régions

---

(1) « A aller en enfer » dit le texte, évidemment c'est une interprétation quelque peu risquée des sentiments du vieux roi sauvage.

beaucoup plus forte qu'en Espagne. L'Amiral, dans ses lettres aux rois catholiques, s'exprime ainsi sur la situation désespérée où il se trouvait en ce moment:

« J'ai dû faire encore réduire les rations. Plaise à Dieu que nous souffrions ainsi pour son service et pour celui de Vos Altesses, mais en ce qui me concerne, je ne consentirai plus à m'exposer à de telles fatigues, à de semblables périls, car il n'est maintenant aucun jour qui ne nous semble devoir être le dernier de notre vie. »

Toutefois, le 18 juillet, il prit terre sur ce cap de la Croix, où ses équipages et lui trouvèrent l'accueil le plus amical et le plus secourable de la part des Indiens qui leur apportèrent des quantités de *casave* (sorte de pain qu'ils font de racines rapées), des poissons, des fruits et maints autres aliments, qui les réconfortèrent un peu. Les vents leur étant contraires pour gagner l'île Espagnole, ils retournèrent sur les rivages de la Jamaïque qui les ravirent encore par la beauté de leur végétation, par la commodité des ports espacés à de courtes distances le long de la côte, et surtout par l'affabilité, par l'empressement des habitants qui de toutes parts venaient aux navires apportant des vivres dont les Espagnols commencèrent à faire quelque estime, la nécessité leur en ayant enseigné l'usage.

Ils trouvèrent d'ailleurs à la Jamaïque, les mêmes conditions et variations atmosphériques, que dans les autres parages environnants, à savoir que chaque soir des nuages se formaient, qui, pendant une heure au moins, versaient une pluie abondante, — ce que l'Amiral attribua à l'influence des forêts dont les îles étaient couvertes. Il savait, du reste, qu'un fait analogue avait été constaté à l'origine, aux Canaries, à Madère et aux Açores, où il ne se reproduit plus depuis qu'on en a détruit les forêts primitives.

Tout en naviguant au plus près de la terre, pour attendre le vent favorable à sa traversée sur l'île Espagnole, l'Amiral rencontra une île qui lui parut devoir mesurer au moins cinquante lieues de long, sur vingt de large et qui lui sembla d'aspect si charmant, que, séduit par la beauté des sites qui devaient s'y trouver, il eût beaucoup désiré l'explorer en tous sens, mais les vivres diminuaient de plus en plus, et le peu qui en restait avait été détérioré par l'eau que les navires embarquaient de toutes parts. Ce n'était donc guère l'heure convenable aux excursions de ce genre, et comme un bon vent se prit à souffler, il en profita pour cingler vers l'île Espagnole.

## LVIII

COMMENT L'AMIRAL DÉCOUVRIT LA PARTIE MÉRIDIONALE DE L'ÎLE ESPAGNOLE ET GAGNA PAR L'ORIENT LE TERRITOIRE DE LA NATIVITÉ

Le mercredi 20 août, l'Amiral découvrit la côte occidentale de l'Espagnole par un cap, auquel il donna le nom de Saint-Michel, et qui devait être distant d'environ trente lieues de la pointe orientale de la Jamaïque. Comme les navires relâchaient auprès de ce cap, il vint un cacique qui appela l'Amiral par son nom, et qui lui parla de diverses choses, montrant qu'il avait été en relation avec la colonie espagnole.

A la fin d'août, comme l'Amiral venait de reconnaître une petite île qu'il appela Altovelo, il perdit de vue les deux autres vaisseaux qui naviguaient de conserve avec le sien. L'île avait des sommets assez élevés, d'où l'on devait explorer l'horizon à une grande distance. Il y envoya des matelots qui revinrent sans avoir aperçu les vaisseaux, et qui, chemin faisant sur cette terre déserte, tuèrent six loups marins qui dormaient sur le sable. Ils prirent aussi un certain nombre d'oiseaux qui, n'ayant jamais vu d'hommes, se laissaient approcher et tuer à coups de bâtons.

Au bout de six jours reparurent les vaisseaux égarés, et la flottille faisant voile à l'orient, côtoya l'île Espagnole, en vue d'une magnifique plaine, où les habitations étaient si nombreuses que l'on eût dit qu'elles formaient une ville d'une lieue d'étendue.

Les habitants se rendirent en foule aux navires et apprirent à l'Amiral qu'ils avaient été récemment visités par plusieurs chrétiens qui étaient venus vers eux de la ville d'Isabelle, où, à ce qu'ils avaient dit, tout allait bien. L'Amiral, très satisfait d'apprendre ces heureuses nouvelles, voulut que les gens de l'*Isabelle* en reçussent aussi de son expédition. A cet effet, il détacha neuf hommes qui devaient, en traversant l'île, gagner d'abord le fort Saint-Thomas, et de là se rendre à la ville où ils annonceraient son prochain retour.

Pour lui, il continua de côtoyer l'île avec ses trois vaisseaux...

Le 15 septembre, toujours longeant la côte orientale de l'île Espagnole, il rencontra par la grâce de Dieu une île, que les Indiens appellent Adamanias, dans une anse de laquelle il crut devoir se réfugier, en prévision du mauvais temps qui s'annonçait.

Etant là, il observa une éclipse de lune dont la durée fut plus longue de cinq heures et vingt-trois minutes qu'elle n'eût été sous la longitude de Cadix (1). Il pensa même que cette éclipse n'avait pas été sans influence sur la continuation de la tempête qui, bien que ne lui causant aucun dommage, ne laissait pas cependant de l'inquiéter, parce que les deux autres navires n'avaient pu venir le rejoindre. Il ne leur arriva toutefois rien de fâcheux. Le beau temps revenu, les trois vaisseaux continuèrent leur route, passèrent bientôt en vue d'une autre petite île située entre l'île Espagnole et l'île Saint-Jean, et que les Indiens nomment *Amona*...

Arrivé à ce point du voyage, l'Amiral dut interrompre d'inscrire, selon sa coutume, sur son journal les incidents de l'expédition, car il tomba très gravement malade par suite de fatigue, et du mauvais régime de nourriture. Il fut pris d'une sorte de fièvre pestilentielle qui le rendit comme aveugle, lui enleva la mémoire, et le priva des sens en général.

Etant donné l'état alarmant de leur chef, les lieutenants de l'Amiral, renonçant à la suite de l'entreprise qui avait pour but principal de découvrir toutes les îles des Caraïbes, se dirigèrent vers la ville d'Isabelle où ils arrivèrent le 24 septembre.

Là, le ciel permit que la santé revînt à l'Amiral, toutefois, il lui fallut plus de cinq mois pour être entièrement rétabli, tant était grand l'état de faiblesse auquel

---

(1) A chaque instant nous voyons affirmer les connaissances astronomiques de l'Amiral.

l'avaient réduit les longues fatigues et la constante contention d'esprit. Il faut bien dire,— ce qu'on se refuserait à croire s'il ne l'affirmait lui-même dans ses écrits, — que, au cours de ce voyage, il lui était souvent arrivé de ne dormir que trois ou quatre heures en huit jours ; ne prenant du reste que fort peu de nourriture.

## LIX

#### COMMENT L'AMIRAL, AYANT SUBJUGUÉ L'ILE ESPAGNOLE, Y ÉTABLIT PARTOUT LE BON ORDRE DANS L'INTÉRET DES ROIS CATHOLIQUES

L'Amiral, en revenant à la ville d'Isabelle, y trouva son frère Barthélemy Colon, celui qui, l'on s'en souvient, était allé en Angleterre proposer au roi de ce pays la découverte des Indes. Ce monarque ayant accepté le patronage de l'entreprise, Barthélemy s'était mis en route pour gagner la Castille, d'où il comptait ramener son frère.

Passant à Paris, il fut reçu par le roi de France, qui lui apprit lui-même que la découverte des Indes était déjà un fait accompli, et le gratifia de cent écus pour qu'il pût achever plus rapidement et plus convenablement son voyage.

Barthélemy donc fit toute diligence pour tacher de rejoindre son frère, mais, quand il arriva à Séville, l'Amiral était déjà reparti pour sa seconde expédition. Toutefois, pour remplir une mission que l'Amiral lui avait laissée en partant, sachant qu'il devait arriver, il s'en alla auprès des rois catholiques, nous conduisant, mon frère Diègue et moi, pour que nous fussions admis, selon l'ordre de la reine Isabelle, comme pages du prince Don Juan, que Dieu ait en sa gloire (1).

Les rois firent le plus gracieux accueil à Barthélemy et l'envoyèrent avec trois navires à l'île Espagnole, où il devait passer plusieurs années, ainsi qu'il l'a consigné dans ses papiers.

Dès son arrivée, il fut nommé par son frère préfet et gouverneur des Indes, — ce qui, notons-le, ne laissa pas de soulever quelques réclamations, car on prétendait que l'Amiral n'avait pas reçu le pouvoir de conférer de pareils titres. L'Amiral en référa à Leurs Altesses, qui lui donnèrent raison. Toutefois, Don Barthélemy porta simplement le titre de préfet des Indes, et remplissant ces fonctions avec l'aide et les conseils de l'amiral, il vécut aussi tranquille que le pouvait permettre sa faible santé.

A vrai dire, il eut à lutter contre la fâcheuse influence d'un certain Pietro, dont nous avons déjà parlé, et qui s'efforçait de soulever contre lui les Espagnols et les Indiens.

Ce Pietro arguait des pouvoirs qui lui avaient été laissés par l'Amiral, lorsque partant pour Cuba, il l'avait nommé capitaine de trois cent soixante hommes à pied et des quatorze cavaliers qui devaient, pendant son absence, parcourir le pays, pour le réduire en l'obéissance des rois catholiques, et notamment la province de Cibao, qui devait être d'un plus grand rapport.

(1) Ce prince mourut très jeune.

Au lieu de suivre sur ce dernier point les instructions qu'il avait reçues, dès que l'Amiral fut parti, Pietro se dirigea avec tout son monde vers un lieu nommé Véga Real, distant d'environ dix lieues de la cité d'Isabelle, sans s'occuper le moins du monde de rien organiser pour la soumission de l'île. De là naquit un grand discord entre lui et ceux que l'Amiral avait institués membres du conseil d'Isabelle, froissés de la prétention qu'il avait d'exercer sur eux une autorité pleine et entière. Il arriva même que, redoutant le retour de l'Amiral, auquel il aurait des comptes à rendre, il s'embarqua sur un des premiers navires venus de Castille, et partit sans laisser aucune pièce justifiant des motifs de son départ, ni sans rien prescrire pour la conduite des hommes dont il avait reçu le commandement.

Il s'ensuivit que ceux-ci, livrés complètement à eux-mêmes, s'en allèrent à l'aventure d'ici et de là, maltraitant les Indiens, qu'ils dépouillaient de toutes choses, et auxquels ils ravissaient leurs femmes.

Tant de vexations et de méfaits commirent-ils que les Indiens résolurent d'exterminer tous ceux qu'ils pourraient surprendre en force inférieure.

Un certain cacique, de la terre dite de Magdeleine, nommé Guatigana, en tua dix, et d'autre part fit incendier une maison où étaient quarante Espagnols malades.

L'Amiral, à son retour, pour tirer satisfaction de ce chef dont il ne put s'emparer, fit saisir un grand nombre de ses sujets, que quatre navires, commandés par Antonio di Torres, emmenèrent en Castille au mois de février 1493.

Plusieurs autres caciques furent châtiés pour avoir,

sur divers points de l'île, maltraité les chrétiens.

Il faut bien dire que, sans l'arrivée de l'Amiral, qui rétablit le bon ordre, les Indiens eussent fait de bien plus nombreuses victimes, car les Espagnols se livrant envers eux à tous les excès, ils les avaient pris en profonde haine, et n'étaient rien moins que disposés à reconnaître leur autorité.

A tout prendre cependant, et encore que les caciques s'accordassent pour échapper à la domination des chrétiens, il eût été facile par de sages procédés, de les réduire à l'obéissance. Il aurait suffi pour cela de gagner les quatre principaux, qui avaient un grand pouvoir sur tous les autres.

Caunabo, Guacanagari, Becchio et Guarionex étaient les noms de ces quatre caciques; chacun d'eux exerçait la souveraineté sur soixante-dix ou quatre-vingts chefs de second ordre, lesquels n'étaient tenus, en réalité, à leur payer aucun tribut, mais qui devaient leur venir en aide avec leurs gens, en cas de guerre, ainsi que pour le travail de leurs champs.

Or Guacanagari, qui régnait sur la partie de l'île où était établie la cité d'Isabelle, était resté fidèle aux chrétiens. Dès qu'il apprit le retour de l'Amiral, il vint le voir, pour lui affirmer qu'il n'avait jamais donné son assentiment à la conduite des autres chefs à l'égard des chrétiens, qui sans cesse avaient trouvé auprès de lui amitié et protection.

Il démontra qu'il avait toujours fait le nécessaire pour que les cent Espagnols qui étaient restés dans son pays ne souffrissent aucun dommage, et fussent pourvus sans cesse de tout ce qui pouvait leur être utile. Ces sentiments d'ailleurs lui avaient valu l'inimitié des autres rois qui s'étaient ouvertement déclarés contre lui et avaient cherché à lui nuire. Becchio, notamment, lui avait tué une de ses femmes, et Caunabo lui en avait pris une autre; il venait même demander à l'Amiral, de l'aider à obtenir satisfaction des outrages qu'il avait reçus pour être resté fidèle aux chrétiens. L'Amiral hésita d'autant moins à lui accorder son appui que ce chef avait prouvé par ses actes la sincérité de ses protestation d'amitié, et qu'il suffisait de parler des chrétiens assassinés à la Nativité, pour qu'il se mît à pleurer comme s'il se fût agi de la mort de ses propres enfants. L'Amiral pensa en outre que la discorde survenue entre les chefs Indiens ne pouvait être que profitable à la colonie, en lui permettant de châtier les rebelles. Le 24 mars 1495, il partit donc d'Isabelle pour aller attaquer les chefs hostiles accompagné de Guacanagari, qui était fort impatient d'obtenir vengeance de ses ennemis. L'entreprise pouvait paraître difficile, car l'Amiral n'avait avec lui que deux cents Espagnols, vingt chevaux et autant de gros dogues de Corse, pour entrer en campagne contre plus de cent mille Indiens [1].

Mais, connaissant le naturel de ces insulaires, quand il fut à deux journées de marche d'Isabelle, il partagea sa petite armée en deux corps, dont il plaça une moitié sous le commandement de son frère, le préfet, afin d'attaquer par plusieurs points à la fois, certain qu'il était, — et l'événement devait lui donner raison, — que par ce système il sèmerait plus facilement l'épouvante dans la multitude épaisse des ennemis.

[1] Ce nombre donné sous forme approximative est évidemment exagéré.

A peine, en effet, les deux troupes de chrétiens eurent elles couru sur les Indiens que ceux-ci, déjà éprouvés par plusieurs décharges d'arbalètes et d'arquebuses, épouvantés par les chevaux, assaillis par les chiens corses, ne songèrent plus à résister, et s'enfuirent tumultueusement dans tous les sens. Les Espagnols qui les poursuivaient en blessèrent, tuèrent ou prirent un grand nombre.

Ils s'emparèrent notamment du principal cacique Caunabo, de ses femmes et de ses enfants. Ce chef avoua qu'il était l'auteur de la mort des chrétiens restés à la Nativité avec Arano, lors du premier départ de l'Amiral; il dit encore que, feignant des sentiments d'amitié, il avait ensuite visité la ville d'Isabelle, afin de se rendre compte des meilleurs moyens d'attaquer en temps opportun, pour y faire ce qu'il avait fait autrefois à la Nativité.

L'amiral se borna toutefois à garder ce cacique prisonnier, pour être emmené en Espagne, avec un de ses frères, car il ne jugea pas convenable de châtier un personnage aussi important sans en avoir referé aux rois catholiques. Il ne laissa pas cependant de punir, d'autre part, tous ceux qui lui furent signalés comme coupables de méfaits particuliers à l'égard des Espagnols.

La victoire qu'avait obtenue l'Amiral, les exemples qu'il crut devoir faire et la captivité du cacique rétablirent à tel point les affaires des Espagnols que, bien qu'ils ne fussent plus qu'au nombre de six cent trente dans l'île, et que même il y en eût beaucoup de malades, une année entière se passa pendant laquelle l'Amiral, explorant en tous sens le pays, n'eut jamais besoin de tirer l'épée ni de sévir en aucune façon pour se faire respecter. Si bien même fit-il prévaloir son autorité, qu'il obtint de tous la promesse de payer à chaque trimestre un tribut aux rois catholiques. Pour ceux qui habitaient la province de Cibao, où se trouvent les mines d'or, ce tribut fut fixé à raison d'une pochette pleine de poudre d'or par personne âgée de plus de quatorze ans, et pour ceux des autres provinces à vingt-cinq livres de coton. Pour reconnaître ceux qui avaient acquitté le tribut, on fit pour chaque paiement des médailles de cuivre ou de laiton, que ceux qui venaient payer recevaient et devaient porter suspendue à leur cou, en sorte que ceux qui étaient rencontrés sans la médaille pouvaient être punis comme n'ayant pas acquitté la dette convenue.

Sans aucun doute les mesures que l'Amiral avait prises auraient assuré une longue paix et une véritable prospérité à la colonie, si, encore une fois, ne se fussent glissées parmi les Espagnols des dissensions, sur lesquelles nous aurons bientôt à revenir, car les Indiens, depuis la captivité de Caunabo se tenaient en des sentiments si pacifiques que non seulement il était possible à un chrétien de voyager seul dans toute l'étendue du pays, sans s'exposer à aucune fâcheuse aventure, mais encore les habitants s'offraient à lui servir de guides, et même à le porter sur leurs épaules partout où il lui plaisait de se rendre.

L'Amiral ne pouvait attribuer l'établissement d'un tel état de choses qu'à l'intervention de Dieu et à l'heureuse destinée des rois catholiques, car, sans ces influences, comment s'expliquer que deux cents hommes malades pour la plupart, mal armés, eussent pu suffire à dominer une pareille multitude. Et non seulement la divine Majesté disposa l'esprit de ces peuples à la soumission envers les chrétiens, mais encore il arriva qu'en ce moment ils furent visités par la famine et les maladies, qui en firent périr plus des deux tiers, témoignage évident que les conquêtes les plus merveilleuses résultent beaucoup moins de la force ou du génie de certains hommes, ou de la faiblesse de certains autres, que des secrets desseins du Créateur.

## LX

### DES CHOSES VUES DANS L'ILE, DES COUTUMES, DES CÉRÉMONIES ET DE LA RELIGION DES INDIENS

Les habitants de l'île étant devenus plus familiers, les Espagnols, qui avaient de ce fait une plus libre pratique du pays, purent être mieux renseignés sur beaucoup de choses qui jusqu'alors étaient restées en quelque sorte secrètes pour eux. Ils apprirent particulièrement que la région contenait des mines de cuivre et de lapis-lazuli; qu'on y trouvait des ébéniers, des cèdres, de l'ambre, de la gomme, de l'encens et plusieurs épices dont, par des soins de culture, on pourrait tirer des produits meilleurs et plus abondants, notamment de la cannelle, du piment, du gingembre. Ils reconnurent encore des mûriers de divers espèces à feuilles persistantes, et beaucoup d'arbres ou plantes fort utiles, bien qu'inconnues en nos pays.

Ils furent, d'autre part, initiés à beaucoup de particularités de la vie des Indiens, qui me semblent dignes d'être rapportées ici et pour lesquelles je m'en référerai à ce qu'en dit l'Amiral lui-même dans ses mémoires.

« Je n'ai pu, écrit-il, reconnaître chez eux aucun système religieux. J'ai simplement remarqué que leurs rois, qui sont nombreux aussi bien dans les îles que sur la terre ferme, ont chacun une maison séparée de toutes les autres, dans laquelle ne se trouve aucune chose, sinon certaine image de bois taillée qui porte le nom de *Cemi*.

« Dans cette maison l'on n'entre jamais que pour aller comme nous le faisons dans les églises, accomplir certaines pratiques et dire certaines prières en l'honneur du Cemi. Il y a là, une sorte de petite table ronde bien travaillée (1) où se trouve une poudre qu'ils posent avec un certain cérémonial particulier sur la tête du Cemi, et qu'ensuite ils aspirent par les narines (2), avec une double canne creuse, en prononçant des paroles incompréhensibles pour nous.

« L'aspiration de cette poussière a pour effet de leur causer une sorte d'ivresse, qui les prive en quelque sorte de sentiment.

« Ils donnent, — du moins autant que je puis croire, — les noms de leurs pères et de leurs aïeux à des statues qu'on voit quelquefois chez eux au nombre de dix où même davantage, et que d'ailleurs il semblent vénérer à divers degrés, adressent plus d'hommage ou faisant plus de révérences à celle-ci qu'à celle-là, — comme on

---

(1) En forme de *tailloir*, — dit le texte, — c'est-à-dire semblable aux rondelles de pain qui servaient encore d'assiettes à l'époque de l'Amiral.

(2) Sans doute du tabac en poudre.

le voit chez nous pour des saints diversement honorés.

« Les caciques, d'ailleurs, se targuent tous, et leurs sujets avec eux, d'avoir des Cemis supérieurs à ceux des autres. Quand ils se rendent dans la chambre où se trouvent leurs Cemis, ils font en sorte que les chrétiens ne les voient pas entrer et n'y puissent pénétrer eux-mêmes. Et s'ils pensent que ceux-ci doivent venir, ils emportent leurs Cemis, qu'ils vont cacher dans les bois, de crainte qu'on ne les leur vole. Chose curieuse cependant, ils ont coutume de chercher à se dérober mutuellement ces idoles.

« Une fois, il arriva que des chrétiens étant tout à coup entrés dans une des cabanes où se tenait un Cemi, cette statue se mit à proférer des imprécations contre les étrangers. En cherchant la cause de ce prétendu miracle, on reconnut qu'à la bouche de la statue correspondait un tuyau, dont le bout était dissimulé sous des feuilles dans un coin obscur de la cabane, où se trouvait cachée une personne qui parlait dans l'ouverture, disant pour le Cemi ce que le cacique avait jugé convenable de lui faire dire.

« Le cacique, voyant l'artifice découvert, supplia les Espagnols de ne pas révéler le secret, sous prétexte que c'était pour lui un moyen efficace de maintenir ses sujets dans l'obéissance.

« Il m'a donc semblé que toute la croyance des Indiens se réduit à accepter comme surnaturelle cette prétendue faculté de parole que le cacique attribue au Cemi, et à l'aide de laquelle il induit *ses sujets* en erreur à son profit, s'assurant ainsi de leur soumission, et de leur docilité à lui payer les tributs qu'il lui plaît de prélever sur eux.

La plupart des caciques d'ailleurs possèdent trois pierres pour lesquelles ils ont, ou font semblant d'avoir, une grande vénération : la première exerce, disent-ils, son influence favorable sur la culture des plantes alimentaires ; par la seconde, les femmes enfantent sans douleur ; la troisième dispense, selon le besoin le beau temps ou la pluie.

« J'envoie à Vos Altesses trois de ces pierres, et j'en ai trois autres que je compte emporter avec moi.

« Quand les Indiens meurent, leurs funérailles s'effectuent de diverses manières. Le corps des caciques ayant été ouvert, on le fait dessécher au feu, pour le conserver en cet état. Des autres on ne garde ordinairement que la tête. Quelques-uns sont déposés dans des grottes avec une gourde pleine d'eau et un peu de pain, que l'on met à côté d'eux. Il en est que l'on brûle dans leur cabane aussitôt après leur mort. La coutume est d'ailleurs assez générale d'étrangler ceux que l'on voit à l'extrémité, et notamment les caciques. Quelquefois on emporte de leur maison les mourants, qu'on installe au loin dans un hamac. On a soin de leur laisser un peu d'eau et de pain ; et, cela fait, on ne s'inquiète plus de ce qu'ils deviennent. Souvent aussi, quand des gens sont très malades, on les conduit vers le cacique qui, après les avoir examinés, décide si l'on doit les étrangler où les laisser vivre encore.

« J'ai très inutilement cherché à savoir s'ils croient à une vie future (1), nul d'entre eux n'a pu ou voulu me répondre sur ce point. Caunabo, le principal cacique

---

(1) Le vieux chef dont il a été question plus haut (ch. LVI) semble cependant, si tant est qu'il sût bien se faire comprendre, avoir une idée assez nette de la vie future.

de l'île Espagnole, homme de grand sens et d'âge respectable, interrogé par moi à ce sujet, m'a toutefois laissé entendre qu'il comptait aller dans une certaine vallée, qu'il considérait comme son pays véritable, et où sans doute il retrouverait son père et ses ancêtres, avec lesquels il passerait le temps à manger, boire, à prendre toutes sortes de plaisir (1). »

## LXI

COMMENT L'AMIRAL PARTIT POUR L'ESPAGNE, AFIN DE RENDRE COMPTE AUX ROIS CATHOLIQUES DE L'ÉTAT DANS LEQUEL SE TROUVAIENT LES PAYS PAR LUI DÉCOUVERTS

Ayant rétabli partout la paix dans l'île Espagnole, et voyant que la cité d'Isabelle, encore que peu importante, était convenablement organisée, l'Amiral résolut de retourner en Espagne, non seulement pour exposer aux rois catholiques la situation de la colonie, et ce qui pourrait être fait en vue d'en accroître la prospérité, mais encore pour tâcher de mettre à néant les rapports des envieux qui, à ce qu'il avait appris, cherchaient à

(1) Pour suppléer sans doute au peu d'étendue que l'Amiral donne par lui-même à l'observation des mœurs et coutumes des Indiens, notre auteur imagine de placer ici un cahier qu'il dit avoir trouvé dans les papiers de son père. C'est l'œuvre d'un pauvre moine hiéronymite, qui connaissait la langue du pays, et à qui l'Amiral avait, paraît-il, ordonné de rassembler tout ce qu'il pouvait apprendre des traditions et des croyances des Indiens. En somme, maigre et indigeste ramassis de fables sans intérêt, que Fernand Colomb aurait dû ne pas insérer dans son livre. Nous croyons bien faire en l'oubliant dans notre traduction.

le déconsidérer auprès des monarques, en niant les avantages de ses entreprises.

Il s'embarqua, le jeudi 10 mars 1496, avec deux cent vingt-cinq chrétiens et trente Indiens sur les deux caravelles, la *Sainte-Croix* et la *Niña* (1), les mêmes dont il s'était servi pour aller découvrir Cuba.

Après avoir louvoyé pendant plusieurs jours dans les parages de l'île, où le retenaient les vents d'est, il perdit enfin de vue la pointe orientale de l'Espagnole le mardi 22 mars; mais comme les vents soufflaient toujours dans le même sens, ce qui retardait fort sa marche, et que ses provisions commençaient à s'épuiser, il fit voile au midi, pour accoster les îles des Caraïbes, où il voulait se ravitailler et donner quelque repos à ses équipages.

Il jeta l'ancre devant *Marie-Galante*, le samedi 9 avril, et bien qu'il n'eût pas coutume, lorsqu'il se trouvait au mouillage, de reprendre la mer le dimanche, il remit cependant à la voile le lendemain, pour complaire à ses gens qui soutenaient que lorsqu'il s'agissait de chercher des vivres on pouvait ne pas observer les jours de fête; il gagna donc l'île de la Guadeloupe, et dès qu'il fut arrivé il dépêcha les chaloupes à terre. Or, comme ces embarcations approchaient du rivage, les matelots virent sortir des bois un grand nombre de femmes qui, armées d'arcs et de flèches, parurent se disposer à les empêcher de débarquer. Ils leur envoyèrent deux des Indiens ramenés de l'île Espagnole, qui remontrèrent à ces femmes que les chrétiens n'avaient d'autre dessein que de leur demander à

---

(1) Sans doute celle qui avait fait le premier voyage.

acheter des vivres. Elles répondirent qu'ils devaient en ce cas pousser plus loin au nord, vers la contrée qu'habitaient leurs maris, qui les approvisionneraient de tout ce qu'ils pourraient désirer.

Les Espagnols suivirent donc cette direction, en longeant de fort près la côte, sur laquelle à plusieurs reprises ils aperçurent des Indiens qui, du rivage essayaient, mais sans y réussir, à envoyer leurs flèches jusqu'aux navires. Quand ils se crurent arrivés au point indiqué, et voulurent débarquer, une multitude d'hommes se présenta encore pour les combattre, mais épouvantés par le bruit et par l'effet des bombardes qui tiraient sur eux des navires, ils s'enfuirent dans les bois, abandonnant leurs cabanes à la discrétion des Espagnols, qui y pénétrèrent et y prirent tout ce qui pouvait être à leur convenance.

Comme, en outre, les Espagnols étaient alors instruits du procédé que les Indiens employaient pour faire leur pain, ils se mirent en devoir d'en préparer de grandes quantités, avec les provisions et les ustensiles que contenaient les habitations.

Ces cabanes étaient carrées d'ailleurs, et non rondes comme la généralité de celles que les Espagnols avaient vues jusque-là. Ils y trouvèrent de grands perroquets, du miel, de la cire, des instruments tranchants, des espèces de métiers destinés à tresser les nattes dont étaient faites les parois de leurs demeures, et enfin un bras d'homme embroché pour être rôti.

Pendant que l'on travaillait à la confection du pain, l'Amiral fit reconnaître le pays par une quarantaine d'hommes, qui revinrent le lendemain ramenant dix femmes et trois enfants, qu'ils avaient pu saisir pendant que fuyaient tous les autres habitants. Parmi les femmes était l'épouse d'un cacique ; elle avait été capturée par un naturel des îles Canaries que l'Amiral avait amené avec lui, et qui était le plus rapide coureur que l'on pût trouver. Voyant que cette femme était seule, il s'élança vers elle, la saisit à bras-le-corps, mais elle le renversa, et l'aurait certainement étouffé, si les Espagnols ne fussent venus à son aide.

D'ailleurs, ces femmes quoique assez bien proportionnées étaient fort grasses. Entièrement nues, elles portaient de longs cheveux tombant sur leurs épaules, et enroulaient de la cheville jusqu'au genou, une épaisseur de coton filé autour de leurs jambes pour les faire paraître plus grosses, genre de parure qu'elle nommaient *cocre* et qu'elles tenaient pour fort gracieuse.

Elles serraient ces liens avec une telle force que quand il leur arrivait de les enlever, leurs jambes restaient d'une extrême sensibilité.

On apprit de l'épouse du cacique ou reine, que l'île où elle avait été prise n'était peuplée que de femmes ; que celles qui s'étaient opposées au débarquement des Espagnols n'avaient parmi elles que quatre hommes venus d'une île voisine, la coutume étant que, à de certaines époques de l'année, ceux-ci allassent les visiter et passer quelque temps avec elles. Elle dit qu'il en était de même des habitantes d'une autre île qui se nommait *Matinine*, enfin tout ce qu'elle conta de leur existence semblait rappeler de point en point ce que les historiens anciens rapportent des Amazones.

L'Amiral crut remarquer, du reste, qu'elles étaient plus intelligentes que les femmes des autres îles, et en jugea surtout ainsi par ce fait que, au lieu de connaître exclusivement les différentes divisions du temps par les apparitions du soleil et de la lune, elles se réglaient aussi d'après le lever ou le coucher de telles ou telles constellations, ce qui témoignait d'une certaine subtilité d'observation.

## LXII

### COMMENT L'AMIRAL PARTIT DE LA GUADELOUPE POUR LA CASTILLE

Après avoir ajouté du pain pour vingt jours de rationnement à une égale provision que contenaient déjà ses navires, l'Amiral décida de continuer sa route vers la Castille. Mais cette île de Guadeloupe, lui semblant être comme une porte ouverte sur toutes les autres îles, par le fait des femmes qui l'habitaient, il crut devoir faire en sorte que celles-ci gardassent un bon souvenir du passage des Espagnols(1). Pour les dédommager du préjudice qui leur avait été causé, il fit des présents à celles qui étaient sur son navire, et ordonna de les reconduire à terre, moins la cacique qui était très aise d'aller en Castille avec une de ses filles, en la compagnie des Indiens que l'Amiral ramenait de l'île Espagnole.

Parmi ceux-là se trouvait ce roi Caunabo, Caraïbe d'origine, qui, nous l'avons déjà dit, était un des chefs les plus renommés de l'île.

(1) Quand l'Amiral se présente à nous comme politique ou comme arbitre juridique, c'est toujours la douceur et la persuasion qu'il emploie de préférence. Nuance heureuse de son caractère vraiment supérieur.

L'Amiral partit de la Guadeloupe, le 20 avril. Mais les vents firent bientôt défaut, et il y eut dans le calme une telle persistance, qu'après un mois de navigation l'on n'avait encore aperçu aucune terre, et que les vivres touchant à leur fin, force fut de ne plus donner à chacun qu'une ration quotidienne exclusivement composée de six onces de pain et d'une petite bouteille d'eau.

Or, bien qu'il y eût sur les deux caravelles plusieurs vieux hommes de mer, aucun d'eux ne pouvait dire où l'on se trouvait, hormis l'Amiral qui affirmait que l'on devait être dans le voisinage occidental des îles Açores, et qui s'efforçait de le leur prouver par le raisonnement, mais sans réussir à les convaincre.

Toujours est-il que, continuant à régler la marche des caravelles selon la ligne qu'il croyait être la bonne, l'Amiral les conduisit de telle sorte que, le 8 juin, une terre fut en vue. Les avis des pilotes, que les privations et la crainte semblaient avoir frappés de vertige et d'aveuglement, furent encore très partagés. Selon les uns, l'on allait entrer dans le canal de Flandre, selon les autres, on se trouvait sur les rivages d'Angleterre, ou de Galice. L'Amiral crut pouvoir affirmer que la terre qu'on apercevait n'était autre que l'île d'Omire, située entre le cap Saint-Vincent et la pointe de Lisbonne. Mais quelle que pût être cette terre, tous voulaient qu'on l'accostât directement, dussent-ils briser les navires et naufrager à la côte plutôt que de rester encore sur l'Océan, exposés à la faim. A vrai dire, ils en étaient arrivés à l'éprouver si cruellement que plusieurs avaient proposé de manger les Indiens à la façon des Caraïbes, tandis que d'autres conseillaient tout au moins de les jeter à la mer pour épargner les vivres qu'ils consommaient, et même, sans aucun doute ce dernier avis aurait prévalu, si l'Amiral n'eût usé de toute la grave et puissante autorité de sa parole pour remontrer à ceux qui les condamnaient que ces malheureux, étant leurs frères en Jésus-Christ, ne devaient pas être moins bien traités que les autres hommes.

Quoi qu'il en fût, l'événement vint une fois de plus donner raison aux affirmations de l'Amiral. L'île était bien celle qu'il avait indiquée. Le lendemain, les navires jetaient l'ancre sur la côte portugaise, et tous les marins qui l'accompagnaient s'accordaient à reconnaître que l'Amiral avait une sorte d'intelligence divine des choses de la navigation.

## LXIII

#### COMMENT L'AMIRAL SE RENDIT A LA COUR, ET OBTINT DES ROIS CATHOLIQUES CE QU'IL LUI FALLAIT PAR RETOURNER DANS LES INDES

L'Amiral, ayant gagné la Castille, se rendit aussitôt à Burgos, où les rois catholiques se trouvaient alors pour célébrer le mariage de leur fils le prince Don Juan avec madame Marguerite, fille de l'empereur Maximilien d'Autriche. Bien qu'ayant assisté, en ma qualité de page du prince, aux fêtes magnifiques qui se donnèrent à cette occasion, je m'abstiendrai de les décrire, car outre qu'elles n'appartiennent pas au sujet qui nous occupe, elles ont certainement exercé la plume de plus d'un chroniqueur royal.

Arrivé à Burgos, l'Amiral fut immédiatement reçu très gracieusement par les rois catholiques, auxquels il offrit en présent toutes sortes de choses rapportées de son voyage, oiseaux et plantes, instruments et ustensiles en usage chez les Indiens, masques dont les yeux et les oreilles étaient faits de feuilles d'or, enfin et surtout beaucoup de grains d'or variant de grosseur, depuis le volume d'un pois jusqu'à celui d'un œuf de pigeon, — ce qui parut alors très étonnant, car ce ne fut que plus tard qu'il arriva de trouver des morceaux d'or pesant jusqu'à trente livres.

Les rois témoignèrent à l'Amiral toute leur satisfaction, et le remercièrent vivement du zèle qu'il déployait à leur service.

L'Amiral, après avoir fait à Leurs Altesses le récit de toutes les choses qui lui étaient arrivées ou qui concernaient la colonisation des Indes, leur remontra la nécessité de son prompt retour à l'île Espagnole, car non seulement il craignait que, en son absence, il n'advînt quelque fâcheux événement, mais encore, comme les gens qu'il avait laissés là-bas manquaient de la plupart des choses nécessaires à la vie, il importait de les en fournir au plus tôt.

Et toutefois, malgré ses instances sur ce point, étant donnés les retards en quelque sorte naturels apportés à l'exécution des ordres royaux, ce ne fut qu'au bout de dix à douze mois qu'il put obtenir, non pas ce qui lui avait été concédé pour sa propre expédition, mais seulement l'envoi de deux navires de secours et ravitaillement, qui partirent au mois de février 1498, sous la conduite de Pietro-Fernand Coronel.

Quant à lui, il dut attendre plus d'une année l'armement des vaisseaux avec lesquels il comptait retourner aux Indes.

Au cours de cette année, qu'il passa tantôt à Burgos, tantôt à Medina del Campo, où résidait alternativement la cour, les rois catholiques ne cessèrent de lui témoigner la haute estime en laquelle ils le tenaient, et de lui donner des marques empressées de leur libéralité. Je tiens à constater ici ces dispositions favorables des souverains à son égard, pour qu'il soit bien avéré que s'il perdit un jour ces bonnes grâces, il ne le dut qu'aux machinations des ennemis de sa gloire.

Notons d'abord que les longs retards apportés à l'équipement de ses vaisseaux furent dus, en principe, au mauvais vouloir des ministres royaux, et notamment d'un certain Juan de Fonsecca, archidiacre de Séville, plus tard évêque de Burgos, qui, dès ce moment, témoigna d'une haine mortelle envers l'Amiral, et devint le chef de la conspiration ourdie pour lui nuire dans l'esprit des rois catholiques.

Ce fut d'ailleurs à cette époque que don Diègue Colon, mon frère, et moi, jusqu'alors pages de l'infant don Juan, qui vint à mourir, nous passâmes en la même qualité, par la haute faveur dont jouissait notre père, au service de la reine Isabelle de glorieuse mémoire.

## LXIV

#### COMMENT L'AMIRAL PARTIT DE CASTILLE POUR DÉCOUVRIR LA TERRE FERME

L'Amiral, ayant enfin complété son armement, partit le 30 mai 1498, du canal de San Lucar avec six navires, chargés de tout ce qui pouvait être nécessaire pour le ravitaillement et les travaux de colonisation de l'île Espagnole. Il arriva, le dimanche 10 juin, à Madère où, magnifiquement reçu par le capitaine de l'île, il relâcha jusqu'au samedi suivant; le mardi 19 juin, il touchait à la Gomera, d'où il partit le surlendemain en faisant voile vers l'île de Fer; mais bientôt il eut l'idée d'envoyer trois de ses vaisseaux directement à l'île Espagnole, pendant qu'avec les trois autres il descendrait jusqu'aux environs des îles du Cap-Vert, d'où il prendrait la ligne droite, dans l'espoir de rencontrer la terre ferme.

Ce dessein lui ayant paru convenable, il désigna, pour commander les vaisseaux qui devaient se séparer de lui, trois capitaines, nommés, l'un Pierre d'Arana, cousin de cet Arana qui avait péri à l'Espagnole; l'autre, Alphonse Sancies, de Carvagiale et le troisième, Jean-Antoine Colomb, son parent.

Il ordonna que chacun d'eux eût le commandement en chef pendant une semaine, et leur laissa des instructions pour tout ce qu'ils auraient à faire, tant pendant la traversée, qu'après leur arrivée aux Indes.

Ces vaisseaux s'étant mis en route pour l'île Espagnole, il fit voile avec les autres vers les îles du Cap-Vert. Mais, presque aussitôt, il fut atteint d'une grave attaque de goutte dans une jambe, et quelques jours plus tard une fièvre terrible s'empara de lui. Quelles que pussent être ses douleurs, il ne laissait pas cependant de veiller comme de coutume à tout ce qui concernait la direction des navires, et de noter, comme il l'avait toujours fait, les moindres incidents du voyage.

Le mercredi 27 juin, il vit l'île du Sel, qui fait partie du groupe du Cap-Vert, et toucha à l'île dite de *Bonnevue*, bien mal nommée, car elle est fort désolée. Il gagna ensuite Santiago, qui est la principale des îles du Cap-Vert, où il relâcha avec l'intention de prendre des bœufs et des vaches qu'il voulait emmener vivants à l'île Espagnole; mais n'ayant pu se procurer rapidement ce bétail, il crut, dans l'intérêt de la santé de ses gens, ne pas devoir s'attarder en ce pays où régnait sans cesse un épais et chaud brouillard cachant le ciel et les étoiles, et où tous les habitants, dont les deux tiers au moins étaient alors malades, avaient le teint blême et l'air languissant.


## LXV

COMMENT L'AMIRAL, AYANT QUITTÉ LES ILES DU CAP-VERT, ENDURA UNE CHALEUR TERRIBLE, PUIS DÉCOUVRIT L'ILE DE LA TRINITÉ ET APERÇUT LA TERRE FERME

Le jeudi 5 juillet, l'Amiral partit de Santiago, en se dirigeant vers le sud-ouest, son intention étant de descendre jusqu'à la ligne équinoxiale, avant de cingler directement à l'occident, pour arriver, soit à la terre ferme, ou tout au moins à l'île Espagnole. Mais il rencontra dans ces parages des courants vers le nord et le nord-ouest, qui retardèrent sa marche à ce point qu'après deux jours de navigation il n'était encore qu'en vue de l'île de Feu, qui appartient en réalité au groupe du Cap-Vert. De loin, cette île ressemble à une église, dont un pic très élevé serait le clocher; quand veut souffler le vent du midi, il en sort un grand jet de flamme et de fumée, analogue à celui qui couronne les volcans de Ténériffe et de Mongibello. Un peu de vent survint alors, qui permit à l'Amiral d'arriver jusqu'à cinq ou six degrés de la ligne équinoxiale où, pendant huit jours, régna le calme le plus complet avec une chaleur si excessive, qu'il semblait que les navires en dussent être embrasés. Les équipages n'eussent certainement pas résisté à cette température, si par la grâce de Dieu, quelques nuages ne fussent survenus, qui atténuèrent l'ardeur du soleil et firent tomber une pluie bienfaisante. L'Amiral ne crut pas devoir pousser plus avant vers la région australe, et de là il se prit à cingler, dès qu'un peu de vent le permit, vers l'occident. Il importait, d'ailleurs, qu'il perdît le moins de temps possible, car l'extrême chaleur non seulement desséchait et disloquait les tonnes contenant la provision d'eau, mais encore brûlait ou corrompait les vivres.

Dans cette région encore, l'Amiral voulant prendre la hauteur du pôle eut à décompter avec les données ordinaires, tant par l'illusion résultant de l'obliquité de situation de l'étoile Polaire par rapport à la sphère, que par une irrégularité dans la direction de l'aiguille aimantée... Il nota scrupuleusement ces phénomènes qui ne furent expliqués que plus tard.

Enfin, le dernier mardi de juillet de l'année 1498, après avoir toujours marché à l'occident, et pensant qu'il avait alors les îles des Caraïbes au nord, il crut devoir se diriger vers l'Espagnole, non seulement parce qu'il manquait d'eau et de vivres, mais encore et surtout parce qu'il était fort impatient de revoir la colonie, où il craignait que, pendant son absence, ne se fût déclarée quelque discorde ou dissension parmi ceux qu'il y avait laissés, — pressentiment qui, comme nous le verrons plus tard, n'était malheureusement que trop bien justifié.

Il avait donc pris sa route au nord, pensant rencontrer bientôt les îles des Caraïbes, lorsque, un matin, Dieu permit qu'un peu avant midi un matelot nommé Alphonse Perez Nizzardo, étant monté dans les huniers, aperçut vers l'occident, à la distance de quinze lieues, une terre qui semblait formée de trois montagnes réunies.

Quand on en fut plus proche, on reconnut que cette terre s'étendait, au nord-est, aussi loin que pouvait porter le regard, qui ne semblait pas devoir en embrasser les bornes.

Toujours est-il que les équipages ayant rendu grâce à Dieu, en chantant le *Salve Domine*, et en disant les oraisons par lesquelles les marins ont coutume de manifester pieusement leur joie, l'Amiral appela cette terre la *Sainte-Trinité* (1), non seulement parce qu'

(1) Cette terre, qui a gardé son nom de *Trinité*, avoisine le continent méridional par la baie de *Paria*, à quelque distance des bouches de l'*Orénoque*.

s'était dit qu'il donnerait ce nom à la première terre qu'il découvrirait, mais encore parce que celle-ci s'était montrée à lui sous l'aspect de trois montagnes groupées.

Il côtoya cette terre pour aller jeter l'ancre au delà d'un cap qu'il apercevait au midi, et qu'il nomma le *cap de la Galère*, à cause d'un rocher qui, émergeant à quelque distance, avait de loin l'aspect d'une galère sous voile ; mais le lieu n'étant pas favorable pour le débarquement, il chercha un peu plus loin une rive plane, sur laquelle ses gens descendirent aussitôt, et trouvèrent à se rafraîchir aux eaux pures d'une magnifique rivière.

Il ne trouvèrent là aucun habitant, bien que tout le long de la côte ils eurent aperçu de nombreuses colonies et cru voir beaucoup d'Indiens. A la vérité, il reconnurent que des pêcheurs avaient dû s'enfuir à leur approche, car des engins de pêche étaient abandonnés sur le rivage.

Ils virent d'ailleurs, sur le sable, des empreintes analogues à celles que laisseraient les pieds des chèvres, mais ils trouvèrent les ossements d'un de ces animaux dont la tête ne portait point de cornes, et ils pensèrent que les traces qu'ils avaient aperçues étaient dues à des singes, — ce qui plus tard leur fit confirmé.

Continuant à faire voile au delà du cap de la Galère, ils découvrirent la terre ferme à quelques vingt-cinq lieues. Toutefois, l'Amiral pensant que ce fut encore une île, lui donna le nom d'*Ile-Sainte*, et s'en approcha pour y débarquer, mais il explora près de trente lieues de côte, de l'est à l'ouest, sans apercevoir un port dans lequel il fût possible de mouiller. Il ne constata pas moins l'excessive beauté de ce pays, dont la population était fort nombreuse.

Contrarié, d'ailleurs, par des courants qui venaient de terre avec autant d'impétuosité qu'à l'embouchure des plus grands fleuves (1), l'Amiral dut chercher un autre point de débarquement. Il se dirigea donc vers un cap qu'il apercevait à l'occident et qu'il nomma la pointe de l'Arenal (du Sable). Un peu avant d'y arriver il vit venir au-devant de lui un canot portant vingt-cinq hommes qui, lorsqu'ils ne furent plus qu'à une portée d'arquebuse, commencèrent à interpeller les Espagnols, mais sans qu'il fût possible de comprendre ce qu'ils disaient. Pour les engager à monter sur le navire, on leur montra divers objets pouvant exciter chez eux le désir de possession, comme on avait toujours fait avec les autres Indiens; mais ils se bornèrent à se rapprocher un peu, sans vouloir se décider à accoster tout à fait. L'Amiral ordonna que l'on portât un tambourin à la poupe et que, pendant que l'on en jouerait, quelques jeunes matelots se missent à danser. Mais aussitôt, comme s'il se fût agi d'un belliqueux signal, les Indiens prirent leurs arcs, leurs flèches et commencèrent à tirer sur les danseurs. L'Amiral leur fit répliquer par quelque traits d'arbalètes. Alors ils s'éloignèrent, se dirigeant vers une autre caravelle, qu'ils accostèrent sans frayeur aucune. Le pilote descendit dans leur canot, leur fit quelques présents qu'ils reçurent avec grande joie. Puis ils s'en allèrent à terre et revinrent apportant de leur pain, que ceux du navire cependant ne voulurent pas accepter par crainte de déplaire à

(1) Courants dus aux nombreuses et importantes embouchures de l'*Orénoque*.

l'Amiral. Ces Indiens avaient le teint plus clair que ceux des autres îles, ils étaient bien faits de corps, portaient leurs cheveux longs, liés avec des cordelettes, et cachaient leurs parties honteuses sous un morceau de toile.

## LXVI

#### DU PÉRIL QUE COURURENT LES NAVIRES EN PASSANT PAR LE CANAL DU SERPENT, ET COMMENT FUT ACCOSTÉE LA PREMIÈRE TERRE FERME, DITE DE PARIA

« En arrivant à la pointe de l'Arenal, dit l'Amiral dans son journal de bord, je remarquai que l'île de la Trinité formait, avec la terre que j'avais appelée l'île Sainte, un canal large d'environ deux lieues, du levant au couchant, que je nommai *Boûche du Serpent* (1), et que pour entrer, on rencontre une suite de courants qui traversent ce canal en faisant un bruit épouvantable. Je pensai que cela provenait de récifs et d'écueils qui devaient en fermer l'accès. Je mouillai donc à la pointe de l'Arenal, à l'issue du canal, et je trouvai que l'eau venait de l'orient à l'occident avec autant d'impétuosité que le Guadalquivir dans ses débordements, et cela, nuit et jour, sans discontinuer. Je crus que je ne pourrais ni revenir sur mes pas, à cause des courants qui m'avaient apporté, ni aller en avant, à cause des bas-fonds. Au milieu de la nuit, j'entendis un bruit terrible qui venait du côté du midi vers le navire, et je

(1) Le nom est resté.

vis la mer qui s'élevait du couchant au levant, formant une espèce de colline aussi haute que nos mâts. Au-dessus de cette élévation de la mer, se manifestait un courant qui s'avançait en rugissant avec le fracas des flots de la mer se brisant sur les rochers. Aujourd'hui même, je crois éprouver encore le sentiment de crainte qui s'empara de moi à l'idée que nous allions être inévitablement submergés. Par la grâce de Dieu, cependant, la houle passa sans avoir rien fait de plus que nous secouer fort rudement et sans qu'il s'en suivit pour nous aucun dommage. A vrai dire l'un des navires eut ses ancres enlevées, et fut emporté à quelque distance, ce qui causa une grande terreur à ceux qui le montaient, mais ils firent force de voiles et réussirent à se tirer saufs de ce mauvais pas.

« Etant donnés les périls que nous venions de courir et afin de n'y être pas exposés de nouveau, je m'engageai dans un autre canal, que j'appelai du Dragon, dont la direction me semblait telle, qu'à l'issue je devais être sur la route directe de l'île Espagnole. »

Toujours pensant que la terre qu'il côtoyait fut une île, l'Amiral se refusait à l'accoster, pour ne pas s'attarder inutilement, encore qu'il y aperçut d'excellents mouillages.

Toutefois, le 5 août, qui était un dimanche, jour où, quand il le pouvait, il avait coutume de rester à l'ancre, l'Amiral s'arrêta et permit à ses gens de descendre à terre. Ils s'y rendirent et trouvèrent une contrée fort riante, dont les habitants effrayés s'étaient enfuis; et ce fut, sans qu'ils s'en doutassent, le premier débarquement des Espagnols sur la terre ferme (1).

(1) Au fond du golfe de *Paria*. — Nous regrettons que, vu son

## LXVII

**COMMENT SUR LA TERRE DE PARIA L'ON TROUVA DE L'OR ET DES PERLES, ET DE QUELLE NATURE EN ÉTAIENT LES HABITANTS**

La flottille ayant continué à suivre le canal du Dragon pendant l'espace d'une quinzaine de lieues, l'une des caravelles fut un matin accostée par un canot que montaient trois Indiens. Le pilote, connaissant le vif désir qu'avait l'Amiral d'entrer en relation avec les naturels de cette terre, descendit dans le canot, et, avec la chaloupe du navire, conduisit ces trois hommes à l'Amiral, qui les traita avec la plus grande douceur, leur fit plusieurs présents et les fit reconduire à terre,

étendue, il ne nous soit pas possible de reproduire ici en entier la partie des mémoires où Christophe Colomb pense que s'il pouvait convenablement explorer cette région, il arriverait sans nul doute à la découverte du *Paradis terrestre*, charmante page où toutes les ingénuités de la foi sincère s'unissent aux plus subtiles pénétrations du génie. « Je n'admets pas, dit-il, que le Paradis terrestre ait la forme d'une montagne escarpée, mais qu'il est sur le sommet de l'endroit où j'ai dit qu'était la forme *de la queue de la poire* (l'isthme formant *queue* au continent méridional) et que cette élévation extrême est formée par une pente insensible prise de très loin, et je crois que personne ne pourra parvenir au sommet... Je n'ai jamais lu, ajoute-t-il en parlant du vaste estuaire de l'*Orénoque*, qu'une telle quantité d'eau douce fut ainsi en dedans de l'eau salée, ce qui vient encore à l'appui, c'est la délicieuse température ; et si cette eau douce ne sort pas du *Paradis terrestre*, c'est merveille plus grande encore, car je ne crois pas qu'on trouve dans le monde un fleuve aussi large et aussi profond.

où se voyaient un grand nombre de leurs compatriotes.

Ceux-ci, convaincus des intentions pacifiques des chrétiens, vinrent aussitôt dans plusieurs canots, apportant, pour trafiquer, diverses productions de leur pays, qui ne différaient guère de celles des autres îles. Les Espagnols remarquèrent, cependant, qu'ils avaient pour boisson une sorte de liqueur blanche comme du lait et une autre noirâtre, ayant le goût d'un vin qu'on aurait fait avec des raisins mal mûrs, mais ils ne purent savoir de quels fruits il la tiraient. Ces Indiens apportèrent aussi des morceaux de toile, de la grandeur moyenne d'un mouchoir, très habilement tissée avec du coton teint en diverses couleurs. Parmi les objets qu'on leur montrait, c'étaient les bassins de cuivre et les grelots qui attiraient le plus leur attention. Ils semblaient de mœurs plus douces et d'esprit plus sociable que ceux de l'île Espagnole. Les hommes cachaient leur nudité à l'aide d'un morceau d'étoffe et s'en enroulaient un autre autour de la tête, mais les femmes restaient entièrement nues. Plusieurs d'entre eux portaient au cou de petites plaques d'or.

L'Amiral qui ne pouvait s'attarder à explorer le pays, mais qui, cependant, tenait à être renseigné à ce propos, fit prendre six de ces Indiens qu'il garda sur son vaisseau, et continua sa route.

Un peu plus loin, il rencontra deux grandes îles qui, non seulement, lui parurent fort peuplées, mais où il vit même des champs en culture régulière.

Les habitants de ces îles, qui avaient des ornements d'or en plus grande quantité, dirent qu'ils leur venaient d'une île située au couchant, dont les habitants étaient mangeurs d'hommes. Leurs femmes portaient aussi des bracelets de perles si belles et si grosses que l'Amiral en fit acheter plusieurs pour en faire présent à Leurs Altesses Castillanes. Quand on leur en demanda la provenance, ils répondirent qu'on les trouvait dans des coquilles qui se pêchaient au nord de cette terre que l'Amiral avait nommée l'île Sainte.

Afin d'être plus exactement renseigné sur ces différents points qui pouvaient avoir une grande importance, l'Amiral jeta l'ancre sur cette côte, et envoya la chaloupe à terre. A peine y arrivèrent-elles, que les Espagnols furent entourés d'une multitude d'Indiens qui leur prodiguèrent à l'envi toutes les marques de la plus cordiale sympathie. Ils voulurent même les emmener, et les emmenèrent, en effet, dans une grande cabane qui devait être le palais de leur roi, où ils leur offrirent toute sortes de mets, ainsi que de ce vin dont nous avons parlé plus haut. Ils les conduisirent ensuite dans la maison du fils de ce roi, où ils reçurent le même accueil.

Ces Indiens étaient plus blancs que tous ceux qu'on avait rencontrés jusqu'alors, et d'aspect moins sauvage. Ils avaient les cheveux coupés sur les oreilles, presque à la mode castillane. Ce fut d'eux qu'on apprit que leur terre s'appelait *Paria*, et qu'elle était terre ferme.

## LXVIII

COMMENT L'AMIRAL APRÈS AVOIR COURU DE NOUVEAUX DANGERS DANS LE CANAL DU DRAGON, SE RENDIT DE LA TERRE FERME A L'ÎLE ESPAGNOLE

L'Amiral suivant toujours le canal du Dragon, dont il espérait sortir par l'occident, remarqua que l'eau sur laquelle il naviguait était de l'eau douce, il envoya celle de ses caravelles qui se nommait le *Courrier*, et qui avait un tirant d'eau plus faible que la sienne, reconnaître la passe. Ce navire revint, ayant reconnu que du côté de l'occident le bras de mer s'achevait dans un golfe de forme carrée, où venait déboucher quatre fleuves, — ce qui expliquait la douceur de l'eau.

L'Amiral fut donc obligé de rétrograder pour prendre sa route au nord où devait se trouver un détroit entre la Trinité et la terre ferme. Or, comme il suivait les courants qui le portaient en ce sens, et qui sont dus à l'énorme quantité d'eau douce qui vient se rendre à la mer proprement dite, il arriva que le vent tomba tout à fait, et que, n'en ayant plus l'aide pour gouverner dans cette passe relativement étroite, il put craindre à plusieurs reprises d'être jeté sur les bas-fonds ou sur les écueils qui sont nombreux le long des côtes.

Mais il plut de nouveau à Notre-Seigneur que le salut résultât pour lui de ce qui le mettait en péril, car un courant favorable ayant pris ses vaisseaux, les porta sains et saufs hors du détroit du Dragon, et les mit en pleine mer.

Sans avoir, encore une fois, éprouvé aucun dommage, l'Amiral put, le lundi 13 août, se trouvant au delà de la côte septentrionale de la terre de Paria, faire voile directement pour gagner l'île Espagnole, en adressant mainte action de grâce à Dieu, qui semblait veiller si particulièrement sur lui, et qui lui faisait découvrir tant de pays magnifiques pleins de richesses, et notamment cette dernière terre dont l'existence confirmait les dires des Caraïbes, qui s'étaient accordés pour lui affirmer qu'au midi de leur pays se trouvait un grand continent.

Chemin faisant, il rencontra plusieurs îles auxquelles il donna divers noms, et qui lui auraient offert bien des particularités à noter, si, à ce moment de son voyage, par suite des veilles prolongées et de l'attention donnée par lui aux observations et aux lectures, il n'eût été pris d'une grande inflammation des yeux qui l'empêchait d'écrire. Toutefois, il fit encore là de singulières remarques sur les variations de l'aiguille aimantée...

Enfin, le lundi 20 août, il mouilla entre la petite île dite Béata, et la pointe méridionale de l'île Espagnole, d'où il fit partir un Indien pour porter à son frère, le préfet, une lettre dans laquelle il lui annonçait son arrivée; et le 30 du même mois, il entra avec ses vaisseaux dans le port ou plutôt dans l'embouchure de la rivière, sur la rive orientale de laquelle, le préfet avait fixé l'emplacement de la ville qu'on y voit aujourd'hui, et qu'il avait nommée *Saint-Domingue*, en souvenir du nom de son père, mon aïeul (1).

(1) La ville a ensuite donné son nom à l'*île Espagnole*.

## LXIX

COMMENT L'AMIRAL TROUVA L'ÎLE ESPAGNOLE EN ÉTAT DE SÉDITION ET DE RÉVOLTE, PAR LA MALIGNITÉ D'UN CERTAIN ORLANDO, QU'A SON DÉPART IL AVAIT INVESTI DES FONCTIONS DE JUGE GÉNÉRAL

L'amiral en entrant dans la ville de Saint-Domingue, avec la vue presque perdue par suite des longues veilles et après les rudes fatigues du voyage, espérait y goûter un peu de calme et de repos; mais il n'y trouva, au contraire, que le trouble et l'agitation.

La plus grande partie des gens qu'il avait laissés dans l'île étaient morts, plus de cent quarante étaient malades, et, outre qu'à l'instigation d'un rebelle, beaucoup d'autres s'étaient soulevés, l'on n'avait aucune nouvelle des trois navires chargés de vivres que l'Amiral avait dépêchés des îles Canaries.

Ici nous devons reprendre les choses au départ de l'Amiral pour la Castille, qui eut lieu, comme nous l'avons dit, au mois de mars 1496, et suivre l'ordre des événements jusqu'à son retour, qui ne s'effectua que trente mois plus tard.

Dans les premiers temps, tout se passa bien dans la colonie, où l'on espérait voir revenir promptement l'Amiral amenant avec lui des vivres et des provisions de toutes sortes. Mais une année s'étant écoulée, sans que les secours arrivassent, les maladies augmentant avec les fatigues, et l'espoir semblant perdu de voir la situation générale s'améliorer, le mécontentement commença à se manifester, des querelles privées survinrent, dont des meneurs ne manquèrent pas de prendre prétexte, avec la visée d'être chefs de partis. Parmi ceux-là se fit aussitôt remarquer certain François Orlando, natif de Torre, que l'Amiral avait mis en grand crédit, tant auprès des Espagnols que des Indiens, en le nommant juge général, et en l'investissant d'une autorité en quelque sorte égale à la sienne.

Etant donné ce titre et les droits qui y étaient attachés, on comprend qu'entre Orlando et le frère de l'Amiral, qui était préfet et gouverneur des Indes, la question de rivalité prima bientôt les questions d'intérêt public.

Tout d'abord, l'Amiral tardant à revenir, et les secours se faisant vainement attendre, Orlando s'en autorisa pour surexciter le mécontentement, et ne projeta rien moins que de s'emparer du pouvoir absolu en mettant à mort les frères de l'Amiral, qui seuls pouvaient faire obstacle à ses visées. Il attendit donc une occasion favorable.

Or il advint que le préfet, s'en étant allé en une province de la partie occidentale de l'île, distante d'environ quatre-vingts lieues de la ville d'Isabelle et nommée Suragna, Orlando fut chargé de le suppléer dans ses fonctions de gouverneur, tout en restant cependant sous les ordres de don Diègue, second frère de l'Amiral. A vrai dire, il tint dès l'abord l'autorité de celui-ci en complet mépris. Comme en sa qualité de remplaçant du préfet, il avait dans ses attributions le soin de veiller à ce que les caciques de l'île payassent aux rois catholiques le tribut que l'Amiral avait imposé à

12.

tous les Indiens, Orlando profita des relations que lui valait cette perception pour travailler à se rallier les esprits des tributaires.

Mais il n'est perversité si audacieuse et si grande qui pour se manifester et marcher à ses fins ne se croie obligée de s'appuyer sur un prétexte. Orlando fit naître ce prétexte à propos d'une caravelle, que le préfet avait fait construire pour l'envoyer en Castille, si quelque jour il en était besoin.

Bien que ce navire fût à peu près achevé, l'on était empêché de le mettre à l'eau par le manque de cordages et d'autres objets, qui devaient en compléter le gréement.

Orlando laissa entendre que tels n'étaient pas les vrais motifs du retard apporté au lancement de la caravelle, en insinuant qu'il conviendrait cependant qu'on la mît en état de prendre la mer, pour qu'il fût loisible à quelques-uns d'aller faire savoir en Castille l'état des travaux de la colonie. C'est ainsi que sous couleur d'intérêt général, et bien qu'en reconnaissant l'impossibilité, il poussait à ce que chacun réclamât la mise à l'eau de la caravelle. Et comme don Diègue ne pouvait que s'y opposer, par la raison plausible du manque d'objets indispensables au gréement, Orlando intrigua pour que l'opération eût lieu en dépit du frère de l'Amiral. Il répandait le bruit que si le préfet et Don Diègue se refusaient à la mise en état de cette caravelle, c'était que, ayant résolu de s'assurer toute l'autorité, ils ne voulaient pas qu'il fût possible d'aller instruire les rois catholiques de leurs actes oppressifs et tyranniques. Il ajoutait qu'étant donné la dureté excessive du préfet, qui imposait, aux habitants, une existence de travail et de privations, les nourrissant à peine et très mal, en les faisant travailler aux terres, aux fortifications, sans qu'il parût que l'Amiral dût jamais m'envoyer aucun ravitaillement, il serait convenable, qu'on s'emparât de ce vaisseau, pour le faire servir à recouvrer la liberté. Etait-il admissible que dans l'attente d'une solde qui, n'était pas, et qui ne serait jamais payée, les Espagnols restassent esclaves d'un étranger (1), qui, pendant qu'ils enduraient toutes les souffrances, passait une vie heureuse et facile. Au lieu d'avoir à travailler tant eux-mêmes, ne serait-il pas plus naturel qu'ils pussent soumettre les Indiens à leur autorité propre et les faire travailler pour eux. Leur était-il seulement permis de prendre pour femme une Indienne qui leur convenait; ne leur imposait-on pas à tous la plus dure discipline, et pour le moindre écart n'étaient-ils pas passibles des peines les plus sévères, comme le jeûne et l'emprisonnement?

Il concluait en leur faisant remarquer qu'exerçant en quelque sorte l'autorité d'un roi, il ne pouvait vouloir les induire en erreur, ni leur rien conseiller qui pût leur être préjudiciable.

Par ces haineuses mais très habiles suggestions, qui toutes semblaient avoir pour principe le bien public, il était parvenu à gagner si entièrement certains esprits, qu'un jour où le préfet était revenu de Suragna à la ville d'Isabelle, quelques-uns des amis d'Orlando étaient résolus à le poignarder; et même leur projet fut si près d'être exécuté que déjà la corde était prête

---

(1) On lui reprochait d'être Génois.

pour pendre le préfet après l'avoir frappé. Ils se prévalaient surtout en cette occasion de l'emprisonnement injuste, selon eux, d'un certain Barabona leur ami; mais Dieu conseilla au préfet de se montrer clément envers celui-ci, et de le faire remettre en liberté, ce qui fut cause que les conjurés n'eurent plus de prétexte à invoquer pour agir contre lui.

## LXX

### COMMENT ORLANDO TENTA DE PRENDRE LA CITADELLE DE LA CONCEPTION ET SACCAGEA LA VILLE D'ISABELLE

Voyant l'avortement de son projet, et comprenant que sa conjuration n'était plus secrète, Orlando pensa qu'en s'emparant de la citadelle et de la ville dites de la Conception, bâties à l'intérieur du pays, il se rendrait plus facilement maître de l'île.

Il fut d'autant mieux poussé à suivre cette idée que, en l'absence du préfet, Don Diègue l'avait envoyé avec quarante hommes soumettre les Indiens des environs de la Conception qui s'étaient soulevés, ayant, eux aussi, l'intention de s'emparer de la ville et de massacrer les chrétiens.

Orlando, sous prétexte de rétablir l'ordre et de châtier les rebelles, se réunit avec ses gens dans la bourgade d'un cacique, nommé Marchès, qui était à sa dévotion, pour attendre le moment favorable à l'exécution de ses desseins. Mais il ne tint pas ses intentions si secrètes que Balestrière, le capitaine de la citadelle n'en prit quelque soupçon, et, tout en faisant bonne garde, ne crût devoir en aviser le préfet. Celui-ci, prenant avec lui tous les hommes dont il pouvait disposer, se rendit immédiatement à la citadelle.

Orlando, jugeant sa conspiration découverte se rendit avec un sauf-conduit auprès du préfet, moins peut-être pour entrer en arrangement avec lui que pour étudier les moyens de lui nuire.

Il se présenta en affectant l'irrévérence et la hauteur, et réclama de nouveau que le préfet fît mettre à l'eau la caravelle, ou bien l'autorisât à se charger de ce soin de concert avec ses amis.

Le préfet opposant le dédain et l'ironie à l'insolence, fit observer à Orlando que ni lui ni ses amis n'étaient gens de mer, qu'ils n'entendaient rien à la mise à flot d'un navire; que même la caravelle fût-elle lancée, il leur serait impossible de s'en servir, puisqu'on manquait de cordages et de divers autres appareils; que ce serait vouloir exposer à un même péril l'embarcation et ceux qui la monteraient; et qu'en conséquence les choses devaient rester en l'état jusqu'à ce qu'il pût en être décidé autrement par le soin des hommes compétents. Après l'échange de quelques propos analogues, Orlando s'en alla fort mécontent, sans avoir voulu consentir, comme le lui avait demandé le préfet, ni à se démettre de ses fonctions de juge, ni à se borner à les remplir, disant qu'il ne relevait que du roi, et non de l'homme qui laissait percer tant de sentiments de haine envers lui; il ajouta qu'il espérait bien avoir raison de l'injustice qui lui était faite, mais que pour montrer qu'il savait se maintenir dans les lois de la raison, il consentait à accepter comme résidence le lieu que le préfet désignerait. Or, celui-ci l'ayant engagé à se rendre auprès de Don Diègue, Orlando répliqua qu'il ne trouverait pas là des vivres suffisants pour ses hommes, et qu'il allait chercher un meilleur séjour.

Aussitôt il se dirigea vers Isabelle, où après avoir vainement essayé de mettre la caravelle à l'eau, il se jeta sur le magasin des munitions et des vivres, où les siens prirent tout ce qui pouvait leur convenir, sans que don Diègue, qui était accouru, pût s'y opposer. Celui-ci même ne dut son salut qu'à cela qu'il se retira en toute hâte dans la citadelle avec les gens de sa suite. Au cours du procès, auquel donna lieu plus tard cette rébellion, il fut dit qu'Orlando promettait obéissance à Don Diègue, s'il voulait se déclarer contre son frère le préfet.

Toujours est-il qu'Orlando, désespérant de l'emporter sur Don Diègue, et craignant l'arrivée des secours que ne pouvait manquer d'envoyer le préfet, quitta la ville suivi de tous les mécontents, et trouvant aux environs des bestiaux en pâturage, il fit tuer un certain nombre de ces animaux pour la nourriture de sa bande, et en emmena beaucoup d'autres pour approvisionnement de route. Son projet était de se rendre en cette même province de Suragna que le préfet venait de quitter, et qui l'attirait par son extrême fertilité en même temps par l'aménité de ses habitants en général, mais plus particulièrement encore par la beauté et l'accortise de ses femmes.

Toutefois, comme il ne voulait pas s'éloigner sans avoir prouvé ce que pouvaient les forces dont il disposait, il résolut de se diriger d'abord vers la ville de la Conception qu'il envahirait à l'improviste, pour y tuer le préfet qui y faisait alors sa résidence. Il était d'ailleurs décidé d'en faire le siège, dans le cas où il ne réussirait pas à la surprendre.

Le préfet, heureusement instruit des intentions d'Orlando, se mit en mesure d'opposer bonne résistance, aidé des habitants de la ville auquel il sut remontrer, car il était homme d'éloquence persuasive, qu'ils n'avaient aucun intérêt à passer sous l'autorité d'un nouveau chef.

Orlando, qui s'était flatté qu'à son approche tous embrasseraient son parti, fut encore une fois déçu dans ces espérances; et non seulement le préfet, sûr de la fidélité et de l'énergie de son entourage, se trouva en mesure de repousser l'attaque prévue d'Orlando, mais obéissant aux instincts valeureux qui étaient en lui, il résolut de trancher par les armes un différend que ni les bons conseils, ni le raisonnement n'avaient pu terminer, et sortit de la ville, pour aller attaquer les rebelles en pleine campagne.

## LXXI

COMMENT ORLANDO S'EFFORÇA DE SOULEVER LES INDIENS CONTRE LE PRÉFET, ET SE RENDIT AVEC LES SIENS A SURAGNA

Orlando, voyant qu'aucune défection ne se produisait du côté du préfet, n'attendit pas que celui-ci vînt l'attaquer; il décampa en toute hâte, se dirigeant, comme il en avait eu primitivement le dessein, vers Suragna.

Tout le long de la route il allait prêchant aux Indiens le mépris du préfet, et la révolte contre son autorité. Il ne s'éloignait, leur disait-il, qu'à cause de l'extrême oppression que ce préfet, homme d'une dureté et d'une cupidité sans égales, faisait peser sur les chrétiens aussi bien que sur les Indiens. Il leur donnait à en-entendre que le tribut auquel ils étaient soumis, et que jusqu'alors ils avaient régulièrement payé, irait sans cesse en augmentant, contre l'assentiment des rois catholiques, qui ne recherchaient rien de plus que leur obéissance, et n'avaient d'autre désir que de leur assurer la justice et la paix. Il insinuait, d'ailleurs, que si quelque jour il leur arrivait de trouver le joug du préfet trop lourd, il se ferait un devoir de les prendre sous sa protection et de les défendre. L'effet immédiat de ces suggestions fut de ralentir la perception de l'impôt, tant dans les provinces éloignées de la résidence du préfet, où il était difficile d'aller l'exiger, que dans les provinces voisines, où l'on ne voulait pas sévir par crainte de surexciter les esprits.

Mais quelque témoignage de sympathie qu'Orlando et ses affidés prodiguassent aux Indiens, ils n'en restaient pas moins eux-mêmes aux yeux de ceux-ci des oppresseurs dont ils rêvaient de secouer le joug. Le préfet ayant dû s'absenter d'Isabelle, Guarionex, le cacique principal de la province, forma le projet de tenter un coup de mains sur la ville et sur la citadelle pour mettre à mort les chrétiens qui les habitaient. Il réunit de plus tous les caciques des environs, et convint avec eux d'un jour, pour que le massacre devînt général, chacun promettant d'assaillir en même temps les Espagnols, qui étaient alors dispersés par groupes de huit ou de dix sur les divers points du pays. Les caciques ne doutaient pas qu'ils ne dussent ainsi les anéantir jusqu'au dernier, et à cette effet n'ayant que les lunaisons pour tout mode de supputer le temps, ils décidèrent, d'un commun accord, que cette exécution aurait lieu au jour de la prochaine pleine lune.

Or, il arriva que l'un des caciques les plus zélés, manquant de données astronomiques certaines, devança l'époque convenue, et donna ainsi l'éveil aux chrétiens avant que tous les Indiens ne fussent prêts pour l'action générale. Ce malavisé s'étant enfui auprès de Guarionex, fut mis à mort par ordre de celui-ci, qui le punit ainsi d'avoir empêché le succès de la conjuration.

Les révoltés, que conduisait Orlando, furent les premiers affectés de cette mésaventure, dont il espéraient tirer profit par la mort probable du préfet ; et, sentant qu'on pourrait leur demander compte de la part occulte qu'il devaient avoir prise à l'affaire, ils se hâtèrent de gagner Suragna, où il arrivèrent en protestant, plus haut que jamais, qu'ils venaient pour protéger les Indiens, tandis que tous leurs actes étaient ceux de véritables larrons, n'ayant pour frein, ni la crainte de Dieu, ni le respect des hommes, et n'écoutant que la voix de leurs ardentes convoitises. Orlando leur donnant l'exemple, ils prenaient partout et de toutes mains, se faisant donner par les caciques tout ce dont ceux-ci disposaient, sous prétexte de défendre les Indiens contre le prélèvement injuste des tributs que réclamait le préfet.

On peut citer, par exemple, un de ces chefs nommé Manicauter qui, à lui seul, en trois mois, recueillit et apporta à Orlando une grande mesure d'or fin, à quoi le malheureux Indien se sentait indirectement contraint par l'Espagnol, qui, sous le faux semblant d'amitié, retenait auprès de lui son fils et l'un de ses neveux.

## LXXII

#### COMMENT ARRIVÈRENT DE CASTILLE LES DEUX PREMIERS NAVIRES DE SECOURS ET RAVITAILLEMENT, PUIS CEUX QUE L'AMIRAL AVAIT ENVOYÉS DES ÎLES CANARIES

Aucun secours n'arrivant de Castille, le préfet et don Diègue maintenaient difficilement en paix les gens de leur entourage. C'étaient gens de basse condition pour la plupart, ne visant guère qu'aux jouissances matérielles de la vie, que d'ailleurs Orlando ne s'était pas fait faute de leur promettre pour les attirer dans son parti. Dieu voulut toutefois intervenir en faisant enfin arriver ces deux navires, dont à grand'peine l'Amiral avait pu obtenir l'envoi, comme nous l'avons dit plus haut.

La venue de ces vaisseaux fut d'un excellent effet pour rappeler les Espagnols à la discipline et à la fidélité, car, outre qu'il en résultait un ravitaillement relatif, ils apportaient l'assurance que l'Amiral était heureusement arrivé en Castille, qu'il avait encore le crédit de la cour; et les rebelles durent craindre d'entendre sonner l'heure du châtiment.

A tout hasard cependant, Orlando résolut de se rendre avec les siens à Saint-Domingue, où se trouvaient les navires, dans l'espérance de gagner à sa cause les arrivants. Mais le préfet, averti avant lui de la venue des vaisseaux, et se trouvant d'ailleurs plus près de Saint-Domingue, s'y rendit aussitôt, et fit faire bonne garde pour empêcher, au cas échéant, les séditieux de communiquer avec le port.

Au surplus, comme son plus grand désir était de faire en sorte que l'Amiral à son retour trouvât l'île tranquille, il crut convenable de faire proposer l'accord à Orlando, qui était à six lieues de là, par le capitaine même des navires nouvellement arrivés, Pierre-Fernandez Coronel, homme de grande valeur et probité, dont il espérait que les paroles seraient favorablement entendues.

Mais, redoutant l'influence d'un tel ambassadeur, Orlando l'envoya recevoir par quelques gens en armes, comme pour lui faire honneur, de telle sorte que loin de pouvoir parler publiquement à tous, le capitaine dut se borner à échanger quelques paroles avec ceux qui étaient venus au-devant de lui.

L'entrevue se termina donc sans amener aucun résultat. Coronel s'en retourna au port, tandis qu'Orlando et les siens regagnaient Suragna, d'où ils eurent soin cependant d'écrire à ceux de leurs amis qui restaient auprès du préfet, qu'en cas de l'arrivée de l'Amiral, ils démontrassent bien à celui-ci, qu'ils étaient tout prêts à reconnaître son autorité, vu que c'était du préfet seul qu'ils avaient à se plaindre, et la querelle était exclusivement entre lui et eux.

Disons maintenant ce qu'étaient devenus les trois vaisseaux que l'Amiral avait détachés de sa flottille aux îles Canaries.

Les routes n'étant pas encore bien précisément indiquées, les capitaines de ces vaisseaux, surpris par les courants, ou trompés par de faux calculs, au lieu d'arriver à hauteur de Saint-Domingue, qui devait être le but de leur voyage, abordèrent l'île Espagnole par la côte de la province de Suragna, où se trouvaient les révoltés.

Ceux-ci, à la nouvelle de l'arrivée de leurs compatriotes (qui naturellement ne savaient rien de la sédition), se rendirent aux navires, où, pour expliquer leur présence dans cette province, ils se dirent envoyés par le préfet pour s'occuper de recueillir des vivres.

Toutefois, Alfonso Sancies de Carvagiale, qui était le plus capable des trois capitaines des navires nouvellement arrivés, ne tarda pas à soupçonner la vérité, et l'ayant fait avouer à Orlando, il lui offrit de s'entremettre pour négocier la paix avec le préfet ; mais déjà les relations s'étaient trop intimement établies entre les équipages et les révoltés, pour que les pacifiques intentions de Carvagiale pussent avoir le résultat qu'il désirait, et d'autant moins que parmi ses gens semblait prévaloir l'idée de rester auprès d'Orlando, qui très habilement avait en secret travaillé les esprits. Voyant donc qu'il n'avait aucune chance d'établir l'accord, Carvagiale décida, de concert avec les deux autres capitaines, que ceux des passagers qui étaient venus pour travailler aux mines ou pour exercer quelque autre profession, se rendraient par terre à Saint-Domingue, attendu que le voyage par mer, rendu très difficile par les courants et les vents contraires, retarderait leur arrivée d'au moins trois mois, pendant lesquels ils ne feraient que consommer inutilement des vivres, et, tout en perdant leur temps, seraient exposés aux maladies.

Cette résolution prise, il fut convenu qu'Antoine Colon, l'un des trois capitaines, se chargerait de conduire ceux qui devaient prendre la voie de terre, et qui étaient au nombre de quarante; qu'Arana, le second capitaine, prendrait le commandement des navires, et, enfin, que Carvagiale resterait à Suragna pour tâcher d'amener la conciliation.

Or, quand par suite de cet arrangement, Antoine Colon voulut se mettre en route, il arriva que les travailleurs, ou plutôt, pour les appeler du seul nom qui leur convienne, les vagabonds qui devaient le suivre, passèrent aux révoltés, à l'exception de six ou sept. En présence d'une telle trahison, le jeune capitaine qui était homme de cœur et d'énergie, s'en alla trouver Orlando, à qui il déclara qu'il avait tort de retenir des hommes qu'on n'avait embarqués que sous la promesse qu'ils travailleraient de leur métier dans l'intérêt de la colonisation; que pour mettre d'accord ses actes et les sentiments dont il faisait profession, il aurait dû les renvoyer, et qu'en acceptant qu'ils restassent auprès de lui, il se rendait ennemi du bien public et manquait à l'obéissance due à ses rois.

Orlando, le prenant sur un ton de plaisanterie, répondit qu'il ne pouvait faire violence à personne, et que son quartier était une sorte de lieu d'asile, d'où nul ne devait être repoussé.

Comprenant qu'il ne gagnerait rien à insister et que peut-être même il y aurait pour lui quelque péril à le faire, Antoine retourna aux vaisseaux, avec le peu d'hommes qui lui étaient restés fidèles. Là, s'étant concerté avec Arana, et quelque difficulté que dût offrir le voyage, les deux capitaines résolurent de conduire les trois vaisseaux à Saint-Domingue.

Ils partirent. La navigation fut aussi longue que pénible; non seulement le retard, le mauvais temps causèrent la perte d'une grande partie des vivres, mais encore le navire de Carvagiale donna sur un bas-fond, où il subit les plus graves avaries, et d'où l'on ne put le retirer que par de longs travaux, de telle sorte qu'ils n'entrèrent au port que longtemps après l'arrivée de l'Amiral.

## LXXIII

### CE QU'IL ADVINT APRÈS L'ARRIVÉE DE L'AMIRAL A SAINT-DOMINGUE

L'Amiral, ayant été informé de tous les détails de la sédition, voulut, malgré l'évidence des méfaits qui lui semblaient mériter un châtiment exemplaire, procéder lui-même à une nouvelle enquête avant d'instruire les souverains de ce qui s'était passé. D'autre part, il résolut d'user de toutes les mesures les plus conciliantes pour ramener les rebelles à la discipline et à l'obéissance.

Tout d'abord, pour que nul mécontent ne pût se prévaloir de ce qu'il était retenu malgré lui, il fit publier un édit au nom des rois catholiques, informant tous ceux qui voudraient retourner en Castille qu'ils en avaient la pleine liberté, et qu'ils obtiendraient le passage et les vivres pour leur voyage.

En outre, comme il fut prévenu qu'Orlando et une

partie des siens étaient en route pour se rendre à Saint-Domingue, il envoya l'ordre à Michel Balestrier, qui commandait dans la citadelle de la Conception, qu'il fit bonne garde sur le pays, et que si Orlando se présentait, il lui fit savoir que l'Amiral avait été grandement navré d'apprendre sa rébellion; mais qu'il consentait cependant à tout oublier et à proclamer un pardon général; en ajoutant qu'Orlando pouvait se rendre sans aucune crainte auprès de l'Amiral, qui lui enverrait un sauf-conduit s'il croyait en avoir besoin.

Orlando vint en effet, et quand Balestrier lui voulut faire connaître les sentiments de l'Amiral, il le trouva plein de hauteur et de dédain, alléguant qu'il n'avait nul souci d'obtenir paix ou pardon, qu'il tenait dans sa main la situation de l'Amiral, et pouvait à son gré soutenir ou renverser son autorité; qu'il ne consentirait d'ailleurs à entendre parler d'arrangement qu'après qu'on lui aurait rendu les Indiens faits prisonniers à la Conception, lesquels n'avaient rien fait que par son assentiment, et en vue des intérêts royaux, et que s'il voulait traiter, ce ne serait qu'à la condition d'en retirer de sérieux avantages.

En fin de compte, Orlando stipulait que pour discuter les clauses d'un arrangement, il n'accepterait d'autre intermédiaire que Carvagiale, qui, lors de son séjour à Suragna, lui avait donné mainte preuve de la justesse et de la droiture de ses sentiments.

Ce Carvagiale était déjà mal noté dans l'esprit de l'Amiral qui, en examinant sa conduite, y avait trouvé plusieurs points à reprendre (1). L'éloge qu'en faisait

(1) Ferrand Colomb énumère et détaille *douze* griefs principaux que nous avons cru pouvoir nous dispenser de reproduire.

Orlando devait donc contribuer à le rendre plus suspect : toutefois, comme chez lui parlait toujours la la prudence, et comme il se fût éternellement reproché de s'être formé une opinion défavorable sans des témoignages bien évidents, l'Amiral, aimant à supposer qu'on lui avait fait de faux rapports, ou qu'il s'était trompé lui-même sur le compte de Carvagiale, décida d'assembler en conseil tous les principaux de son entourage pour discuter avec eux la réponse d'Orlando. Tous s'accordèrent à l'avis d'envoyer Carvagiale et Balestrier négocier ensemble les termes de l'arrangement avec Orlando.

Celui-ci leur opposa que, puisqu'ils ne ramenaient pas les Indiens dont il avait réclamé la mise en liberté, aucun pourparler ne pouvait avoir lieu. Sur quoi Carvagiale proposa qu'Orlando et trois ou quatre de ses amis se rendissent auprès de l'Amiral pour traiter directement avec lui. Et il allait en être ainsi, mais comme déjà Orlando et ceux qui devaient l'accompagner, montaient à cheval, ils furent entourés par les autres qui, sous aucun prétexte ne voulurent leur permettre de partir, disant que s'il devait y avoir traité, l'on pouvait le conclure par écrit.

Orlando envoya donc à l'Amiral une lettre par laquelle, après avoir fait retomber sur le préfet toute la faute première de la dissension, il lui demandait un sauf-conduit pour se rendre auprès de lui, et formulait, en vue d'un arrangement, des prétentions qui n'étaient rien moins qu'exorbitantes.

Le lendemain Balestrier, écrivit de son côté à l'Amiral pour lui remontrer qu'il n'avait pas tenu aux exhortations de Carvagiale que la conciliation ne s'opérât, mais que, malgré tous ses pacifiques efforts, il n'avait rien pu obtenir ; que, quelque déraisonnables que fussent leurs prétentions, il lui semblait qu'on devait accéder aux désirs exprimés par les révoltés, car non seulement il les voyait bien décidés à ne céder sur aucun point, mais encore il ne se passait pas de jour sans que leurs rangs ne se grossissent de quelques nouveaux mécontents; et il pourrait se faire que les défections fussent de plus en plus nombreuses parmi ceux qui jusqu'alors étaient restés fidèles.

L'Amiral n'avait que trop vérifié la justesse de cette assertion, car un jour où prévoyant la venue prochaine d'Orlando, il avait voulu passer une sorte de revue des forces dont il pourrait disposer, il ne parvint à réunir qu'environ soixante-dix hommes, dont quarante au plus auxquels il aurait pu se fier, tous les autres se disant boiteux, malades, ou autrement empêchés de se rendre à son appel.

Dans une autre lettre datée du 17 octobre, Orlando disait à l'Amiral, que si ses amis et lui s'étaient éloignés du préfet, c'était principalement parce qu'ils savaient que celui-ci ne cherchait qu'un prétexte pour les emprisonner et même les faire mourir ; que d'ailleurs ils professaient tous le plus grand respect pour son illustrissime Seigneurie (l'Amiral), ayant sans cesse à tous et en tous lieux recommandé qu'il ne fût rien fait qui lui pût être désagréable, alors que pourtant il n'eût tenu qu'à eux de lui causer beaucoup d'ennui ou de dommage. Et, ajoutait-il, puisque l'Amiral de retour aux Indes, au lieu de leur savoir gré de leur sage et fidèle conduite, ne semblait les considérer que comme des rebelles et des coupables, dont il voulait tirer ven-

13.

geance, ils croyaient devoir lui déclarer qu'en vue de conserver la liberté de bien faire, ils se dégageaient de tous liens envers lui.

L'Amiral, avant de recevoir cette lettre, avait déjà répondu à Orlando par l'entremise de Carvagiale, pour l'assurer qu'il l'avait toujours tenu en grande estime, estime dont il avait rendu témoignage aux rois catholiques, et pour le prier de vouloir bien de concert avec Balestrier chercher les moyens de mettre fin au malentendu qui troublait la colonie. Mais dès qu'il eut reçu l'épître arrogante d'Orlando, il fit partir pour la Castille cinq navires avec mission de porter aux souverains un rapport sur l'état des choses, en ajoutant que les trois autres navires qu'il gardait auprès de lui, iraient bientôt explorer les côtes de Paria, et organiser, s'il était possible, la pêche des perles dont il envoyait à Leurs Altesses de magnifiques échantillons.

## LXXIV

### COMMENT ORLANDO SE RENDIT AUPRÈS DE L'AMIRAL ET NE PUT TOMBER D'ACCORD AVEC LUI, ET COMMENT ENFIN FUT FAITE ENTRE EUX UNE CONVENTION

Orlando, ayant reçu la lettre de l'Amiral, répondit le troisième jour à celui-ci qu'il était prêt à faire tout ce qu'il lui demandait, mais que ses gens ne voulant pas le laisser se mettre en route pour aller se concerter avec lui sans un sauf-conduit bien régulier, il le priait de lui en adresser un collectif pour lui et les principaux de ses amis, qui se proposaient de l'accompagner.

Mis en posession de ce sauf-conduit, Orlando vint aussitôt auprès de l'Amiral, mais bien moins pour entrer d... ne foi en arrangement que pour sonder le terrain sur la possibilité de défection des gens restés fidèles au devoir commun; il fut facile de le comprendre par la nature même des exigences qu'il formula.

Il s'en retourna donc sans avoir rien conclu, sous le seul prétexte de prendre conseil de l'ensemble de ses compagnons, disant que, après délibération, il enverrait une réponse écrite. L'Amiral le fit accompagner par son majordome, nommé Salamanca, qui avait des instructions pour débattre certains points, et qui devait apporter la réponse.

Quelques jours plus tard, l'Amiral reçut la lettre où Orlando formulait à nouveau les exigences les plus grandes, en protestant que, d'accord avec ses gens, il ne croyait pouvoir rien changer à ces conditions. Il ajoutait que si l'Amiral les acceptait, il aurait à le lui faire signifier à la ville de la Conception où il se rendait avec sa troupe, et où il attendrait la décision de l'Amiral jusqu'au lundi suivant.

Quand l'Amiral eut connaissance des propositions qui lui étaient faites, et qu'il jugea incompatibles avec le soin de sa dignité et l'honneur de ses frères, il n'en voulut admettre aucune, afin de laisser, en temps opportun, libre cours à la justice qui un jour aurait à se prononcer sur cette affaire.

Toutefois, pour que même en ce cas extrême il ne fût pas dit qu'il avait manqué d'indulgence, il fit, à la date du 11 novembre, publier une sorte d'appel en forme de sauf-conduit général, où il était dit qu'un délai de trente jours était fixé pour que tous les sujets des rois catholiques indistinctement, quel que fût le titre qu'ils portassent, et quelle qu'eût été leur conduite antérieure, pussent faire acte de fidélité aux souverains en se présentant à l'Amiral, qui assurait à ceux qui auraient l'intention de retourner en Castille le passage et la solde habituelle de traversée; que si, les trente jours expirés, il était quelqu'un qui ne se fût pas présenté, il serait procédé contre lui avec toute la rigueur des lois.

L'Amiral envoya Carvagiale à la Conception pour notifier cette ordonnance aux révoltés, qui ne firent que s'en moquer, en disant que sous peu ce serait certainement l'Amiral qui s'estimerait heureux de recevoir d'eux un sauf-conduit.

Entre temps, sous prétexte de s'emparer d'un homme qu'ils voulaient faire passer en jugement, Orlando et les siens assiégeaient Balestrier dans la forteresse, et pour le réduire plus tôt, ils avaient coupé les conduits qui lui portaient de l'eau; mais l'arrivée de Carvagiale fit diversion, et quoi qu'en puissent dire les rebelles, ils crurent devoir entrer en arrangement, de telle sorte qu'une convention fut enfin signée dont voici les principales dispositions.

Étant donné qu'Orlando et les siens ne semblaient demander qu'à retourner en Castille, l'Amiral ferait mettre à leur disposition, dans le port de Saragna, deux navires en bon état montés par un nombre suffisant de marins experts, et autant que possible approvisionnés de tout ce qui pourrait leur être nécessaire pour le voyage.

Il serait remis aux partants, outre un sauf-conduit les déclarant fidèles serviteurs, un mandat pour qu'à leur arrivée en Castille, ils pussent toucher, avec l'agrément des rois catholiques, la totalité des sommes qui leur étaient dues comme solde de voyage et de travail, ainsi que le paiement de certaines choses qu'ils abandonnaient en quittant l'île.

Chacun d'eux, pourrait emmener soit des esclaves, destinés à les servir, soit les femmes qu'ils avaient rendues mères, ainsi que les enfants nés d'eux et de ces femmes, lesquels seraient déclarés libres.

Il leur serait en outre donné l'assurance, par acte signé de l'Amiral, que les navires qui restaient en la possession de l'Amiral ne prendraient pas la mer à la suite des leurs, et qu'en aucun cas il ne pourrait être mis le moindre empêchement à leur voyage, etc...

## LXXV

### CE QUI ADVINT APRÈS LA SIGNATURE DE CET ARRANGEMENT

Cet accord étant fait en date du 16 novembre 1498, les mandats et les saufs-conduits étant signés, Orlando et les siens se rendirent à Suragna pour y faire les préparatifs de leur départ.

Ce n'était pas, à la vérité, sans regret que l'Amiral avait consenti à se dessaisir de deux de ses meilleurs navires, qui lui auraient été très utiles pour continuer les découvertes et pour installer les pêcheries de perles; mais sa parole étant donnée, il ne songea qu'à faire que les révoltés n'eussent aucun sujet pour l'accuser d'avoir manqué de bonne foi. Il veilla donc tant par lui que par ses lieutenants à ce que la mise en état des vaisseaux promis fût activée autant que possible, mais quelque diligence qui fut faite, ce ne fut que vers la fin de janvier que l'armement et l'approvisionnement en purent être achevés.

Aussitôt on les fit partir de Saint-Domingue pour Saragna, mais assaillis par une tempête terrible, ils durent chercher un refuge dans un autre port, où le mauvais temps, qui continuait à régner, les retint pendant plusieurs semaines. D'ailleurs la *Niña*, qui était l'une des deux caravelles, ayant été fort maltraitée et reconnue incapable de reprendre la mer, l'Amiral en fit expédier une autre, qui rejoignit bientôt la première à Suragna pour y recevoir Orlando et ses gens.

Mais les révoltés, qui pour la plupart n'avaient nulle envie de retourner en Castille, prirent prétexte du retard apporté à l'arrivée des navires pour déclarer que, par la faute de l'Amiral qui n'en avait pas observé les termes, la convention était rompue.

L'Amiral leur fit signifier par François de Garaï, qui remplissait alors les fonctions de notaire royal, que, puisque des navires étaient mis à leur disposition, ils eussent à s'embarquer; mais ils alléguèrent qu'il était trop tard : les vivres qu'ils avaient amassés pour le voyage était en grande partie consommés.

Alors l'Amiral ordonna aux vaisseaux de revenir à Saint-Domingue; de quoi Orlando, loin de s'en montrer affecté, ne parut prendre que plus de morgue et d'arrogance. Il laissait entendre que si l'Amiral avait « mis obstacle à leur départ » c'est qu'il tenait à les garder sous sa main, pour tirer d'eux la vengeance terrible qu'il rêvait depuis longtemps. Toutefois il fit proposer une nouvelle entrevue à l'Amiral, pour chercher, disait-il, les moyens d'un nouvel accomodement.

Toujours prêt aux mesures de conciliation, l'Amiral y consentit, et à cet effet se rendit lui-même avec deux caravelles au port de Zua, voisin de la province où se tenait Orlando, qui vint bientôt le visiter avec une grande partie de ses amis.

Là de nouveau l'Amiral redoubla d'exhortations cordiales pour les engager tous à faire cesser cette malheureuse dissension qui ruinait la prospérité de la conquête; et tous, paraissant gagnés par ses raisonnements, il proposèrent un nouvel accord sous le bénéfice des quatre conditions suivantes : 1° que quinze d'entre eux seraient admis à retourner en Castille par le premier navire qui partirait ; 2° que ceux qui devaient rester dans l'île, y recevraient une maison et des terres en toute propriété, en remplacement de la solde qui leur était due ; 3° que par un acte public il serait déclaré que tous les dissentiments qui avaient eu lieu précédemment n'avaient été le résultat que d'un malentendu ; 4° qu'Orlando serait rétabli dans son titre de juge général et inamovible.

L'Amiral accorda tout ce qu'on lui demandait, même cette investiture nouvelle d'Orlando, dont il ne se dissimulait pas la dangereuse portée ; mais il fallait mettre fin à une sédition qui, non seulement depuis deux ans empêchait toute organisation et tout progrès, mais dont l'esprit menaçait de gagner même les plus fidèles, qui projetaient, sinon la révolte, au moins la dissidence.

A peine Orlando fut-il rétabli dans sa charge, qu'il en usa pour nommer, comme son titre lui en donnait le droit, un de ses amis, Pierre Requelme, juge du territoire de Bonao. Celui-ci tout aussitôt voulut faire ériger une citadelle au cœur de ce pays, mais Pierre Arana, qui commandait là pour l'Amiral, y fit opposition; et certes il s'en fût suivi de graves démêlés, si d'autres événements ne se fussent imposés à l'attention de tous.

## LXXVI

COMMENT UN CERTAIN OGIEDA, QUI REVENAIT DE FAIRE DES DÉCOUVERTES, SUSCITA UNE NOUVELLE SÉDITION DANS L'ILE ESPAGNOLE

L'Amiral, quelque durée que dût avoir la paix qu'il venait d'obtenir par tant de concessions, résolut d'en profiter immédiatement, dans l'intérêt de la colonie. A cet effet, il institua un capitaine avec charge de veiller à la rentrée du tribut imposé aux Indiens, et de se transporter, selon le cas, partout où l'ordre serait troublé, soit par les insulaires, soit même par les chrétiens. A vrai dire, son intention était de retourner en Castille, où il comptait emmener son frère le préfet, dont l'autorité, après tout ce qui s'était passé, risquerait, lui absent, d'être fort compromise. Déjà même il avait fait quelques préparatifs de départ, lorsque le 5 septembre de l'année 1499, débarqua dans l'île un certain Ogieda (1), qui commandait quatre navires avec lesquels il venait, disait-il, de faire des découvertes. Cet aventurier prit terre dans un port que les Indiens nomment Taquim, et que les Espagnols ont nommé du Brésil (2). Il arrivait avec l'évidente intention de ravir aux Indiens tout ce qu'il serait en son pouvoir d'obtenir, et de charger du bois de teinture et des esclaves. Loin de dissimuler les sentiments dont il était animé, il fit ouvertement savoir qu'il avait pour protecteur cet évêque de Grenade dont nous avons précédemment parlé, comme étant l'ennemi acharné de l'Amiral. Il ajoutait que la reine Isabelle était sur le point de mourir; qu'elle morte, l'Amiral resterait sans appui à la cour de Castille, et que alors, lui, Ogieda, protégé de l'évêque, qui était en grand crédit auprès du roi, aurait pleine et entière autorité dans les Indes, au détriment de l'Amiral.

S'abouchant avec les uns, écrivant aux autres qu'il savait être du nombre des mécontents, il s'ingéniait à se ménager partout des intelligences.

L'Amiral avisé des intentions turbulentes d'Ogieda, crut de bonne politique d'en instruire Orlando qui,

(1) Le Florentin *Améric Vespuce*, qui devait avoir l'honneur de laisser son nom au nouveau monde, était parmi les compagnons d'Ogieda et commandait un de ses vaisseaux. Pour expliquer ce *baptême* anormal, on a voulu prétendre qu'Améric Vespuce avait le premier touché au continent, mais c'est une erreur, puisque, une année auparavant, Colomb, comme nous l'avons vu, prenait terre dans le golfe de Paria.

(2) Ce nom était celui que les Espagnols donnaient depuis plusieurs siècles à un bois de teinture, qui, paraît-il, croissait aussi sur l'île Espagnole. Le *Brésil* actuel, d'abord appelé *Terre de Sainte-Croix*, doit son nom à ce même bois de teinture, que l'on trouva en grande quantité sur ses rivages.

n'hésita pas à se diriger avec vingt-six hommes contre le nouveau venu, pour le mettre ouvertement à la raison s'il en était besoin. Orlando arrivant, le 29 septembre, à quelque distance de la côte près de laquelle étaient les navires d'Ogieda, apprit que celui-ci se trouvait en ce moment, avec douze ou quinze hommes, seulement chez un cacique nommé Haniguaiagua, où il faisait fabriquer du pain et du biscuit. Il se mit en route la nuit pensant le surprendre. Mais, avis fut donné de son approche à Ogieda, qui ne se sentant pas en force pour résiter et *faisant de larron bon apôtre*, se porta au-devant lui, lui remontra qu'il n'était venu là, que pressé par le besoin de renouveler ses approvisionnements, sur une terre appartenant d'ailleurs à ses rois, et qu'il ne comptait y causer aucun dommage. Il fit ensuite le récit de son voyage, disant qu'il venait d'explorer la côte de Paria sur une étendue de plusieurs centaines de lieues, et qu'il y avait trouvé certaine population qui, combattant contre lui en grand nombre et avec une grande audace, lui avait blessé vingt hommes, ce qui était cause qu'il n'avait pu faire sur cette terre un butin en rapport avec les richesses qui s'y trouvaient. Il avait vu là, disait-il, des cerfs, des lapins, des tigres dont il montra les fourrures à Orlando, l'assurant que d'ailleurs, il était impatient de pouvoir aller à Saint-Domingue, pour rendre compte de tout à l'Amiral.

C'était le moment où l'Amiral venait d'être avisé par Arena du projet qu'avait formé Riquelme, le juge de Bonao, d'ériger, sous forme de magasin à provisions, une véritable forteresse à l'aide de laquelle il pourrait exercer sa dangereuse autorité sur le pays. En tout autre temps, il eût certainement commandé à Arena de s'opposer ouvertement à une telle entreprise, mais il ne put que l'engager à ne témoigner ni crainte, ni défiance, et en tout cas à ne rien faire qui fît naître la moindre querelle entre lui et l'ami d'Orlando. Plus pressante était, pensait-il, la nécessité de paralyser les agissements d'Ogieda.

Celui-ci, prenant congé d'Orlando, se rendit avec ses navires à Suragna, où habitaient beaucoup de ceux qui avaient fait cause commune avec Orlando.

N'ignorant pas que l'argent est le plus puissant moyen de s'attacher les hommes, il commença par publier que les rois catholiques l'avaient envoyé pour être, de concert avec Carvagiale, conseiller de l'Amiral, et pour s'opposer surtout à ce que celui-ci fît rien qui ne dût être profitable à Leurs Majestés; qu'entre autres soins, ils lui avaient confié celui de faire que la solde fût immédiatement payée à tous. Au cas où l'Amiral s'y refuserait, il offrait de se rendre à Saint-Domingue avec les ayants droit, pour le contraindre à les payer aussitôt, et ensuite, si on le jugeait convenable, l'Amiral serait expulsé mort ou vif de l'île, où, d'ailleurs, de toute façon son autorité touchait à sa fin, les rois ayant décidé de ne l'y maintenir que le temps nécessaire à l'établissement d'une meilleur gestion.

Par ces propos, il n'avait pas de peine à recruter des partisans, qui, une nuit, se déclarant contre d'autres qui refusaient de se ranger à ces opinions, engagèrent avec eux une lutte, où il y eut plusieurs morts ou blessés.

Or, comme les partisans d'Ogieda tenaient Orlando pour rallié définitivement à la cause de l'Amiral, ils résolurent de le faire prisonnier, en se jetant sur lui à l'improviste. Mais Orlando, averti de leur dessein, s'en alla accompagné de gens courageux, dans le canton où se tenait Ogieda, qu'il avait l'intention de châtier de la façon qu'il jugerait convenable. Prévenu à son tour et pris de crainte, Ogieda se retira sur son navire. De telle sorte qu'étant l'un à terre, l'autre en mer, et professant une égale défiance à se mettre l'un aux mains de l'autre, ils s'offraient mutuellement une entrevue qui ne pouvait avoir lieu.

Enfin, Orlando voyant qu'il ne pouvait attirer à terre Ogieda, lui fit dire qu'il consentait à l'aller visiter sur son vaisseau, s'il voulait l'envoyer prendre par la chaloupe. Cette embarcation vint en effet, montée par les meilleurs marins d'Ogieda, Orlando y entra avec six ou sept des siens, qui, bien armés, et à quelque distance du rivage, alors que les gens d'Ogieda ramaient tranquillement, se jetèrent sur eux l'épée nue, en tuèrent deux ou trois, en blessèrent quelques-uns, et ramenant les autres prisonniers, revinrent à terre avec la chaloupe, ne laissant à Ogieda, pour le service de son navire, qu'un petit bateau, dans lequel il se hasarda à venir solliciter un entretien d'Orlando.

Faisant abandon de toute fierté, Ogieda s'excusa de tout ce qu'il avait pu dire ou projeté, et, avec de vives instances, pria Orlando de lui rendre en même temps que la chaloupe, les hommes parmi lesquels se trouvaient les pilotes chargés de la conduite de ses navires.

Orlando consentit à sa demande, mais en prenant avec lui des sûretés, et en lui faisant promettre que sous peu lui et les siens quitteraient l'île.

Ogieda donna sa parole et la tint : contraint d'ailleurs

par la bonne et vigilante garde qu'Orlando faisait faire sur le rivage en vue de ses vaisseaux.

Mais de même qu'on ne peut d'espérer d'arracher l'ivraie d'un champ à ce point qu'elle n'y germe plus, quand elle l'a une fois envahi; de même, il est impossible d'attendre des natures vicieuses qu'elles ne retombent plus dans leur erreur. Quelque temps après le départ d'Ogieda, une nouvelle sédition s'éleva par le fait de Fernand de Ghevara, qui d'ailleurs avait été l'un des plus chauds partisans d'Ogieda, et qui avait conçu une grande haine contre Orlando, parce qu'il l'avait empêché de prendre pour femme une fille de Canua, une des principales reines de Suragna. Ce Fernand s'associa un certain Adrien et deux autres, qui avaient autrefois fait partie du complot formé pour l'emprisonnement ou la mort d'Orlando. Celui-ci, ayant eu vent de leurs projets, fit aussitôt saisir Fernand, Adrien et leurs principaux affidés. Puis, il envoya avertir l'Amiral, en le priant de vouloir bien lui dire ce qu'il croyait devoir être fait à l'égard de ces hommes.

L'Amiral répondit que ceux-là, ayant sans aucun motif tenté de répandre le désordre dans le pays, il pensait que, pour l'exemple, ils devaient être rigoureusement châtiés, et qu'il laissait au juge général le soin de leur faire leur procès selon la teneur des lois.

Le juge instruisit aussitôt contre eux. Adrien fut pendu comme auteur et principal instigateur du complot, quelques autres furent bannis ou punis de la prison, quant à Fernand, il fut simplement gardé prisonnier, et envoyé plus tard à Vega, où se trouvait l'Amiral.

Ces rigueurs produisirent le meilleur effet pour la pacification absolue de la contrée, et notamment sur les Indiens, qui professèrent dès lors la plus entière soumission envers les chrétiens.

La tranquillité du travail étant assurée, les mines d'or furent découvertes en telle quantité et donnaient de si riches produits, que la plupart des Espagnols, renonçant à la solde royale, préféraient travailler à leur compte en laissant pour tribut à Leurs Majestés un tiers de leurs trouvailles, qui étaient vraiment considérables. Certains mineurs recueillaient en un jour jusqu'à cinq marcs de grains d'or, parmi lesquels s'en trouvaient qui avaient à eux seuls la valeur de 190 ducats.

Les Indiens pénétrés du plus profond respect pour la personne de l'Amiral, et pour lui en donner le témoignage, venaient en grand nombre lui demander à ce qu'on les fît chrétiens. Presque toujours aussi, quand les chefs devaient paraître devant lui, ils faisaient en sorte d'être couverts de quelques vêtements.

Voyant l'île en paix, l'Amiral résolut d'en visiter successivement les divers centres de population ou de travail. Le mercredi, 20 février 1500, il quitta Saint-Domingue avec le préfet. Les deux frères arrivèrent le 19 mars à l'Isabelle, d'où ils repartirent le 5 avril pour se rendre à la Conception, où ils arrivèrent le mardi suivant. Le vendredi 7 juin, le préfet partit pour Suragna.

## LXXVII

COMMENT SUR DE FAUX RAPPORTS LES ROIS CATHOLIQUES ENVOYÈRENT A L'ÎLE ESPAGNOLE UN JUGE CHARGÉ DE RECHERCHER LA VÉRITÉ SUR CE QUI S'Y ÉTAIT PASSÉ

Pendant que les séditions troublaient l'île Espagnole, les rebelles n'étaient pas restés sans envoyer aux rois catholiques, ou à leurs conseillers, soit par lettre, soit par ceux qui retournaient en Castille, des plaintes contre l'Amiral et contre son frère, les représentant comme gens de grande cruauté, de profonde avarice, et d'autant moins propres à exercer l'autorité qu'ils étaient étrangers, venus d'outre-monts, et n'avaient aucunes notions de la vie des gens de qualité ; affirmant que si Leurs Majestés ne mettaient ordre à l'administration du pays, c'en était fait de la colonie. En supposant même que la ruine ne vînt pas des défauts de son gouvernement, l'Amiral, n'avait-il pas le dessein bien évident de s'approprier exclusivement cette terre qu'il avait découverte, afin d'y régner, soutenu par les chefs dont il s'était assuré la soumission et l'appui ? Ne savait-on pas que, pour mieux réussir, afin que les richesses du pays restassent ignorées, il empêchait les Indiens et de se mettre au service des chrétiens et de se faire chrétiens eux-mêmes, espérant ainsi les avoir à sa dévotion, pour les employer à tout ce qui serait contraire aux intérêts de Leurs Majestés ?...

Enfin, il n'était pas de calomnie, dont les rois catholiques ne fussent importunés par les courtisans qui se faisaient l'écho des jaloux et des mécontents ; on leur affirmait surtout que nul n'avait jamais reçu la solde attribuée aux gens des expéditions.

Il me souvient qu'un jour, à Grenade, où j'étais avec mon frère, nous vîmes une cinquantaine de vagabonds, qui, ayant acheté une charge de raisins, s'étaient assis pour les manger, sur la place de l'Alhambra, et au moment où passèrent Leurs Altesses, ils se mirent tous à crier que tel était l'état où les avait réduits la confiance que les rois de Castille avaient placée dans l'Amiral, qui, jamais, ne leur avait compté rien de la solde qui leur était due. Mainte fois, il arrivait que des foules de misérables entouraient le carrosse de Leurs Altesses, ou couraient derrière en criant : « *La paie ! la paie !* »

Et si par aventure mon frère et moi, qui étions pages de la reine, nous venions à passer en quelque lieu où se trouvaient quelques-uns de ces criards, nous pouvions les entendre qui se disaient les uns aux autres, en nous montrant : « Les voilà, les fils de cet Amiral maudit, de celui qui est allé découvrir une terre de fausseté et de tromperie, pour y faire mourir de misère les gentilshommes castillans, » ou maint autre propos non moins injurieux.

Tant donc furent grandes et réitérées les perfides importunités des grands et des petits, que dans le conseil des rois il fut décidé qu'on enverrait à l'île Espagnole un juge, qui rechercherait la vérité sur les divers points signalés, et qui, s'il trouvait l'Amiral coupable des faits dont il était accusé, le renverrait en Castille, en se substituant à lui pour le gouvernement de l'île.

Les rois choisirent, pour cette délicate et redoutable mission, un pauvre commandeur de l'ordre de Calatrava, nommé François de Bovadiglia, qui, à la date du 31 mai 1499, reçut à Madrid toutes les investitures nécessaires pour pouvoir procéder là-bas à l'enquête désirée, chacun étant tenu de lui prêter aide et de se soumettre à ses commandements.

Il arriva à Saint-Domingue à la fin du mois d'août 1500, à l'époque où l'Amiral s'était rendu à la Conception pour rappeler dans le devoir des Indiens qui s'étaient soulevés contre le préfet. De telle sorte que, ne trouvant à son arrivée personne avec qui il pût convenablement traiter du sujet qui l'amenait, son premier soin fut d'aller prendre résidence dans la demeure de l'Amiral, et de s'y conduire comme si tout ce qui s'y trouvait lui était échu, d'ores et déjà, en pleine et absolue propriété, par droit héréditaire. N'étant guère là en rapport qu'avec d'anciens rebelles, ou avec des gens qui professaient la haine la plus vive pour l'Amiral et pour ses frères, il se déclara aussitôt gouverneur.

Pour s'attirer la faveur du peuple, il fit publier un droit de franchise pour une durée de vingt années, et envoya dire à l'Amiral qu'il eût à venir le trouver sans retard, — la chose important au service des rois catholiques. Pour appuyer cet ordre, il lui fit remettre par un frère Jean de la Sera, à la date du 7 septembre, une lettre royale dont telle était la teneur :

« *Don Christophe Colomb, notre amiral de la mer océane, nous avons ordonné au commandeur François de Bovadiglia, porteur de cette lettre, qu'il vous dise de notre part, certaines choses. C'est pourquoi nous vous prions de vouloir* lui accorder votre crédit et de lui obéir. Donné à Madrid, le 31 mai de l'année 1499.

« Signé : *Moi le Roi, Moi la Reine,* et par ordre de Leurs Altesses : *Michel Perrez d'Almazan.* »

## LXXVIII

### COMMENT L'AMIRAL FUT SAISI, ET CONDUIT ENCHAÎNÉ EN CASTILLE AINSI QUE SES FRÈRES

L'Amiral, au vu de la lettre des rois catholiques, se hâta de venir à Saint-Domingue où se trouvait le juge, qui désireux de rester investi des fonctions de gouverneur, le fit sans plus de délai, et sans autre formalité judiciaire, arrêter et conduire prisonnier sur un navire, ainsi que Don Diègue, son frère, ordonnant de les charger de fers et de veiller attentivement sur eux, avec défense, sous les peines les plus sévères, que personne ne s'occupât des choses qui les concernaient.

Il commença ensuite leur procès dans les règles, admettant comme témoins les anciens rebelles ses ennemis, et se montrant particulièrement sympathique à ceux qui venaient déposer contre eux dans le sens le plus défavorable. Ces dépositions étaient si évidemment dictées par la haine et inspirées par l'esprit de mensonge, que lorsque les rois catholiques les connurent, ils refusèrent d'y ajouter la moindre foi, et les déclarèrent sans portée aucune, regrettant alors d'avoir confié une telle mission à un homme tel que Bovadiglia.

Et de fait leurs regrets furent fondés à tous les points de vue, car non seulement Bovadiglia s'acquitta de sa mission de juge avec toute la partialité imaginable, mais encore en tant que gouverneur, il détruisit la prospérité de l'île Espagnole, par les mesures qu'il prit afin de se rendre avant tout populaire.

Il remit d'abord le tribut à la plupart des Indiens, affirmant que les rois catholiques ne désireraient rien de plus que le titre de seigneurs du pays, en laissant tous les avantages aux habitants. Et toutefois, pendant qu'il affichait cette magnifique générosité au nom de ses souverains, il ne laissait pas de la démentir par sa façon d'agir personnelle... S'étant lié avec les plus riches de l'île, il leur donnait des Indiens pour travailler dans les mines, à condition de partager avec eux le bénéfice de leur travail. Il vendait à l'encan les biens que l'Amiral avait acquis aux rois catholiques, sous prétexte que ceux-ci n'étaient ni trafiquants, ni industriels, et se trouvaient satisfaits de posséder l'affection de leurs sujets. Il adjugeait souvent aussi pour le tiers ou le quart de la valeur réelle des choses que rachetaient des amis, avec lesquels il entrait ensuite en compte, n'ayant d'autre but, en dépit de toute justice et droiture, que de s'enrichir en s'assurant la faveur du populaire. Un instant, cependant, il put craindre que le préfet qui n'était pas encore revenu de Suragna, et qui ne laissait pas d'avoir des partisans, ne les armât pour delivrer l'Amiral ; mais celui-ci fit dire à son frère que, au nom de la fidélité due aux rois catholiques, il le priait de ne fomenter aucune sédition, et de venir au contraire le rejoindre paisiblement, pour qu'ils pussent aller ensemble soumettre leur cause à la justice des souverains, ce qui serait la plus sûre voie pour obtenir le châtiment de leurs ennemis, et la réparation du tort qui leur était fait.

Le préfet se rendit à ces conseils, Bovadiglia ne le fit pas moins emprisonner avec l'Amiral; et il tolérait que de toutes parts fussent répandus contre eux les outrages les plus abjects, qu'on affichât des placards injurieux dans les lieux publics, qu'on allât, avec des cornets, faire par moquerie du tapage près des vaisseaux où ils étaient retenus, et il approuva fort certain Diègue Ortez, gouverneur de l'hôpital, d'avoir lu en pleine place un libelle infâme contre les prisonniers.

Quand dut partir le navire qui allait emmener l'Amiral, Bovadiglia donna l'ordre au capitaine nommé André Martin, de remettre à l'arrivée ses prisonniers aux mains de l'évêque don Juan Fonseca, qui aviserait dès lors à faire le nécessaire.

Une fois en mer, ce capitaine, pour qui ne faisait point doute la cruelle injustice de Bovadiglia, voulut ôter les fers de l'Amiral; mais l'Amiral s'y opposa, disant que les rois catholiques lui ayant ordonné dans leur lettre de se soumettre à tout ce que lui commanderait Bovadiglia, et celui-ci l'ayant fait charger de chaînes, il voulait laisser à Leurs Altesses seules le soin de décider s'il devait en être délivré.

(Il avait d'ailleurs pris dès lors la résolution de conserver ces chaînes en manière de reliques, témoignant du prix qu'il avait reçu de ses services. Il les garda en effet; je les vis plus tard dans sa chambre, où il les avaient suspendues, et il ordonna même qu'elles fussent déposées dans son cercueil).....

... Le 20 novembre 1500, il écrivit aux rois pour leur annoncer qu'il venait d'arriver à Cadix...

## LXXIX

### COMMENT L'AMIRAL ALLA A LA COUR, POUR RENDRE COMPTE DE SA CONDUITE AUX ROIS CATHOLIQUES

Quand les rois apprirent que l'Amiral était arrivé et qu'on le retenait prisonnier, ils envoyèrent aussitôt l'ordre de le remettre en liberté, et lui écrivirent de venir auprès d'eux à Grenade, où se trouvait alors la cour.

Il y alla donc et fut reçu de la plus honorable et gracieuse manière par les rois, qui lui affirmèrent que c'était contre leur volonté qu'il avait été emprisonné, qu'ils en éprouvaient un profond déplaisir, et qu'ils avaient tout ordonné pour que les coupables fussent punis, et qu'il lui fût fait entière réparation. Ils lui firent savoir qu'ils avaient résolu d'envoyer à l'île Espagnole un gouverneur qui aurait pour principale mission de justifier ses actes et ceux de ses frères, et d'obliger Bovadiglia à toutes les restitutions désirables; et qu'enfin l'on ferait le procès aux séditieux, pour que chacun fût jugé selon ses œuvres.

Cette charge de gouverneur fut donné à don Nicolas d'Ovando, commandeur de Lorès, homme d'esprit judicieux et rassis, qui cependant ne laissa pas de montrer plus tard qu'il pouvait, au cas échéant, céder à de fâcheuses suggestions.

Les rois pensèrent encore que pendant que le nouveau gouverneur irait remettre le bon ordre en l'île Espagnole, il serait bon que l'Amiral entreprit un nouveau voyage, dont leur couronne ne saurait manquer de retirer quelques avantages; et ils l'engagèrent à faire les préparatifs nécessaires pour cette entreprise.

Toutefois, comme l'Amiral eut vent que ses ennemis, ne se tenant pas pour battus, intriguaient de façon à ce que tout pût être remis en question d'un jour à l'autre par l'arrivée de quelques nouveaux rapports venant de l'île Espagnole, il sollicita des rois un acte d'approbation de sa conduite, qu'ils lui octroyèrent dans une lettre, où ils disaient notamment ce qui suit :

« Soyez certain qu'en apprenant votre emprisonnement, nous avons éprouvé un véritable déplaisir; ce que vous avez bien pu voir, puisqu'aussitôt que la nouvelle nous en est parvenue, nous avons donné ordre que vous fussiez élargi. Vous savez que nous avons toujours commandé que l'on vous traitât de la façon la plus honorable. Aujourd'hui plus que jamais, nous sommes disposés à vous donner des témoignages de notre estime particulière, en vous assurant que toutes les grâces et concessions que nous vous avons précédemment accordées, vous sont confirmées dans la teneur pleine et entière du privilège qui vous a été délivré par nous, et dont vous devez jouir sans conteste par votre personne et par celle de vos fils. S'il était nécessaire qu'une nouvelle confirmation intervint, nous la donnerions en ordonnant que vos enfants fussent de plein droit substitués à tous les honneurs et bénéfices dont nous avons cru devoir récompenser vos mérites. Soyez en outre assuré qu'en aucun cas, nous n'oublierions de prendre soin de vos fils et de vos frères... Nous vous prions donc de ne point retarder votre départ. Donné à Valence, le 14 mars 1502. »

Or, si les rois s'exprimaient ainsi à la fin de leur lettre, c'est que l'Amiral avait laissé entendre qu'il ne voulait plus être mêlé par lui-même aux affaires des Indes, pensant se substituer mon frère, Don Diègue, dont il avait une excellente opinion. Il disait que, si les services qu'il avait déjà rendus n'avaient pas suffi à désarmer les inimitiés, ceux qu'il pourrait rendre par la suite seraient bien moins efficaces encore ; que d'ailleurs son œuvre était accomplie depuis qu'il avait prouvé qu'il existait, au delà des mers d'occident, des terres peuplées de gens pacifiques et civilisables ; que la voie qu'il avait frayée était facile à suivre. Qu'il suffirait maintenant que Leurs Altesses favorisassent de nouvelles entreprises pour l'exploration et la connaissance de ces pays, et que d'ailleurs, la porte était en quelque sorte ouverte à tous, chacun se trouvant apte à poursuivre le cours des découvertes dont il avait donné l'exemple, en trouvant d'abord les îles, puis la terre ferme.

Mais, bien que pendant quelque temps il fût resté dans ces idées qui, sans doute, résultaient chez lui des nombreux et graves déboires qu'il avait éprouvés, il ne laissa pas de se rendre aux instances des rois, et notamment de Sa Majesté la reine, — qu'il tenait à honneur de servir avec tout le zèle dont il était capable.

## LXXX

COMMENT L'AMIRAL SE RENDIT DE GRENADE A SÉVILLE POUR ARMER DE NOUVEAUX VAISSEAUX, ET COMMENT IL RETOURNA A L'ÎLE ESPAGNOLE

L'Amiral, ayant reçu toutes les lettres royales qui consacraient de nouveau ses privilèges et son autorité, quitta Grenade pour se rendre à Séville, où il sut faire telle diligence pour l'armement de la flottille qui lui avait été concédée, qu'en peu de temps, il eut à sa disposition, bien avitaillés et prêts à prendre la mer, quatre vaisseaux, le plus grand du port de 70 tonneaux, le moindre de 50, montés par 140 hommes, *au nombre desquels je me trouvais* (1).

Nous partîmes du canal de Cadix, le 9 mai 1502... pour arriver à la Grande-Canarie, le 20 du même mois ; nous fîmes de l'eau et du bois dans une autre île, le 24, et de là, nous fîmes voile directement pour les Indes. Après une traversée des plus heureuses, dans la matinée du 15 juin, par une mer très agitée et un vent très violent, nous nous trouvâmes en vue de l'île de Mati-

---

(1) Fernand Colomb n'avait guère que quatorze ans. Cette dernière partie de son livre se ressent dans le texte primitif des souvenirs personnels qu'il a rapportés de ce voyage, car il y répand beaucoup d'incidents, qui ont frappé son esprit d'enfant. Il décrit des sites, des animaux, il raconte d'insignifiantes aventures de pêche et de chasse, etc. Nous avons pensé que nous pouvions supprimer ces détails vraiment *puérils* qui ne font que retarder d'une manière assez inopportune le grave cours du récit.

nino, où selon la coutume déjà établie, l'Amiral jugea convenable que nous fissions relâche. On fit là quelques provisions d'eau et de bois; on nettoya les hardes, puis, nous passâmes à la Dominique, qui est distante d'environ dix lieues.

Nous gagnâmes ensuite les îles des Caraïbes, et, le 24 du même mois, nous partimes de l'île Saint-Jean, nous dirigeant sur l'île Espagnole.

L'Amiral voulut s'y rendre avant d'aller continuer ses découvertes sur les côtes de la terre ferme, parce qu'il pensait pouvoir y échanger l'un de ses navires qui, non seulement était fort mauvais voilier, et retardait la marche de la flottille, mais encore supportait mal la toile, et au moindre effort du vent, se penchait sur l'eau à ce point d'être presque sans cesse en danger de submersion.

Quand, le mercredi 29 juin, nous arrivâmes à l'improviste devant Saint-Domingue, le commandeur de Lorès, qui était alors gouverneur de l'île, ne parut pas s'émouvoir le moins du monde de notre venue. L'Amiral lui ayant envoyé Pierre de Terreros, capitaine du navire défectueux, pour lui témoigner du désir d'en trouver un autre en échange, et pour l'avertir que, prévoyant une grande tempête à court délai, il comptait mettre sa flottille en sûreté dans le port; il lui faisait dire, en outre, que vu les mauvais temps dont on était menacé, il l'engageait à ne pas laisser sortir la flotte qui était réunie dans le port, et qui semblait faire des préparatifs de départ.

Or, non seulement le commandeur ne voulut pas permettre que l'Amiral entrât dans le port, mais encore il entendit qu'aucun retard ne fût apporté au départ de la flotte, qui était composée de vingt-huit navires, lesquels emmenaient en Castille, en même temps que Bovadiglia, le persécuteur de l'Amiral et de ses frères, Orlando et tous les autres séditieux, qui leur avaient causé tant de graves ennuis.

Dieu voulut-il les aveugler tous, pour qu'ils ne crussent pas devoir se rendre aux conseils que l'Amiral leur donnait sur la foi de sa vieille et subtile expérience? je serais tenté de le croire, et d'admettre que ce fût un effet de sa suprême justice ; car, arrivés en Castille, et soutenus par le crédit de l'évêque, ils eussent certainement échappés à la peine qui leur était due. Au lieu de cette faveur, ils trouvèrent dès leur sortie du port une horrible tempête qui, sur la pointe orientale de l'île, les assaillit avec tant de fureur, que la caravelle capitane qui portait Bovadiglia et la plupart des révoltés, fut engloutie, et que de tous les autres navires, quatre seulement échappèrent, mais non sans dommage, au désastre.

L'Amiral qui avait prévu ces gros temps, et à qui l'entrée du port avait été refusée, était allé en toute hâte s'abriter du mieux qu'il avait pu sur un point de la côte, où sans trop de fatigue, ses vaisseaux attendirent la fin de la tempête.

Les gens qui l'accompagnaient n'avaient pas laissé d'être fort affligés par la façon dont ils avaient été reçus, se demandant ce qu'il en serait quand ils visiteraient des peuples étrangers, alors que des compatriotes se comportaient aussi durement avec eux. L'Amiral n'avait pas senti moins vivement qu'eux l'injure qui lui était faite, et qui lui semblait d'autant plus cruelle que l'asile lui était refusé sur une terre qu'il avait, à proprement parler, donnée à l'Espagne et à ceux qui le repoussaient.

Mais avec sa prudence habituelle, il tâchait de ne rien laisser voir de ces pénibles sentiments, et il continuait à veiller attentivement à la sécurité de ses navires. Un soir cependant, la mer devenant plus mauvaise et la nuit étant très obscure, il arriva que les trois navires, qui étaient jusque-là restés auprès du sien, furent emportés en divers sens et coururent les plus graves périls, notamment celui qu'il avait été question d'échanger.

Toutefois, ces navires, après de grandes fatigues, purent rallier celui de l'Amiral qui avait réussi à se maintenir en bon lieu, et le dimanche suivant, la flottille gagna sur la côte méridionale de l'île le port dit d'Azua, où elle se mit en sûreté, et où ses équipages purent prendre quelque repos.

Or, quand on sut que la flottille de l'Amiral était sauve, tandis que la flotte se rendant en Castille avait été presque totalement anéantie, et quand on apprit même que parmi les vaisseaux de l'Amiral, le sien seul, n'avait couru aucun danger sérieux, au lieu d'en faire honneur à son esprit de prévoyance et à sa profonde connaissance de la science maritime, des gens se trouvèrent pour prétendre, qu'à l'aide d'influences magiques, il avait suscité cette tempête, afin de tirer vengeance de Bovadiglia et de ses autres ennemis.

Quoi qu'il en fût, sur les quatre navires qui restaient des vingt-huit qui avaient quittés le port, un seul fut en état de continuer sa route, portant d'ailleurs une grande quantité d'or, que les facteurs de l'Amiral lui envoyaient du produit de leurs mines;

les trois autres rentrèrent à Saint-Domingue, mais fortement avariés et incapables de tenir la mer.

## LXXXI

### COMMENT L'AMIRAL, QUITTANT L'ILE ESPAGNOLE, SUIVIT LA ROUTE PROJETÉE ET DÉCOUVRIT LES ILES DE GUANAZI

Quand l'Amiral pensa que ses gens étaient assez reposés, et qu'il eut fait à ses navires les réparations nécessaires, nous quittâmes le port d'Azua. Après avoir évité une nouvelle tempête, en nous réfugiant dans le port de Gioachemo, nous fûmes pris par des courants, qui nous portèrent sur des îles voisines de la Jamaïque, d'où, suivant notre route au midi, nous atteignîmes des îles qui avoisinent la terre ferme d'une dizaine de lieues, sur un point que l'Amiral avait appelé la *Casine*, mais que l'on nomme aujourd'hui *Honduras* (1). Arrivé à ces îles, dites de Guanazi, l'Amiral envoya son frère Don Barthélemy à terre, avec deux chaloupes, qui trouvèrent là des gens assez semblables à ceux des autres îles, mais avec le front beaucoup plus développé. Les marins découvrirent aussi en assez grande abondance, un minerai de cuivre qu'ils prirent pour de l'or, et dont ils amassèrent tous une certaine quantité, qu'ils cachaient de leur mieux, lors de leur retour au navire.

Pendant qu'ils étaient à terre, cherchant à se rensei-

(1) Nom actuel du lieu.

gner sur l'état et sur les productions du pays, il y arriva un canot de la longueur d'une galère, taillé d'une seule pièce dans un tronc d'arbre, et qui, chargé des productions de la terre ferme, se dirigeait vers l'île Espagnole. Cette embarcation, que montaient vingt-cinq hommes, avait dans le milieu une sorte de pavillon couvert de feuilles de palmiers analogue à celui des gondoles de Venise, d'ailleurs si ingénieusement disposé et si bien clos, que ni la pluie, ni l'eau de la mer ne pouvaient mouiller les choses qui y étaient abritées. Sous cette couverture se tenaient des enfants et des femmes. Bien qu'ils fussent en nombre, les Indiens ne songèrent nullement à se défendre contre les gens de la chaloupe et, sans la moindre résistance, ils se laissèrent emmener aux navires avec leur embarcation.

L'Amiral fut d'autant plus satisfait de cette capture, que, sans qu'elle eût fait courir aucun danger ni causé aucune fatigue à ses gens, elle le mettait à même de connaître et d'apprécier la plupart des produits naturels et industriels de la terre ferme.

Il fit prendre parmi ces objets ceux qui lui parurent les plus curieux, notamment, des espèces de camisoles de coton sans manches, ouvragées de broderies, et peintes de différentes couleurs; des tabliers du même travail, qu'ils portent devant eux pour cacher leurs parties honteuses, et de grands voiles dans lesquels les Indiennes, s'enveloppent comme font les Mauresques de Grenade; de longues épées de bois cannelées, des couteaux de silex aussi tranchants que nos rasoirs d'acier, d'autres outils propres à tailler le bois, faits d'un cuivre excellent. D'ailleurs, ils portaient avec eux des lingots de ce métal destinés à être fondus. Comme aliments, ils avaient les mêmes racines et les mêmes grains qui sont d'usage à l'île Espagnole; puis une espèce de vin fait avec le maïs, analogue à la bière d'Angleterre, et certaines amandes auxquelles ils paraissaient attacher un grand prix, car je remarquai que, lorsqu'ils furent sur le vaisseau, s'il leur arrivait d'en laisser tomber une, ils mettaient à a ramasser autant de précipitation que si l'un de leurs yeux se fût détaché de leurs têtes (1).

Ils parurent fort étonnés qu'encore que nous leur parussions terribles et féroces, nous ne leur fissions aucun mal alors qu'ils étaient nos prisonniers. Je dois noter à leur louange, que hommes et femmes semblaient avoir au plus haut degré le sentiment de la pudeur, car s'il arrivait que l'on touchât au tablier d'un des hommes, il se hâtait de cacher sa nudité avec les mains, et les femmes se drapaient, comme je l'ai déjà dit, dans leur voile, aussi soigneusement que les Mauresses.

Touché d'ailleurs de leurs honnêtes manières, l'Amiral les voulut traiter avec la plus grande douceur; en les remettant en liberté dans leur canot, il leur fit donner maintes choses comme dédommagement de celles qui leur avaient été prises. Il ne retint qu'un homme âgé, nommée Giambe, dont il espérait tirer des renseignements sur l'état du pays, et qui devait lui servir à entrer en relation avec les indigènes.

(1) C'est le *cacco*. Notre auteur, qui écrivait après la découverte du Mexique, d'abord nommé *Nouvelle-Espagne*, dit en parlant de ces amandes « de celles que les gens de la Nouvelle-Espagne emploient comme monnaie. » Au reste, les peuples dont il est ici question habitaient des terres limitrophes du grand empire mexicain.

En effet, ce brave Indien, pendant tout le temps qu'il demeura auprès de nous, s'acquitta très fidèlement et avec un grand zèle de cette tâche, et il nous fut d'un grand secours; mais quand nous arrivâmes en des régions dont il ne comprenait plus la langue, c'est-à-dire à hauteur du cap de la *Grâce-de-Dieu*, l'Amiral le fit remettre à terre après l'avoir gratifié d'un certain nombre de présents; et le vieil Indien s'en retourna fort satisfait dans son pays.

## LXXXII

### COMMENT L'AMIRAL SE DIRIGEA VERS BERAGUA, POUR TACHER DE DÉCOUVRIR LE DÉTROIT DE LA TERRE FERME

Ayant pu, sur les produits que contenait le canot, juger de la richesse de la terre ferme, et sur la conduite de ceux qui le montaient, du bon naturel des habitants, l'Amiral persista dans le projet qu'il avait formé d'aller découvrir le détroit, qu'on lui avait dit être au bout de la terre ferme et par lequel il comptait passer dans la mer méridionale qui baignait le pays des épices (1).

En conséquence, il résolut de se diriger par l'orient vers *Beragua*, où il était convaincu de rencontrer ce détroit, qui s'y trouvait en effet; mais les renseignements qu'il avait reçus, causaient une équivoque dans

(1) Ce pays des épices n'est autre dans la pensée de l'Amiral que le continent asiatique, dont il croit toujours devoir faire la prochaine rencontre.

son esprit ; au lieu que ce fût, comme il le pensait, un détroit ordinaire par lequel les deux mers communiquaient l'une avec l'autre, il s'agissait d'une bande de terre ne formant entre elles qu'une *étroite* séparation. Et l'on s'explique que, dans la confusion possible entre un *détroit d'eau* ou un *détroit de terre*, il ait penché pour celle des deux acceptions qui s'accordait le mieux avec ses désirs. Quoi qu'il en fût, et encore que l'Amiral en dût éprouver une certaine déception, ce *détroit de terre* n'est pas moins comme une porte ouverte sur les mers et sur les contrées d'où devaient se répandre tant de richesses. *Dieu ne voulut pas qu'un autre que l'Amiral eût l'honneur d'en faire l'importante découverte* (1).

Laissant donc les îles de *Guanarex* (2), qui ne lui offraient aucune particularité digne d'attention, l'Amiral, négligeant de fouiller le golfe où il se trouvait, continua sa route vers l'est et atteignit une terre basse, où il vit encore des populations fort affables et assez industrieuses. Il remarqua notamment que ces Indiens savent se faire avec du coton des cuirasses capables de parer même les coups de certaines de nos armes. Un peu plus loin, il trouva des hommes presque noirs, d'aspect terrible et semblant tout à fait sauvages, car, au dire de l'Indien qui nous avait accompagné jusque-là, ils se nourrissent de chair humaine, aussi bien que de poisson tel qu'ils viennent de le pêcher. Il ont d'ail-

---

(1) Passage remarquable. Cet isthme de Panama, qu'il est question de couper aujourd'hui, pour qu'il en résulte les plus merveilleux effets sur les relations universelles, ce *détroit* que l'on va créer, Colomb fit mieux que le découvrir, alors qu'on ne savait rien encore des immenses continents qu'il relie, il en devina l'importance par une sorte de vision du génie.

(2) Même nom aujourd'hui.

leurs les oreilles percées d'une ouverture si large qu'on y ferait passer un œuf de poule, de là vient que l'Amiral nomma le pays la *côte de l'Oreille.*

Tout en suivant cette côte, un jour, où le préfet était descendu à terre avec les chaloupes, il vit venir au-devant de lui une centaine d'Indien chargés de vivres, qu'ils déposèrent à ses pieds, puis ils se retirèrent sans rien dire. Le préfet leur fit offrir des grelots, des chapelets, et autres petits objets qu'ils vinrent recevoir. Il voulut entrer en pourparler avec eux et se renseigner sur la région, mais malgré le secours de notre vieil interprète, il fut impossible de s'entendre. Le jour suivant, ils revinrent en nombre deux fois plus grand, apportant des poules, plus belles que les nôtres, des œufs, des poissons rôtis, des fèves blanches et rouges, et la plupart des choses qui se trouvent à l'île Espagnole. Quoique bas, le pays était beau, couvert d'une abondante végétation : on y voyait beaucoup de pins, des chênes, des palmiers de plusieurs sortes. Il s'y trouvait des cerfs, des gazelles, des léopards, et les eaux foisonnaient de poissons aux formes les plus étranges. Les habitants, qui ne nous parurent pratiquer aucune religion, vont presque entièrement nus, quelques-uns cependant portent des espèces de camisoles sans manches leur descendant jusqu'au nombril. Ils ont, en général, les bras et d'autres parties du corps tatoués par le feu, ou chamarrés de figures représentant des cerfs, des léopards, des cabanes, ce qui leur donne l'aspect le plus singulier. Les notables portent sur la tête des morceaux d'étoffe de coton blanche ou rouge, et quelques-uns laissent pendre sur leur front de longues mèches de cheveux.

Quand ils veulent se parer au plus haut point, ils se teignent le visage de noir, de rouge, ou bien le barriolent de lignes de diverses couleurs. Certains se bornent à se noircir le tour des yeux, et tous, en somme, croyant s'embellir, ont l'air de véritables démons.

## LXXXIII

### COMMENT L'AMIRAL ALLA DE LA COTE DE L'OREILLE AU CAP DE LA-GRACE-DE-DIEU, PUIS ATTEIGNIT CARIAI ET PENDANT LES MOIS QUI SUIVIRENT EXPLORA LES COTES DE LA TERRE FERME

Quittant la côte de l'Oreille, nous dûmes employer soixante-dix jours de navigation très laborieuse pour faire tout au plus soixante lieues et atteindre enfin, après avoir lutté contre vents et courants contraires, un cap auquel l'Amiral donna le nom de *Grâce-de-Dieu* (1), parce que chacun de nous considérait comme une faveur divine d'avoir pu y parvenir sans accident, et aussi parce que, arrivés là, nous eûmes le plaisir de reconnaître que la côte s'infléchissait directement au midi, de telle sorte que le vent qui, jusque-là, s'était opposé à notre marche allait au contraire la favoriser. Le 25 septembre, nous atteignîmes la terre dite de *Cariai* du nom que les habitants lui donnent eux-mêmes. Ces Indiens, lors de notre première apparition, manifestèrent des intentions hostiles, nous les vîmes venir en

---

(1) Point extrême oriental de l'état actuel de *Honduras*.

armes au rivage pour défendre leur pays, mais quand ils eurent reconnu que nous ne leur voulions aucun mal, il ne demandèrent plus qu'à trafiquer et entrer en relations avec nous.

Nous vîmes, sur cette terre de Cariai, maintes productions naturelles que nous n'avions pas encore rencontrées et plusieurs animaux quadrupèdes, parmi lesquels des espèce des chats sauvages et des porcs différents des nôtres.

Pendant tout le mois d'octobre, les mauvais temps nous retinrent le long de ces mêmes côtes, où nous dûmes nous abriter, tantôt dans un port, tantôt dans un autre, communiquant avec les populations, et reconnaissant de plus en plus chaque jour combien le pays que nous cotoyons devait plus tard fournir de richesses. En novembre, nous n'avançâmes encore que fort peu, car la mer restait grosse et les vents soufflaient toujours à la côte; par compensation, au cours de nos relâches, nous eûmes avec les Indiens les meilleurs rapports.

Or, comme tous nous parlaient du pays de Beragua, qui était le lieu de provenance de l'or, dont ils se faisaient des ustensiles et des ornements, l'Amiral prit pour visée de se rendre dans cette région fortunée. Nous partîmes donc dans la direction où elle devait être, mais il nous fallut encore endurer toutes les fatigues, courir tous les dangers, pour n'arriver que vers la fin de l'année dans les parages que nous cherchions.

## LXXXIV

COMMENT L'AMIRAL RÉSOLUT DE FONDER UNE NOUVELLE CITÉ

Le jour des Rois de l'année 1503, nous jetâmes l'ancre à l'embouchure d'un fleuve que l'Amiral nomma de *Bethléem*, à cause de la fête de l'adoration des Mages. Un peu plus loin, à l'occident, se trouvait un autre fleuve qui, comme nous l'apprîmes des Indiens, s'appelait Beragua. Nous étions donc arrivés aux terme de nos recherches. Aussi, dès le lendemain, l'Amiral envoya-t-il des chaloupes reconnaître le pays, et tâcher d'apprendre dans quelle direction se trouvaient les mines d'or.

De prime abord, les habitants voulurent s'opposer au débarquement, mais on leur envoya un Indien que nous avions amené d'un pays voisin, et qui, pour avoir passé quelque temps avec nous, put leur témoigner que nous étions gens pacifiques, ne voulant rien prendre sans payer ; ils se rendirent familiers et vinrent aussitôt nous offrir à acheter des grains et des lames d'or, — non sans prendre soin d'en rehausser la valeur, en nous disant que pour posséder ce métal ils étaient forcés d'aller le recueillir au sein de montagnes très escarpées, et que, pendant leur séjour en ces lieux déserts, ils étaient privés de toute alimentation et de la société de leurs femmes. Il paraît d'ailleurs que les naturels de l'île Espagnole alléguaient, lors de la découverte, des raisons semblables pour renchérir l'or qu'on leur voulait acheter.

Notre flottille mouilla dans le lit même du fleuve de Bethléem, le 9 janvier, et le surlendemain le préfet se mit en mer avec les chaloupes pour gagner l'embouchure du Beragua, dans l'intention d'entrer en rapport avec un roi nommé Quibio, qui régnait sur le pays.

Ce roi, en apprenant la venue du préfet, descendit le fleuve avec son canot pour le recevoir. Leur rencontre fut très affectueuse : ils échangèrent divers présents, et s'entretinrent longtemps. Le jour suivant, Quibio vint visiter l'Amiral ; après avoir causé avec lui, par truchement, pendant plus d'une heure, il s'en alla très satisfait des cadeaux qu'il avait reçus.

Au moment où nous nous croyions le plus en sûreté, le fleuve de Bethléem déborda tout à coup, et cette inondation aurait pu faire courir à nos vaisseaux les plus grands dangers, si nous n'eussions pris les plus grandes précautions. Il ne nous arriva rien de fâcheux, mais nous fûmes cependant obligés de garder strictement le mouillage, sans pouvoir même descendre à terre avec les chaloupes. De là vint un grand retard dans les projets d'exploration qu'avait formés l'Amiral.

Quoi qu'il en fût, convaincu qu'il avait découvert une contrée des plus riches, l'Amiral résolut de fonder là un nouvel établissement où il laisserait son frère le préfet, avec la plupart de ses gens, pour qu'ils se rendissent maîtres du pays, pendant qu'il irait en Castille chercher des secours et de nouveaux moyens de colonisation.

Dès que le beau temps fut revenu, le préfet et trente hommes partirent à la recherche de la région des mines.

Le roi Quibio, auprès duquel ils se rendirent, leur donna des guides qui leur firent faire le premier jour quatre ou cinq lieues dans les montagnes. Ils passèrent la nuit sur les bords d'une rivière, que, dans leur marche ils avaient franchie un grand nombre de fois, et, après avoir fait le lendemain environ une lieue et demie de chemin, ils arrivèrent dans une région couverte de grands arbres fort touffus, entre les racines desquels chacun d'eux, en moins de deux heures, eut ramassé une certaine quantité d'or, — ce qui ne pouvait que leur sembler merveilleux, car nul d'entre eux n'était muni d'aucun outil pour fouiller la terre. Comme d'ailleurs ils n'avaient d'autre but que de connaître la situation des mines, ils s'en retournèrent fort satisfaits aux navires, où ils annoncèrent la bonne nouvelle.

En réalité, les mines qu'ils avaient visitées n'étaient pas celles de Beragua proprement dites, qui se trouvaient beaup plus rapprochées du fleuve. Quibio, pour que les siennes fussent épargnées, avait fait conduire les Espagnols sur celles d'Urira, tribu avec laquelle il était en guerre.

## LXXXV

COMMENT L'AMIRAL CRUT CONVENABLE DE FAIRE SAISIR LE ROI QUIBIO ET SES PRINCIPAUX SUJETS, QUI MENAÇAIENT LA SÉCURITÉ DES ESPAGNOLS

Le préfet, continuant à explorer le pays, entra quelques jours plus tard en relations avec le cacique de cette tribu d'Urira, dont on lui avait fait visiter les mines. Il en reçut le meilleur accueil, et troqua pour des objets de peu d'importance de grandes quantités d'or.

Il visita aussi d'autres peuples des environs, qui lui parurent dans les meilleures dispositions envers les chrétiens. De retour aux navires, où l'Amiral faisait les préparatifs de son prochain départ, il se mit en devoir de choisir l'emplacement où s'élèverait la future cité.

Bientôt, sur un monticule, à une portée d'arquebuse des rives du fleuve de Bethléem, s'élevèrent les premières maisons où devaient se loger les quatre-vingts personnes qui allaient demeurer avec le préfet sur la terre indienne. Outre ces maisons, faites de bois et couvertes de feuilles de palmiers, l'on construisit un édifice plus vaste, plus solide, pour servir de magasin des vivres et d'arsenal, sans préjudice d'un des vaisseaux qui devait rester à la disposition des colons et où seraient déposés un grand nombre d'objets, notamment les appareils de pêche.

Déjà tout était assez convenablement aménagé pour

la création de l'établissement de Bethléem, et l'Amiral était sur le point de mettre à la voile pour la Castille, lorsque les eaux du fleuve, qui avaient failli nous causer tant de désastres par leur surabondance, baissèrent à ce point, que les navires furent mis dans l'impossibilité d'aller reprendre la mer.

Notre ennui était grand, et de même que précédemment nous avions imploré l'assistance de Dieu pour qu'il fît s'achever les pluies qui entretenaient l'inondation, de même nous appelions de tous nos vœux les nuées qui pouvaient faire enfler les eaux du fleuve.

Entre temps, avis fut donné à l'Amiral que Quibio, le cacique de Beragua, projetait de venir secrètement mettre le feu aux maisons des chrétiens, qu'il espérait massacrer pendant le désordre que causerait l'incendie; car il déplaisait profondément à la population indienne de les voir s'établir dans le pays.

Il parut donc à l'Amiral que, autant comme châtiment individuel que comme exemple à donner aux autres Indiens, il serait sage de s'emparer de Quibio et de ses principaux affidés, et de les emmener en Castille, en plaçant de ce fait le pays sous la domination des Espagnols.

En conséquence, le 30 mars, le préfet se rendit avec soixante-quatorze hommes à la ville ou bourgade de Beragua, — formée d'ailleurs de cabanes fort distantes les unes des autres.

En apprenant son approche, Quibio l'envoya prier de ne pas monter jusqu'à sa maison, qui était placée sur une colline des bords du fleuve Beragua. Le préfet, décidé à ne tenir aucun compte de cet avis, voulut toutefois éviter d'effaroucher le cacique; il s'avança donc accompagné seulement de cinq ou six hommes, mais il commanda aux autres de s'espacer sur la route, en ajoutant que s'ils entendaient tirer un coup d'arquebuse, ils se hâtassent de se réunir autour de la maison, et de la cerner de telle sorte que nul ne s'en pût échapper.

Comme il arrivait près de la cabanne de Quibio, celui-ci lui fit encore dire qu'il l'engageait à ne pas y entrer, prétextant qu'il était malade d'une blessure récemment reçue, et, en outre, parce qu'il ne convenait pas que ses femmes subissent le regard des étrangers. Du reste, il se présenta au seuil de l'habitation, où il s'assit, en priant le préfet de venir seul lui parler. Le préfet y consentit; mais, en quittant ses compagnons, il leur donna pour mot d'ordre que s'ils le voyaient prendre le cacique par le bras, ils vinssent aussitôt l'aider à le faire prisonnier. Arrivé auprès de Quibio, il commença à s'entretenir avec lui, par interprète, de diverses choses et notamment du motif de son indisposition; puis, sous prétexte de voir où était sa blessure, il le prit par le bras. A ce signal, cinq des hommes du préfet se jetèrent sur le cacique, pendant que le sixième déchargeait en l'air une arquebuse, de telle sorte que les autres Espagnols accoururent à l'investissement de la maison, dans laquelle se trouvaient une cinquantaine de personnes, tant petites que grandes, qui furent presque toutes prises sans coup férir, car dès que ces Indiens virent leur roi prisonnier, aucun d'eux ne tentât plus la moindre défense.

On prit là plusieurs femmes et fils de Quibio, et un certain nombre de notables qui, pour obtenir d'être mis en liberté, promettaient aux Espagnols de leur donner un grand trésor, qui était caché dans une forêt des environs. Mais, sans s'arrêter à ces offres séduiduisantes, le préfet n'eut rien de plus pressé que de faire conduire tous ses prisonniers aux navires, avant que la population des alentours, avertie de ce qui venait d'arriver, ne se fût ameutée.

Devant rester encore en ce lieu, où il se proposait de capturer les autres membres de la famille royale qui avaient pu s'échapper, il confia le soin d'emmener les prisonniers à un pilote nommé Jean Sanciez, homme très énergique, à qui le cacique fut livré pieds et poings liés, et qui jura par sa barbe (1) qu'il ne lui échapperait pas. On embarqua donc les prisonniers dans la chaloupe qui avait remonté le fleuve, et l'on redescendit vers les navires.

Après une demi-heure environ de navigation, et comme la nuit tombait, Quibio se plaignit que les cordes dont on l'avait lié lui meurtrissaient les mains. Jean Sanciez, touché de compassion, desserra les liens, et au lieu de laisser le cacique attaché sur un banc, se contenta de le tenir par la corde qui lui entourait le corps. Peu après, Quibio, au moment où son gardien était loin de s'y attendre, sauta précipitamment dans la rivière. Sanchez, qui tenait la corde, dût la lâcher, pour n'être point entraîné ; et, l'ombre de la nuit aidant, au milieu des clameurs des Indiens et des Espagnols, on ne put savoir ce qu'était devenu le fugitif. Il en fut de lui comme d'une grosse pierre qu'on aurait jetée à l'eau.

Pour que la chose ne se renouvelât pas avec les au-

---

(1) Chose sacrée, que la barbe d'un noble espagnol.

tres Indiens, les Espagnols firent dès lors meilleure garde, mais ce ne fut pas sans honte qu'en arrivant aux vaisseaux, ils durent avouer leur mésaventure.

Le jour suivant, comprenant qu'il lui serait bien difficile de poursuivre fructueusement les Indiens dans un pays très montueux, très boisé, où les cabanes étaient considérablement espacées, le préfet résolut de retourner auprès de son frère. Il y arriva sans qu'il fût rien advenu de fâcheux à aucun de ses hommes, et présenta à l'Amiral le butin fait dans la demeure de Quibio, dont la valeur pouvait bien s'élever à plus de trois cents ducats, en plaques, colliers, chaînes et couronnes d'or servant d'ornements aux chefs indiens.

Après avoir mis de côté le cinquième de cette prise pour les rois catholiques, l'Amiral divisa le reste entre ceux qui avaient participé à l'entreprise, en attribuant particulièrement au préfet une couronne d'or, comme témoignage d'honneur pour la victoire qu'il venait de remporter.

## LXXXVI

### COMMENT L'AMIRAL S'ÉTANT ÉLOIGNÉ, QUIBIO VINT ASSAILLIR LES CHRÉTIENS

Des pluies étaient venues qui, en grossissant les eaux du fleuve avaient rendu possible la sortie des navires. L'Amiral, pensant avoir suffisamment assuré la tranquillité du pays, décida de prendre la mer pour se rendre d'abord à l'île Espagnole, d'où il poursuivrait sa route vers la Castille, après qu'il aurait fait expédier des secours aux gens qu'il laissait à Bethléem.

Nous sortîmes donc, non sans peine toutefois, du fleuve où nous étions à l'ancre. Ces difficultés, à vrai dire, furent en quelque sorte providentielles; car une de nos chaloupes étant revenue à terre après que nous eûmes gagné la mer, pour reprendre des objets dont nous avions dû nous alléger afin de franchir plus facilement la passe, y arriva juste au moment où les Indiens, sous la conduite de Quibio, attaquaient les Espagnols.

Après avoir vu les navires s'éloigner, ils étaient venus fondre, sans plus de retard, sur les maisons de Bethléem, qu'ils criblaient de leurs traits, et qui, couvertes seulement de feuilles de palmiers, étaient facilement transpercées de part en part.

Déjà quelques-uns des nôtres avaient été blessés, quand le préfet, qui était homme de grand courage, se mettant à la tête de six ou sept Espagnols, fit contre les Indiens une vigoureuse sortie qui les obligea à se retirer dans les bois.

Un peu plus tard, ils revinrent à la charge, la bonne contenance des Espagnols les obligea de nouveau à la retraite; mais un des nôtres fut tué, et six ou sept, parmi lesquels le préfet, reçurent des blessures assez graves.

Entre temps, les gens de la chaloupe qui venaient du navire, avaient pu apercevoir le combat. Plusieurs d'entre eux avaient voulu se porter au secours des assiégés, mais un certain Tristan qui la commandait, alléguant les ordres précis qu'il avait reçus de l'Amiral, prétendit que s'il abordait, les Espagnols venant chercher refuge dans la chaloupe, la ferait couler, ce qui serait d'un grand préjudice pour les navires, et, sans plus se soucier de ce qui pourrait advenir aux gens de terre, il s'engagea dans les bras étroits du fleuve, pour aller à la recherche des objets qu'il devait rapporter.

Mal lui en prit, en vérité, car lorsque les Indiens le virent ainsi aventuré, ils vinrent l'assaillir avec de nombreux canots qui portaient beaucoup d'hommes et qui manœuvraient plus légèrement que la chaloupe. En peu de temps, l'équipage entier fut mis hors de combat et massacré; il n'en échappa qu'un tonnelier qui, s'étant jeté à l'eau, put gagner à la nage les bords du fleuve, et s'en alla rapporter ce qui venait d'arriver aux gens de Bethléem.

Grande fut l'épouvante de ceux-ci, à l'idée qu'ils ne pourraient donner avis de leur détresse à l'Amiral qui, d'ailleurs, privé de sa chaloupe, serait peut-être hors d'état de les secourir; pour ajouter à leur découragement, ils virent bientôt passer sur le fleuve cette même chaloupe pleine de cadavres, que les corbeaux déchiquetaient déjà, et l'heure leur sembla prochaine où ils auraient un sort semblable.

Comprenant du reste que les Indiens exaltés par leur victoire allaient venir les assaillir plus résolument encore, et qu'il leur serait impossible de résister dans la faible position qu'ils occupaient, ils gagnèrent près de l'embouchure du fleuve un lieu découvert, où à l'aide des tonneaux, des madriers et des divers autres matériaux dont ils disposaient, ils se construisirent une sorte de camp retranché, où ils installèrent leur artillerie, et d'où ils espéraient pouvoir tenir à distance les

Indiens qui, de crainte des projectiles, n'oseraient guère s'aventurer hors du pays boisé.

Plusieurs jours s'étaient écoulés sans que l'Amiral, dont les navires se tenaient à l'ancre en vue de la côte, vît revenir la chaloupe. Il ne savait à quelle cause attribuer ce retard, mais attendant d'heure en heure le retour de ses gens, il différait toujours de faire partir une nouvelle embarcation.

Sur ces entrefaites, il advint que les Indiens que nous retenions prisonniers aux navires, firent une tentative d'évasion. Un soir, on avait oublié de fermer solidement avec les chaînes la trappe du pont où ils étaient enfermés ; ce qu'on avait jugé inutile, parce que plusieurs marins couchaient tout auprès. La nuit, les captifs firent si bien en se groupant, en se portant mutuellement les uns sur les épaules des autres, qu'une grande partie d'entre eux purent atteindre cette ouverture, d'où ils se précipitèrent à tout hasard dans la mer ; et on ne les revit plus.

Il va de soi que quand on s'aperçut de cette évasion, on verrouilla solidement la trappe pour que ceux qui restaient, ne fussent pas tentés de s'échapper à leur tour ; mais, en rentrant le matin dans le lieu où ils étaient renfermés, on les trouva pendus ou plutôt étranglés avec les cordes qu'ils avaient pu trouver, car, vu le peu d'élévation du plancher, leurs jambes étaient repliées et traînaient à terre. De telle sorte qu'il ne resta plus aucun des prisonniers sur le navire ; ceux qui n'avaient pas fui, s'étant tués de désespoir pour n'avoir pu suivre leurs compagnons.

En principe, leur perte nous eût été assez indifférente, si, par suite nous n'avions pu craindre que Quibio, sachant qu'il ne nous restait plus aucun otage entre les mains, ne déclarât une guerre plus acharnée aux Espagnols restés à Bethléem, dont nous continuions à être sans nouvelles. La chaloupe ne revenait pas, et nous ne disposions plus que d'une seule petite embarcation, avec laquelle nous ne pouvions guère songer à descendre en force sur le rivage.

Un pilote dit à l'Amiral que s'il voulait le faire conduire jusqu'à une certaine distance de la terre, il irait à la nage tâcher de savoir ce qui se passait. L'Amiral accepta. Cet homme courageux fit ce qu'il avait proposé, et revint bientôt nous apprendre en quel état se trouvaient réduits nos malheureux compatriotes. Dès lors il ne pouvait plus être question de les laisser sur cette terre, car c'eût été les condamner à une mort inévitable et et prochaine.

L'Amiral résolut donc d'attendre à l'ancre que tous fussent venus à bord et y eussent transporté le matériel et les vivres qui leur restaient. On ne put employer à ce transport que la petite chaloupe des navires et un canot, que ceux de terre s'étaient précédemment approprié. Dieu permit heureusement que, pendant les huit ou dix jours nécessaires à ce transbordement, la mer restât bonne; s'il fût survenu le moindre mauvais temps, ce pouvait en être fait de nous tous, car nos vaisseaux, attaqués des vers, et faisaient eau de toutes parts, n'eussent pu tenir au mouillage. Enfin, ce fut avec une grande joie que nous nous vîmes tous réunis; la flottille, bien qu'en fort mauvais état, fit alors voile pour l'île la plus rapprochée. Selon les pilotes, nous eussions dû nous diriger vers l'Espagnole, mais l'Amiral, dont l'expérience n'était jamais en défaut, déclara que nous devions trouver plus tôt la Jamaïque...La traversée fut longue et pénible, longue, car les vents nous étaient contraires autant que les courants, pénible, car ainsi que je viens de le dire les vers avaient tellement perforé la coque de nos navires que nous devions continuellement travailler aux pompes pour les maintenir à flot.... Enfin, Dieu qui tant de fois déjà était intervenu, daigna encore veiller sur nous. Après avoir trouvé quelques rafraîchissements dans une petite île voisine de Cuba, nous fûmes portés par les courants sur les côtes de la Jamaïque. Nous nous réfugiâmes d'abord dans un port, qu'à son premier voyage l'Amiral avait nommé *Bon-Port*, parce qu'il offrait un abri très sûr contre la tempête. Nous dûmes cependant le quitter, car outre que le pays environnant était absolument stérile, il n'y avait point là d'habitants dont nous puissions, au cas échéant, recevoir du secours et des provisions. Nous fîmes donc un dernier effort pour gagner un peu plus à l'est, un autre port dit de la *Sainte-Gloire*, où nos vaisseaux n'entrèrent que pour s'y échouer littéralement sur les rochers, car nous étions à bout de forces pour épuiser l'eau et les maintenir à flots. Après les avoir tirés bord à bord, aussi près que possible du rivage dans cette anse, d'ailleurs fort bien abritée de toutes parts, nous les laissâmes se submerger à demi. L'eau les envahit jusqu'à hauteur des ponts, et nous dûmes nous établir sur les châteaux de poupe et de proue, que nous fortifiâmes de notre mieux, pour le cas où les habitants songeraient à venir nous inquiéter.

## LXXXVII

#### COMMENT UNE NOUVELLE SÉDITION S'ÉLEVA CONTRE L'AMIRAL

Dès que nous fûmes ainsi installés à une portée d'arquebuse de la rive, les Indiens du pays, qui étaient gens doux et paisibles, vinrent avec leurs canots nous offrir des vivres et divers objets qu'ils désiraient vivement échanger contre les choses que nous pouvions leur donner.

Pour que ces relations se gardassent aussi pacifiques que possible, et afin qu'il n'y eût aucun tort causé ni aux chrétiens ni aux Indiens, l'Amiral décida, dès l'abord, que deux des nôtres seraient seuls chargés de conclure tous les marchés, et chaque jour, répartiraient entre les gens des navires les choses achetées des Indiens.

Nous étions, d'ailleurs, à peu près dépourvus de provisions, car outre que nous avions perdu beaucoup de temps à venir jusque-là, il n'avait pas été possible au départ de Bethléem, d'embarquer tout ce qu'on aurait voulu. Mais, grâce à Dieu, l'île abondait en provisions de tous genres, et les habitants ne demandaient qu'à trafiquer avec nous.

Toutefois, et justement à cause de cette abondance qui aurait pu être mauvaise conseillère à beaucoup des nôtres, d'ordinaire aussi peu continents que disciplinés, l'Amiral renonça à toute idée d'établissement à terre, et déclara qu'il n'y aurait pas d'autre lieu d'habitation que les vaisseaux échoués. Il prévoyait le cas où nos Espagnols, allant çà et là dans l'île, entrant dans les cases des Indiens, se croiraient en droit d'y prendre tout ce qui leur conviendrait, manqueraient de respect aux femmes, ou brutaliseraient les enfants ; ce qui n'eût pas manqué d'amener bientôt des contestations, des querelles, des rixes, et nous eût mis en inimitié avec les indigènes.

Il fut donc établi que nul ne pourrait descendre à terre s'il n'y était régulièrement autorisé, et pour des motifs acceptés de l'Amiral. On fixa en outre, de concert avec les Indiens, une sorte de tarifs des divers objets qui pouvaient leur être achetés, de manière à ce qu'aucun désaccord ne fût possible.

Ces sages règlements, bien observés des deux parts, avaient d'excellents effets.

Pendant que nous étions très régulièrement fournis de ce qui pouvait nous être nécessaire, les gens du pays conservaient pour nous les meilleurs sentiments. Mais quelque supportable que fût notre situation, elle ne pouvait se prolonger indéfiniment ; il importait de songer aux moyens de retourner en Castille. A cet effet, l'Amiral avait plusieurs fois rassemblé en conseil les principaux de son entourage, afin de délibérer sur les mesures qu'il serait possible de prendre pour gagner au moins l'île Espagnole.

Attendre que des navires vinssent jeter l'ancre dans ces parages, c'eût été se fier au plus vague et décevant espoir ; penser à en fabriquer de nouveaux, alors qu'on ne disposait ni d'outils, ni de matériaux convenables, c'eût été s'exposer à faire de longs et pénibles efforts, pour n'arriver qu'aux plus insignifiants résultats et perdre un temps précieux à consommer notre ruine, en lieu d'y apporter le moindre remède.

Tous conseils pris, il parut à l'Amiral que le plus sage parti serait de faire savoir à l'île Espagnole comment il se trouvait là perdu avec les siens, et de réclamer l'envoi d'un navire de secours.

A cet effet, il choisit, parmi ceux qui s'offraient à lui pour cette très difficile et très périlleuse entreprise, les deux hommes qui lui parurent devoir la remplir avec le plus de prudence et de courage. Je dis de prudence et de courage, car nous ne disposions pour cette traversée d'aucune autre embarcation que de ces grands canots d'Indiens dont j'ai mainte fois parlé, et quand on sait que ces canots, creusés dans un seul tronc d'arbre, n'ont plus, une fois qu'ils sont chargés, que quelque pouces de bordage hors de l'eau, on s'imagine à quel danger de submersion ils se trouvent exposés, dès que la mer n'est plus parfaitement calme.

Quoiqu'il en fût, l'on prit parmi les canots que nous offraient les Indiens, les deux qui semblèrent convenir le mieux pour un aussi long voyage. Dans l'un devait monter Diègue Mendez, secrétaire de l'expédition, avec six Espagnols et dix Indiens pour rameurs, et dans l'autre Barthélemy Fiesque, gentilhomme génois, avec le même équipage.

Il était dit que lorsque les deux canots auraient touché à l'île Espagnole, Diègue Mendez se rendrait directement à Saint-Domingue, tandis que Fiesque reviendrait vers nous, dans le double but de nous apprendre que la mission s'accomplissait, et de nous prouver que, au cas échéant, la traversée était possible avec des embarcations de ce genre.

Les canots étant préparés, on attendit pour le départ un jour de grand calme, que Dieu nous envoya bientôt.

Alors ils prirent la mer, le long de la côte, pour gagner la pointe de l'île, accompagnés par le préfet qui, après les avoir perdus de vue à l'horizon, s'en revint au port de la Gloire, où nous étions, en s'efforçant de persuader aux Indiens qu'il trouvait sur son passage de se maintenir avec nous en bonnes et amicales relations.

Mais il arriva que, quelque temps après le départ des canots, un certain nombre des Espagnols restés aux navires, où ils vivaient confinés, tombèrent malades, tant par suite des fatigues et des privations éprouvées au cours du voyage, que du régime d'alimentation auquel les avait forcément soumis l'épuisement de nos provisions de viande, de vin, et même de pain.

Or, pendant que les souffrances arrachaient des plaintes à ceux-ci, d'autres qui se portaient bien, mais qui s'impatientaient de leur réclusion, allaient répétant qu'ils voyaient bien que l'Amiral ne voulait pas retourner en Espagne, d'où les rois catholiques l'avaient banni ; qu'on en avait eu la preuve quand le commandant de l'île Espagnole lui avait interdit de prendre terre ; que les canots s'étaient rendus en Castille pour traiter de sa grâce et non à l'Île Espagnole pour demander des secours ; que pendant qu'on négociait en sa faveur, il était tenu de résider dans cette île, qui lui avait été assignée comme lieu d'exil... et maints autres propos, non moins absurdes que ridicules.

Parmi les mécontents, ceux qui traduisaient le plus

énergiquement leur mécontentement dans le but évident de pousser les autres à la révolte, étaient deux frères Porras, qui se disaient en grand crédit à la cour, parce que l'une de leurs sœurs était la maîtresse d'un trésorier royal nommé Moralès. Ces deux hommes dirent et firent si bien qu'ils se virent bientôt reconnus pour chefs d'une conjuration, comptant une cinquantaine d'individus. A un jour dit, ayant rassemblé les objets qui pouvaient leur être de première nécessité, ils allèrent en armes trouver l'Amiral, qui, souffrant d'une grave atteinte de goutte, était alors couché sur le château de poupe. Puis François Porras, qui d'ailleurs était capitaine d'un des navires échoués, prenant la parole du ton le plus arrogant : « Comment se fait-il, seigneur, demanda-t-il, que vous vous obstiniez à rester ici, et que vous ne songiez pas à retourner en Castille ? »

L'Amiral, bien que fort étonné et froissé de la façon insolente dont cette question lui était adressée, daigna répondre qu'il avait des raisons fort plausibles pour ne pas chercher à quitter l'île, puisque tous les moyens de transport lui faisaient défaut, et que d'ailleurs il n'attendait que la venue du navire qui lui serait probablement envoyé de l'île Espagnole pour reprendre la mer et regagner avec eux la terre castillane.

— Trêve de vaines paroles, interrompit brusquement Porras, embarquez-vous promptement, ou restez ici à la garde de Dieu. Quant à moi, je pars pour la Castille avec ceux qui consentiront à me suivre. »

A peine eut-il articulé ces mots que, de toutes parts, les autres se mirent à crier qu'ils voulaient aller avec lui. Puis, brandissant leurs armes, ils se répandirent en tumulte sur le navire, qu'ils semblaient avoir pris d'assaut, et on les entendait répéter : « En Castille ! en Castille ! mort à qui ne nous suivra pas ! Capitaine, que devons-nous faire ? »

En présence de ce désordre, l'Amiral, bien qu'il endurât de cruelles douleurs, voulut se lever pour réprimer l'insolence de ces mutins ; et déjà le préfet, l'épée à la main, se disposait à les attaquer ; mais quelques sages et fidèles serviteurs s'interposèrent, qui retinrent l'Amiral et son frère pendant que d'autres, suppliant Porras de s'éloigner pour n'être pas cause de plus graves malheurs, lui remontraient qu'il était parfaitement libre de mettre à exécution son projet de départ, mais que s'il advenait que par ses violences il fût cause de la mort de l'Amiral, il encourrait, sans nul doute, le plus terrible châtiment.

Les conjurés n'insistèrent pas ; s'emparant d'une dizaine de canots, que l'Amiral avait achetés des Indiens, en toute prévision, et qui étaient amarrés autour des navires, ils y descendirent, chargés des choses qui leur appartenaient, où qu'ils avaient prises çà et là.

Puis, comme s'ils eussent levé l'ancre d'un port de Castille avec la flotte la mieux équipée, ils s'éloignèrent en poussant de joyeuses acclamations, sans commisération aucune pour les malades, qu'ils abandonnaient privés d'aide et de ressources.

A ceux-là, bientôt, l'Amiral put aller porter, avec sa douceur coutumière, des paroles de consolation et de reconfort qui furent du meilleur effet.

Les séditieux, guidés par leur capitaine Porras, suivirent d'abord les côtes de l'île, pour en gagner la pointe septentrionale, comme avaient fait Diègue Mendez et Fiesque. Chemin faisant, ils prenaient souvent terre, et dépouillaient les Indiens du rivage de tout ce qu'ils trouvaient à leur convenance ; ils leur disaient d'aller se faire payer par l'Amiral, et de le tuer au besoin, s'il ne s'exécutait pas de bonne grâce, en ajoutant que, détesté de tous les chrétiens, il devait l'être aussi des indiens, dont il était le pire ennemi ; car, il n'avait établi sa résidence dans leur pays, qu'avec l'intention de les opprimer et de les exterminer, quand il leur aurait pris tout ce qu'ils possédaient.

Lorsqu'ils furent arrivés à l'extrémité de l'île, ayant pris avec eux un certain nombre d'Indiens pour rameurs, ils se lancèrent vers la pleine mer ; mais outre que leurs canots, trop chargés, n'avançaient que lentement, ils trouvèrent bientôt des vents contraires et des flots agités qui les remplirent d'effroi. Ils n'avaient pas encore fait quatre lieues que, désespérant de pouvoir aller plus loin, ils résolurent de revenir sur l'île, et même avec un tel désarroi, qu'une vague, ayant passé par-dessus bord de l'un des canots, les hommes qui le montaient, au lieu *d'épuiser* cette eau par les moyens ordinaires, se prirent à jeter aussitôt à la mer, pour alléger l'embarcation, les provisions de toutes sortes qu'ils avaient faites, ne gardant rien de plus que leurs armes. Puis, comme leurs canots *embarquaient* encore quelques lames, et qu'ils pensaient courir de graves périls, ils ne virent rien de mieux, pour décharger les canots, que de précipiter à l'eau les malheureux Indiens, frappant de coups de couteaux ceux qui résistaient, et coupant les mains de ceux qui, en nageant pour se sauver, s'accrochaient aux bordages. Ils en tuèrent ou noyèrent une vingtaine, ne laissant la vie qu'à ceux qui leur servaient de pilotes, pour conduire ces barques qu'ils ne savaient pas diriger eux-mêmes.

Ayant repris terre, ils se trouvèrent fort divisés d'opinion sur la voie à suivre ; tel voulant continuer à louvoyer le long des côtes, tel proposant de retourner aux navires, où, sous prétexte de faire la paix avec l'Amiral, ils s'empareraient de tout ce qu'ils avaient laissés ; d'autres songeaient à gagner Cuba, ou bien affirmaient que par l'extrémité opposée de l'île on aborderait bien plus vite à l'île Espagnole. A plusieurs reprises même, ils essayèrent de reprendre la mer, pendant les accalmies, mais ils ne s'éloignaient jamais beaucoup du rivage, sans que la peur ne les saisît de nouveau et ne les ramenât sur l'île.

Au total, ils finirent par se disperser dans l'île, qu'ils ravageaient à qui mieux mieux, vivant de rapine et de violence, mangeant ce qu'ils pouvaient extorquer aux Indiens avec plus ou moins de peine ou de danger, selon que les populations qu'ils rencontraient, étaient plus ou moins disposées à se laisser rançonner et dépouiller par eux.

## LXXXVIII

COMMENT L'AMIRAL EUT RAISON DES OBSTACLES QUE LES INDIENS AVAIENT RÉSOLU DE METTRE AU RAVITAILLEMENT DES ESPAGNOLS

Après le départ des séditieux, l'Amiral eut la satisfaction de voir, grâce à l'abondance relative qui régnait parmi les Espagnols, la plupart des malades revenir à la santé. Cette abondance était due surtout aux Indiens qui d'abord nous avaient très régulièrement approvisionnés; mais, outre qu'ils n'étaient pas gens à faire de grands travaux, dans leurs champs pour en tirer d'abondants produits, et que d'ailleurs la consommation d'un seul Espagnol équivalait à celle d'au moins vingt Indiens, ils ne laissèrent pas, grâce aux propos et aux actes vexatoires des séditieux, de concevoir pour nous des sentiments hostiles; ils résolurent de ne plus venir nous apporter des vivres.

La situation était embarrassante et délicate. Pour les obliger de force à nous ravitailler, il eût fallu que la plupart des nôtres s'en allassent guerroyer à terre, en laissant pour ainsi dire seul sur les navires l'Amiral, que ses accès de goutte tourmentaient et accablaient de plus en plus. Le désir de posséder les choses que nous avions coutume de leur donner en échange n'était plus assez vif chez eux pour que nous pussions y trouver un moyen de les attirer, à moins peut-être de décupler le prix ordinaire des moindres choses, ce qui eût été nous mettre bientôt hors d'état de les satisfaire. Nous ne savions donc à quel parti nous arrêter, quand Dieu, qui n'abandonne jamais ceux qui ont confiance en lui, mit en l'esprit de l'Amiral une inspiration des plus heureuses.

Par l'entremise d'une Indienne, originaire de l'île Espagnole, qui était avec nous, il fit savoir aux principaux habitants du pays qu'il désirait avoir avec eux un entretien au sujet d'une fête qu'il voulait leur donner.

Ils vinrent, et quand il les vit réunis. « Nous sommes, leur fit-il dire par son interprète, des chrétiens, adorant un Dieu qui habite le ciel, et qui plein d'amour pour les bons, châtie terriblement les méchants, même quand ils sont des rois. Vous avez pu voir qu'il n'a pas permis à ceux d'entre nous qui se sont révoltés, de passer dans l'île Espagnole, ainsi que l'ont pu faire les fidèles que nous avons nous-mêmes envoyés. C'est pourquoi ce Dieu, qui nous aime, voyant que vous ne voulez plus nous apporter, ni nous vendre aucune provision, est fort irrité contre vous, et a résolu de vous envoyer la famine et les maladies. Or, comme vous pourriez ne pas avoir foi en ces paroles, qu'il m'a chargé de vous faire entendre, sachez qu'il se propose de vous montrer, la nuit prochaine, un signe de sa colère, en mettant sur la lune une sombre teinte de sang, qui vous sera une preuve des maux qui vous menacent. »

Les Indiens, après avoir entendu parler ainsi l'Amiral, s'en allèrent, les uns quelque peu troublés, les autres riant de ses prétendues prédictions.

Or, le prodige dont l'Amiral les avait menacés, n'était

autre qu'une éclipse de lune, dont il connaissait la date précise. Lorsque, en effet, un peu après son lever, la lune commença d'apparaître voilée et rougeâtre, les Indiens furent saisis d'une véritable terreur, et comme à mesure que l'astre montait le phénomène devenait plus sensible, ils se hâtèrent de prendre avec eux de grandes quantités de vivres et d'accourir aux navires, en poussant des lamentations et en assurant l'Amiral, que s'il voulait bien intercéder pour désarmer la colère de son Dieu, ils s'engageraient à ne jamais laisser les chrétiens manquer de rien à l'avenir.

L'Amiral répondit qu'il allait en conférer avec le Dieu; et à cet effet, il s'enferma dans sa chambre, pendant que la lune continuait à s'obscurcir. Les Indiens, se lamentant de plus belle, réitéraient leurs plus pressantes promesses.

Lorsque le moment fut venu où l'éclipse allait décroître, l'Amiral sortit et déclara aux Indiens qu'il n'avait obtenu leur pardon qu'à la condition que, désormais, ils traiteraient convenablement les chrétiens, et s'occuperaient de les fournir de tout ce qui pourrait leur être nécessaire.

Les Indiens s'y engagèrent et tinrent parole. Et l'Amiral rendit humblement grâce à Notre-Seigneur qui, une fois de plus, lui avait été si opportunément secourable, en permettant, qu'aidé de la science humaine, il se fût révélé à ces peuples ignorants comme participant de la puissance divine.

## LXXXIX

**COMMENT UNE CARAVELLE ARRIVA DE L'ILE ESPAGNOLE ET COMMENT NOUS APPRÎMES CE QU'IL ÉTAIT ADVENU DE DIÈGUE MENDEZ ET DE FIESQUE**

Huit mois s'étaient écoulés depuis que Diègue Mendez et Barthélemy Fiesque avaient quitté la Jamaïque, sans que nous en eussions aucunes nouvelles. Aussi étions-nous à peu près convaincus que, s'ils n'avaient pas péri en mer, ils avaient dû être victimes des Indiens, dont il leur avait fallu traverser le pays pour se rendre à la ville de Saint-Domingue, distante d'au moins cent lieues du point où ils avaient dû aborder, si toutefois ils avaient pu prendre terre. D'autre part, il nous était revenu de certains Indiens de la côte septentrionale de la Jamaïque, qu'on avait vu flotter au large une embarcation renversée. Quoi qu'il en fût, comme il semblait que nous fussions définitivement voués à périr abandonnés sur cette île, plusieurs de ceux qui étaient avec nous crurent pouvoir en prendre prétexte pour renouveler la sédition de ceux qui nous avaient quittés. Un soir, au moment où ce nouveau complot allait éclater, nous vîmes arriver une caravelle, dont le capitaine, nommé Diègue d'Escobar, vint aussitôt visiter l'Amiral de la part du gouverneur de l'île Espagnole, qui lui faisait dire que, ne pouvant détacher en ce moment, pour le secourir, aucun navire de ceux dont il disposait, il se bornait à lui envoyer un baril de vin et une caisse de porc salé. Quelques paroles échangées et les provisions remises, le capitaine s'en retourna sur son navire, que le lendemain nous n'aperçûmes plus au mouillage ; de telle sorte qu'il était reparti sans recevoir ni lettre, ni message verbal de l'Amiral pour le gouverneur. Ce fut pour nous un grand étonnement et pour les mécontents un nouveau sujet d'interprétations malveillantes. En réalité, comme nous en eûmes la preuve plus tard, ce gouverneur était fort peu désireux de voir l'Amiral revenir à l'île Espagnole, où il eût été obligé de lui céder le commandement. S'il avait envoyé ce navire, c'était avec la seule intention d'avoir des renseignements précis sur la situation de l'Amiral, car, ne songeant nullement à lui venir en aide, il voulait savoir s'il était en état de se tirer d'embarras lui-même.

Mais, si le navire envoyé par le gouverneur ne nous fut d'aucun secours, encore nous apporta-t-il une lettre par laquelle nous connûmes les résultats de l'entreprise que Mendez et Fiesque avaient tentée par ordre de l'Amiral.

Partis de la pointe septentrionale de la Jamaïque, en se dirigeant vers l'Espagnole, avec ces canots qui ne marchaient qu'à la rame, nos compatriotes, quoique favorisés par le calme de la mer, avaient bientôt vus leurs rameurs indiens épuisés de fatigue, et d'autant mieux que la chaleur était excessive, et que, vu le peu de capacité des canots, l'on n'avait pu embarquer que de faibles provisions d'eau potable. Pour se rafraîchir, après avoir longtemps ramé, les Indiens se jetaient à la mer, et nageaient derrière le canot, où il remontaient afin de reprendre leur travail.

De quelque soumission et de quelque zèle qu'eussent fait preuve ces pauvres gens, ils n'avaient pu longtemps supporter une tâche aussi accablante. Les Espagnols, prenant les rames à leur tour, les relayaient, mais les jours et les nuits se passaient sans que, par suite des courants contraires, on eût fait beaucoup de chemin, et les provisions de toutes sortes touchaient à leur fin, sans qu'on pût se croire encore rapproché de l'île Espagnole. Déjà un des Indiens était mort de soif, la plupart des autres gisaient exténués au fond des canots, lorsque, la température s'étant un peu rafraîchie, tous reprirent assez de vigueur et d'espoir pour fournir une nouvelle somme d'efforts ; enfin ils découvrirent une petite île sur laquelle ils relâchèrent, mais où ils ne trouvèrent rien que des rochers complètement arides, dans les creux desquels cependant ils purent recueillir un peu d'eau de pluie, qui leur procura un véritable soulagement, et quelques coquillages qu'ils firent cuire et qui leur rendirent un peu de force.

De là, du reste, à quelques huit ou dix lieues au nord, une grande terre se montrait qui pouvait être celle qu'il désirait atteindre. Un peu reconfortés, ils se remirent courageusement en mer au couchant du soleil, et le matin, ils se trouvèrent à proximité de cette terre qui n'était autre, en effet, que l'île Espagnole, où ils abordèrent à hauteur du cap Saint-Michel.

Après que, pendant deux jours, il se furent reposés sur ce rivage où ils trouvèrent quelques fruits pour apaiser leur faim, et de l'eau vive pour étancher leur soif, Fiesque, qui était homme d'honneur et qui avait à cœur de tenir la parole donnée à l'Amiral, voulut se rembarquer pour la Jamaïque, mais ni Espagnols, ni Indiens ne consentirent à l'accompagner, il dut donc renoncer à toute idée de retour.

Diègue Mendez, lui, était déjà parti en côtoyant l'île avec son canot, pour se rendre à la résidence du gouverneur. Très affaibli par la traversée, malade de la fièvre quarte, après avoir fait un long trajet par mer il s'engagea dans les montagnes pour gagner Suragna, où lui avait-on dit se trouvait le commandeur de Lorès, et où il arriva après avoir enduré, lui et les siens, les plus rudes fatigues.

Le gouverneur le reçut avec tous les témoignages de sympathie, mais, requis par lui d'envoyer des secours à l'Amiral, il sut alléguer toutes sortes de prétextes pour ne pas faire droit à sa demande. Mendez, cependant, fidèle au mandat reçu de l'Amiral, redoublait sans cesse d'insistance ; enfin, après mainte réponse évasive, après mainte vaine promesse, le gouverneur consentit à lui permettre de se rendre à Saint-Domingue, et d'y fréter un navire des deniers et revenus que l'Amiral avait en ce pays. Mais, quelque diligence qu'il put faire, luttant contre un mauvais vouloir évident, ce ne fut qu'au mois de mai de l'année 1504, que Mendez réussit à compléter l'armement de ce navire, et qu'il put l'expédier à l'île Espagnole.

## XC

COMMENT L'AMIRAL, MALGRÉ TOUT SON BON VOULOIR, NE PUT ENTRER EN ARRANGEMENT AVEC PORRAS ET COMMENT PRIT FIN CETTE SÉDITION

Quand l'Amiral eut reçu la visite de la caravelle envoyés par le gouverneur de l'Espagnole, et quand il sut que Mendez affrétait un navire pour venir le délivrer de sa fâcheuse situation, il crut qu'il devait en faire informer Porras et les siens, pour que, toute dissension oubliée, ils vinssent se joindre à lui en prévision du départ qui devait être prochainement possible. Il députa donc vers eux, deux de ses plus graves compagnons qu'il chargea, d'ailleurs, de leur remettre la moitié des salaisons qu'il avait reçues du gouverneur.

Arrivés au lieu où se tenait Porras, les envoyés de l'Amiral eurent toutes les peines du monde à obtenir de lui un sérieux entretien. Il les reçut avec hauteur et défiance, tenant pour suspectes toutes leurs affirmations, ne voulant voir dans la démarche qui était faite auprès de lui, qu'un de ces actes de perfidie dont l'Amiral avait été, disait-il, coutumier à toutes les époques de sa vie, et déclarant qu'il se refusait aussi bien aux pardons qu'aux arrangements.

En fin de compte, les avances pacifiques de l'Amiral semblèrent avoir produit l'effet contraire à celui qu'il en attendait, car non seulement Porras et ses gens persistaient ouvertement en leur rebellion contre lui, mais encore nous fûmes bientôt prévenus qu'ils se disposaient à se rendre aux navires, pour prendre tout ce qui pourrait leur convenir et faire prisonnier l'Amiral, sur le sort duquel ils délibéreraient ensuite.

Ils ne tardèrent pas, en effet, à se mettre en marche, vers ce port de la Gloire, où nous habitions les œuvres hautes des vaisseaux échoués, et s'arrêtèrent, pour prendre leurs dernières dispositions, auprès d'une bourgade d'Indiens, alors nommée Maima, sur l'emplacement de laquelle les Espagnols ont élevé depuis une cité qu'ils ont appelée Séville. En apprenant leur venue, l'Amiral, qui connaissait leurs méchantes intentions, envoya au-devant d'eux son frère le préfet, avec mission de leur faire entendre une dernière fois de sages remontrances, et de les exhorter à la conciliation.

Il crut prudent, toutefois, de le faire accompagner de telle sorte que, au cas échéant, il fût en état de leur tenir tête.

Le préfet partit donc avec cinquante hommes, aussi bien armés que résolus à faire leur devoir. Arrivé à quelque distance de la bourgade où se tenaient les rebelles, il leur envoya les deux mêmes hommes qui déjà étaient allés leur proposer la paix, et qui la leur proposèrent de nouveau. Mais Porras et les siens, jugeant que ces démarches pacifiques témoignaient de la faiblesse de ceux qui les faisaient faire, ne voulurent rien entendre; et, en brandissant leurs épées et leurs lances, ils se prirent à courir sur la troupe du préfet en criant *Tue! tue!...* bien décidés d'ailleurs, comme ils en étaient convenus d'avance, à mettre d'abord à mal le préfet, après la mort duquel, pensaient-ils, la défaite des autres serait chose facile et certaine.

Leur attaque assez vive réussit d'autant moins qu'ils croyaient ne trouver qu'une insignifiante résistance; mais, reçus de pied ferme, ils eurent dès le premier choc cinq ou six des leurs abattus, et les gens du préfet, profitant de leur désarroi, les assaillirent en bon ordre, les cernèrent, en tuèrent quelques-uns, en blessèrent plusieurs autres, et finalement firent prisonnier Porras, dont la capture fut le signal de la débandade pour ceux qui étaient encore en état de s'enfuir. Le préfet, toujours impétueux, se disposait à les poursuivre, mais les principaux de ses compagnons l'en dissuadèrent, en lui remontrant que la leçon déjà donnée devait être suffisante pour que les fuyards revinssent d'eux-mêmes plus tard implorer leur pardon.

Toujours est-il que la défaite des séditieux avait eu dès lors pour effet de ramener à notre parti les Indiens dont les esprits avaient été tournés contre nous, et qui attendaient l'issue de l'engagement, pour faire cause commune avec les vainqueurs. Nos gens, ramenant leur important prisonnier, revinrent aux vaisseaux où l'Amiral ne put que les féliciter de cet heureux coup de main, en rendant grâce au Seigneur de les avoir particulièrement protégés dans ce combat pour la justice; car il n'y avait d'autres blessés que le préfet, égratigné à une main, et un matelot atteint d'un coup de lance au flanc, dont cependant il mourut quelques jours plus tard, bien que sa blessure parût fort légère.

Le jour suivant (20 mai 1504), ainsi qu'on l'avait pu prévoir, les derniers compagnons de Porras envoyèrent demander à l'Amiral qu'il voulût bien les recevoir avec indulgence, affirmant qu'ils avaient un vif repentir de leurs actes d'indiscipline et de rébellion, et qu'ils étaient prêts à lui jurer obéissance.

L'Amiral proclama un pardon général, dont serait toutefois excepté Porras, qu'il importait, selon lui, de garder en prison, pour qu'il ne pût fomenter de nouveaux troubles dans la malheureuse colonie. Tous rentrèrent et furent reçus en grâce, avec oubli absolu du passé, mais, comme le peu d'espace dont nous disposions sur la partie emmergée des navires n'aurait pas suffi à loger convenablement les nouveaux venus, l'Amiral, leur assignant un commandant pour les diriger et maintenir en bon ordre, en fit une brigade, qui dut camper à terre, avec charge d'acheter des Indiens, contre des menus objets dont on pouvait se défaire, les vivres qui nous étaient nécessaires pour attendre la venue des navires que nous avait annoncée Diègue Mendez.

## XCI

COMMENT L'AMIRAL SE RENDIT A L'ILE ESPAGNOLE, PUIS EN CASTILLE, OU NOTRE-SEIGNEUR LE REÇUT EN SA SAINTE GLOIRE

Une année s'était écoulée depuis que nous avions abordé à la Jamaïque, lorsqu'y arriva le vaisseau frété à Saint-Domingue par Mendez, des deniers de l'Amiral. Amis et ennemis s'embarquèrent ; et, le 28 juin 1504, nous mîmes à la voile pour l'île Espagnole. Contrariés que nous fûmes par les vents et les courants qui, en ces parages, portent toujours sur les côtes dont nous voulions nous éloigner, nous ne pûmes atteindre au port de Saint-Domingue que le 13 août.

Le gouverneur, dissimulant ses véritables sentiments, fit à l'Amiral la plus honorable réception, et lui donna même sa maison pour logement; ce qui n'empêcha pas que de son autorité privée, il ne mît en liberté Porras, et parlât de poursuivre ceux qui l'avaient fait prisonnier, empiétant ainsi sur les attributions de la justice royale, qui seule pouvait instruire ce procès.

Quoi qu'il en fût, la plupart des gens qui étaient venus de la Jamaïque, désirant rester à l'île Espagnole, l'Amiral partit pour la Castille, le 12 septembre, n'emmenant guère avec lui que sa famille et les plus fidèles de ses serviteurs.

La traversée, d'abord facile et heureuse, devint bientôt pénible et périlleuse; à plusieurs reprises nous eûmes nos mâts brisés, nos voiles emportées, et plus d'une fois nous pûmes croire que nous ne reverrions pas la terre espagnole. Mais, après de longs et pénibles retards, nous abordâmes au port de Saint-Lucaz de Barameda, puis nous gagnâmes Séville, où l'Amiral, d'ailleurs fort souffrant, put enfin se reposer après tant de travaux et de peines.

Ce ne fut qu'au mois de mai de l'année 1505 qu'il put songer à se rendre à la cour du roi catholique, — je dis *du roi*, parce que l'année précédente, la glorieuse reine Isabelle s'en était allée à une vie meilleure.

En apprenant ce lamentable événement, l'Amiral éprouva une profonde affliction, car cette princesse l'avait toujours soutenu de son estime et de sa puissante protection, tandis que son époux, prêtant l'oreille aux insinuations de ses ennemis, s'était souvent montré contraire à ses projets.

Il eut d'ailleurs des preuves manifestes de cette disposition, lorsqu'il se présenta devant le roi, qui, tout en semblant lui faire le meilleur accueil, et tout en exprimant l'intention de le maintenir dans ses dignités, l'en eût immédiatement privé s'il n'eût été retenu par les convenances, qui s'imposent d'elles-mêmes aux personnages de haut rang.

Appréciant seulement alors à leur juste valeur les immenses avantages qui pouvaient résulter de la découverte des Indes, il regretta de voir l'Amiral investi d'un pouvoir aussi étendu sur les terres conquises, et associé pour une aussi large part aux bénéfices qui devaient en revenir. Il lui proposa donc de l'investir d'autres titres, et de lui assurer d'autres récompenses. Mais Dieu ne lui permit pas de donner suite à ces injustes desseins, car non seulement à cette époque il dut céder le trône au roi Philippe (1), mais encore l'Amiral, doublement accablé par la goutte et par le chagrin de voir tous ses droits méconnus, rendit l'âme, à Valadolid, le 20 mai, jour de l'Ascension de l'année 1506.

Après avoir reçu avec grande dévotion tous les sacrements de l'Eglise, « *mon Dieu!* — s'écria-t-il, et ce furent ses dernières paroles, — *je remets mon esprit entre vos mains* (2) » et nul doute que le Seigneur de miséricorde et de bonté ne l'ait reçu dans sa gloire.

---

(1) Qui était son gendre, et qui le déposséda des États composant la succession de la reine Isabelle.

(2) Ce sont là, comme on le sait les dernières paroles de Jésus-Christ.

Son corps fut porté à Séville, où il fut enterré avec grande pompe dans la cathédrale (1).

Pour immortaliser le souvenir de ses grandes actions, l'on mit sur son tombeau, par ordre du roi, cette inscription en langue espagnole :

A CASTIGLIA, Y A LEON
NUEVO MONDO DIO COLON

c'est-à-dire : *Le grand Colomb donna un nouveau monde aux royaumes de Castille et de Léon,* paroles aussi justes que dignes d'être remarquées, car, ni dans l'antiquité, ni dans les temps modernes, on ne peut citer aucun homme ayant accompli une œuvre semblable à la sienne.

Éternellement vivra la mémoire du premier qui découvrit les Indes orientales, et qui fit que Fernand Cortez et François Pizarre purent conquérir les grands empires du Mexique et du Pérou, d'où chaque année viennent tant de vaisseaux chargés d'or, d'argent, de pierreries, qui comblent de richesse et de grandeur la couronne d'Espagne.

(1) En 1536, les restes de Christophe Colomb furent transportés à Saint-Domingue, et inhumés dans la cathédrale de la ville de ce nom. Plus tard on les transféra à la Havane, dans l'île de Cuba.

# TABLE

|  | Pages. |
|---|---|
| INTRODUCTION. . . . . . . . . . . . . . . . . . | 1 |

    I. — De la patrie, de la naissance et du nom de l'Amiral. . . . . . . . . . . . . . .   7

   II. — Quelle fut la condition des ascendants de l'Amiral. . . . . . . . . . . . . .   10

  III. — Portrait de l'Amiral, et les études auxquelles il se livra pendant sa jeunesse.   12

  IV. — Quelles furent les occupations de l'Amiral avant sa venue en Espagne. . . .   14

   V. — Comment l'Amiral conçut, en Portugal, la première idée de ses découvertes. .   18

  VI. — Les premières raisons qui portèrent l'Amiral à penser que l'on pouvait découvrir les Indes occidentales. . . . .   22

 VII. — Des secondes raisons qui portèrent l'Amiral à projeter la découverte des Indes.   24

VIII. — Lettre de Paul, physicien florentin, à l'Amiral, sur la découverte des Indes, par la voie d'Occident. . . . . . . .   26

  IX. — Les dernières raisons qui poussèrent l'Amiral à la découverte des Indes. . .   31

   X. — Comment l'Amiral après avoir proposé la découverte des Indes au roi de Portugal, rompit avec ce souverain. . . .   35

  XI. — Comment l'Amiral quitta le Portugal et entra en relation avec les rois catholiques Ferdinand et Isabelle. . . . .   39

Pages.

XII. — Comment l'Amiral, ne trouvant pas un accueil satisfaisant auprès des rois de Castille, résolut d'aller offrir ailleurs son entreprise............ 43

XIII. — Comment l'Amiral, après être allé au camp de Santa-Fé, prit congé des rois catholiques, avec lesquels il n'avait rien pu conclure............. 45

XIV. — Comment les rois catholiques rappelèrent l'Amiral, et lui accordèrent tout ce qu'il demandait.............. 47

XV. — Comment l'Amiral arma trois caravelles pour son voyage de découvertes.... 49

XVI. — Comment l'Amiral arriva aux Canaries où il se fournit de diverses choses dont il manquait............ 51

XVII. — Comment l'Amiral partit de la Grande-Canarie, pour commencer en réalité son voyage de découvertes, et ce qui lui advint sur l'Océan......... 54

XVIII. — Comment tous prêtaient une grande at-attention aux choses qu'ils voyaient sur la mer, étant donné leur impatience de trouver la terre....... 57

XIX. — Comment l'équipage, continuant à murmurer, manifesta le désir de retourner en arrière, et comment, sur la vue de nouveaux signes favorables, il consentit à poursuivre sa route.......... 60

XX. — Comment ils virent non seulement les mêmes signes qu'auparavant, mais d'autres beaucoup plus significatifs, qui ranimèrent leur courage et accrurent leurs espérances............ 64

XXI. — Comment l'Amiral découvrit la première terre, qui était une des îles dites Lucayes............... 67

| | Pages. |
|---|---|
| XXII. — Comment l'Amiral descendit sur l'île, et en prit possession au nom des rois catholiques. | 70 |
| XXIII. — Ce que l'Amiral vit dans cette île et quels étaient le naturel et les coutumes des habitants. | 72 |
| XXIV. — Comment l'Amiral alla découvrir d'autres îles. | 75 |
| XXV. — Comment l'Amiral passa dans une autre île. | 79 |
| XXVI. — Comment l'Amiral découvrit l'île de Cuba et les choses qu'il y vit. | 81 |
| XXVII. — Ce que les deux chrétiens, de retour au vaisseau, dirent avoir vu dans l'intérieur du pays. | 83 |
| XXVIII. — Comment l'Amiral, abandonnant la côte occidentale de Cuba, se dirigea par l'Orient vers la terre que les Indiens appelaient Bavèque. | 86 |
| XXIX. — Comment l'Amiral fut quitté par un de ses navires. | 88 |
| XXX. — Comment l'Amiral gagna l'île de Bavèque et ce qu'il y vit. | 90 |
| XXXI. — Comment et avec quel appareil le roi de cette île vint visiter l'Amiral. | 94 |
| XXXII. — Comment un des vaisseaux de l'Amiral s'échoua sur un banc de sable par la négligence du pilote et du secours que l'on dut au roi de l'île. | 97 |
| XXXIII. — Comment l'Amiral résolut de fonder un établissement dans l'île. | 100 |
| XXXIV. — Comment l'Amiral partit pour retourner en Castille et retrouva la caravelle que commandait Pinzon. | 104 |
| XXXV. — Comment, près du golfe de Samana, advint une première lutte entre les chrétiens et les Indiens. | 106 |

| | | Pages. |
|---|---|---|
| XXXVI. | — Comment l'Amiral fit définitivement voile pour la Castille, et comment il advint que la caravelle *la Peinte* se sépara encore une fois de celle qu'il montait. . . . . . . . . . . . . . . | 110 |
| XXXVII. | — Comment l'Amiral arriva aux Açores et et comment les gens de l'île de Sainte-Marie s'emparèrent de son navire et de l'équipage. . . . . . . . . . . . . . | 114 |
| XXXVIII. | — Comment l'Amiral eut une nouvelle mésaventure et enfin obtint que ses gens fussent remis en liberté et que la chaloupe lui fût rendue. . . . . . . . . | 116 |
| XXXIX. | — Comment l'Amiral quitta les îles Açores et par suite d'une tempête, dut prendre terre à Lisbonne. . . . . . . . . . . | 121 |
| XL. | — Comment les habitants de Lisbonne vinrent en grand nombre voir l'Amiral, qui leur semblait un être extraordinaire et comment il alla visiter le roi de Portugal. . . . . . . . . . . . . . | 123 |
| XLI. | — Comment l'Amiral partit de Lisbonne pour se rendre par mer en Castille. . . | 126 |
| XLII. | — Comment il fut décidé que l'Amiral retournerait avec une flotte importante à l'île Espagnole pour la peupler et comment le pape approuva la prise de possession du pays nouvellement découvert. . . . . . . . . . . . . . . | 129 |
| XLIII. | — Comment l'Amiral alla de Barcelone à Séville et de Séville partit pour retourner à l'île Espagnole. . . . . . . . . | 130 |
| XLIV. | — Comment l'Amiral après avoir traversé l'Océan, découvrit l'île des Caraïbes. . | 132 |
| XLV. | — Comment l'Amiral découvrit l'île de la Guadeloupe et ce qu'il y vit. . . . . | 134 |

# TABLE

| | | Pages. |
|---|---|---|
| XLVI. | — Comment l'Amiral, quitta la Guadeloupe et trouva sur sa route un grand nombre d'autres îles............. | 139 |
| XLVII. | — Comment l'Amiral, en arrivant à l'île Espagnole, y apprit la mort de ses anciens compagnons............ | 141 |
| XLVIII. | — Comment l'Amiral trouva incendiée la ville de la Nativité dont il ne revit aucun des habitants et comment il s'entretint avec le roi Guacanagari.... | 143 |
| XLIX. | — Comment l'Amiral, abandonnant la ville ruinée de la Nativité, en alla fonder une autre, à laquelle il donna le nom d'Isabelle............... | 147 |
| L. | — Comment l'Amiral arriva au pays de Cibao, où il trouva les mines d'or et où il érigea le port de Saint-Thomas... | 152 |
| LI. | — Comment l'Amiral retourna à la ville d'Isabelle et reconnut qu'elle était bâtie sur une terre ferme........... | 155 |
| LII. | — Comment l'Amiral alla de l'île Espagnole à Cuba.................. | 160 |
| LIII. | — Comment l'Amiral découvrit l'île de la Jamaïque................ | 161 |
| LIV. | — Comment l'Amiral, quittant la Jamaïque, retourna côtoyer les rivages de Cuba, croyant que ce fût terre ferme.................. | 163 |
| LV. | — Comment l'Amiral subit de plus grandes fatigues en continuant à naviguer d'île en île................ | 166 |
| LVI. | — Comment l'Amiral, décida de retourner à l'île Espagnole........... | 168 |
| LVII. | — Comment l'Amiral regagna la Jamaïque. | 170 |
| LVIII. | — Comment l'Amiral découvrit la partie méridionale de l'île Espagnole et gagna par l'Orient le territoire de la Nativité................ | 172 |

Pages.

LIX. — Comment l'Amiral, ayant subjugué l'île Espagnole, y établit partout le bon ordre dans l'intérêt des rois catholiques.................... 175

LX. — Des choses vues dans l'île, des coutumes, des cérémonies et de la religion des Indiens..................... 182

LXI. — Comment l'Amiral partit pour l'Espagne afin de rendre compte aux rois catholiques de l'état dans lequel se trouvaient les pays par lui découverts... 186

LXII. — Comment l'Amiral partit de la Guadeloupe pour la Castille......... 190

LXIII. — Comment l'Amiral se rendit à la cour et obtint des rois catholiques ce qu'il lui fallait pour retourner dans les Indes.. 192

LXIV. — Comment l'Amiral partit de Castille pour découvrir la terre ferme..... 195

LXV. — Comment l'Amiral, ayant quitté les îles du Cap-Vert, endura une chaleur terrible, puis découvrit l'île de la Trinité et aperçut la terre ferme......... 196

LXVI. — Du péril que coururent les navires en passant par le canal du Serpent, et comment fut accostée la première terre ferme, dite de Paria.......... 201

LXVII. — Comment sur la terre de Paria l'on trouva de l'or et des perles et de quelle nature en étaient les habitants.... 203

LXVIII. — Comment l'Amiral, après avoir couru de nouveaux dangers dans le canal du Dragon, se rendit de la terre ferme à l'île Espagnole................. 206

LXIX. — Comment l'Amiral trouva l'île Espagnole en état de sédition et de révolte par la malignité d'un certain Orlando, qu'à son départ il avait investi des fonctions de juge général............... 208

|   |   | Pages. |
|---|---|---|
| LXX. | — Comment Orlando tenta de prendre la citadelle de la Conception et saccagea la ville d'Isabelle . . . . . . . . . . . . | 212 |
| LXXI. | — Comment Orlando s'efforça de soulever les Indiens contre le préfet et se rendit avec les siens à Suragna. . . . . . . | 215 |
| LXXII. | — Comment arrivèrent de Castille les deux premiers navires de secours et ravitaillement, puis ceux que l'Amiral avait envoyés des îles Canaries. . . . . . . | 218 |
| LXXIII. | — Ce qu'il advint après l'arrivée de l'Amiral à Saint-Domingue. . . . . . . | 222 |
| LXXIV. | — Comment Orlando se rendit auprès de l'Amiral et ne put tomber d'accord avec lui, et comment enfin fut faite entre eux une convention . . . . . . . . . . | 226 |
| LXXV. | — Ce qui advint après la signature de cet arrangement. . . . . . . . . . . . . | 229 |
| LXXVI. | — Comment un certain Ogieda, qui revenait de faire des découvertes, suscita une nouvelle sédition dans l'île Espagnole. | 232 |
| LXXVII. | — Comment sur de faux rapports les rois catholiques envoyèrent à l'île Espagnole un juge chargé de rechercher la vérité sur ce qui s'y était passé. . . . | 239 |
| LXXVIII. | — Comment l'Amiral fut saisi et conduit enchaîné en Castille, ainsi que ses frères . . . . . . . . . . . . . . . | 242 |
| LXXIX. | — Comment l'Amiral alla à la cour pour rendre compte de sa conduite aux rois catholiques . . . . . . . . . . . . | 245 |
| LXXX. | — Comment l'Amiral se rendit de Grenade à Séville pour armer de nouveaux vaisseaux, et comment il retourna à l'île Espagnole . . . . . . . . . . . . . | 248 |
| LXXXI. | — Comment l'Amiral, quittant l'île Espagnole, suivit la route projetée et découvrit les îles de Guanazi . . . . . . | 252 |

| | Pages. |
|---|---|
| LXXXII. — Comment l'Amiral se dirigea vers Beragua, pour tâcher de découvrir le détroit de la terre ferme. . . . . . . . . | 255 |
| LXXXIII. — Comment l'Amiral alla de la côte de l'Oreille au cap de la Grâce-de-Dieu, puis atteignit Cariai, et pendant les mois qui suivirent explora les côtes de la terre ferme. . . . . . . . . . . . . . | 258 |
| LXXXIV. — Comment l'Amiral résolut de fonder une nouvelle cité. . . . . . . . . . . . . | 260 |
| LXXXV. — Comment l'Amiral crut convenable de faire saisir le roi Quibio et ses principaux sujets qui menaçaient la sécurité des Espagnols. . . . . . . . . . . . | 263 |
| LXXXVI. — Comment l'Amiral, s'étant éloigné, Quibio vint assaillir les chrétiens . . . . . . | 267 |
| LXXXVII. — Comment une nouvelle sédition s'éleva contre l'Amiral . . . . . . . . . . . | 273 |
| LXXXVIII. — Comment l'Amiral eut raison des obstacles que les Indiens avaient résolu de mettre au ravitaillement des Espagnols | 281 |
| LXXXIX. — Comment une caravelle arriva de l'île Espagnole et comment nous apprîmes ce qu'il était advenu de Diègue Mendez et de Fiesque . . . . . . . . . . . . | 284 |
| XC. — Comment l'Amiral, malgré tout son bon vouloir, ne put entrer en arrangement avec Porras, et comment prit fin cette sédition . . . . . . . . . . . . . . | 288 |
| XCI. — Comment l'Amiral se rendit à l'île Espagnole, puis en Castille, où Notre-Seigneur le reçut en sa sainte gloire. . . | 291 |

FIN DE LA TABLE.

F. Aureau. — Imprimerie de Lagny.

www.ingramcontent.com/pod-product-compliance
Lightning Source LLC
Chambersburg PA
CBHW071525160426
43196CB00010B/1658